贵州省高等学校人文社会科学研究基地学术文库

贵州师范学院贵州教育发展研究中心

贵州教育发展研究
（第一辑）

主　编　唐志明　万国崔

副主编　戴军平　刘树芳

中国财富出版社

图书在版编目（CIP）数据

贵州教育发展研究．第1辑／唐志明，万国崔主编．—北京：中国财富出版社，2015.1

（贵州省高等学校人文社会科学研究基地学术文库）

ISBN 978－7－5047－5643－5

Ⅰ.①贵…　Ⅱ.①唐…　②万…　Ⅲ.①地方教育—教育事业—贵州省—文集　Ⅳ.①G527.73－53

中国版本图书馆CIP数据核字（2015）第069465号

策划编辑　王淑珍　　**责任印制**　方朋远

责任编辑　王淑珍　　**责任校对**　梁　凡

出版发行　中国财富出版社

社　　址　北京市丰台区南四环西路188号5区20楼　　**邮政编码**　100070

电　　话　010－52227568（发行部）　　010－52227588转307（总编室）

010－68589540（读者服务部）　　010－52227588转305（质检部）

网　　址　http：//www.cfpress.com.cn

经　　销　新华书店

印　　刷　北京京都六环印刷厂

书　　号　ISBN 978－7－5047－5643－5/G·0617

开　　本　710mm×1000mm　1/16　　**版　　次**　2015年1月第1版

印　　张　19　　**印　　次**　2015年1月第1次印刷

字　　数　331千字　　**定　　价**　58.00元

贵州教育发展研究中心简介

贵州教育发展研究中心是2011年1月经贵州省教育厅批准设立的贵州省高等学校人文社会科学研究基地，是贵州师范学院直属、独立设置、与院系平行的科研实体机构。中心重点聚焦贵州教育史、贵州基础教育和贵州民族教育三个研究方向，适时根据省政府的发展战略和贵州经济社会的现实需要，突出贵州教育热点、难点的应用性研究，以进一步发挥基地的资政咨询作用。中心设立基地项目，并出版《贵州教育发展研究》年刊和贵州教育发展研究学术文库。

贵州教育发展研究中心依托贵州师范学院历史与社会学院、教育科学院等院系的科研力量，对贵州教育进行了卓有成效的研究。2011年1月，该中心被贵州省教育厅批准为“贵州省普通高等学校人文社会科学研究基地”。

目前，本中心有专兼职研究人员56人，其中，教授14人，副教授23人，讲师19人；博士11人，硕士17人。中高级职称比例，硕、博比例均达50%以上。研究中心人员年龄结构和学历结构合理，形成了以教授、博士为科研带头人，以副教授、讲师为骨干的老中青三结合的科研队伍。

研究中心自成立伊始就注重内部制度建设，以制度规范科研，以制度促进内部管理和中心的发展。研究中心制定有《中心主任岗位职责》《常务副主任岗位职责》《办公室主任职责》《科研管理与奖励制度》《资料室管理制度》《专职人员管理规定》《兼职人员管理规定》《学术委员会章程》等一系列规章制度，逐步形成了良好的内部运作机制，并朝着逐步完善的方向稳定发展。

研究中心自成立以来，积极策划建设“贵州教育史馆”，并将此项工作的开展作为中心工作任务之一，且该项工作自始至终受到学校党政领导、教育厅、文化厅的高度重视，校领导除在经费上给予积极支持外，还对史馆脚本撰写、装修工作多次提出修改意见和建议，倾注了大量心血，使史馆建设取得阶段性成果。“贵州教育史馆”初步建成后，每年都有大批的校内外师生及社会人士参观学习，作为贵州省唯一的教育史馆，正发挥着巨大的社会教育功能。

为推动科研不断进步，贵州教育发展研究中心始终采取开放式学术交流思路，鼓励研究人员积极参加各级、各类学术会议；定期聘请校外专家举办学术讲座。这些举措大大提高了中心工作人员和研究人员的学术水平和学术品位，为中心的发展铺垫了雄厚的学术底蕴。近年来，研究中心的科研成果可谓硕果累累。研究人员共发表学术论文300余篇；撰写专著10余部，编写教材2部；获国家社科基金项目、教育部项目、贵州省哲学社会科学规划项目、省教育厅课题126项；国家、省、市各项奖励10余项。

贵州教育发展研究中心以服务于贵州经济社会发展、积极为地方政府教育发展的重大决策服务为宗旨，根据中心涉及学科的特点、现有基础，进一步明确了近5年的主要目标和任务：

（1）进一步明确研究方向，不断增强科研实力。在基础教育方向：5年内建成由40人组成的（其中至少有10位博士、12位教授、18位副教授）高学历、高职称、高水平的学科研究队伍，做好各项贵州教育专题研究，在私立教育、妇女教育、幼儿教育、成人教育、军校教育、农村教育、教育管理、教师教育、课程教学、教学质量、教育公平的研究方面，编辑出版《贵州教育人物传》《贵州教师个案研究》《贵州“双语”教学研究》等。在贵州教育史和民族教育方向：在5年内建成由20人组成的（其中有10位博士、5位教授、5位副教授）高学历、高职称、高水平的学科研究队伍，对贵州省教育文物资源进行全面摸底调查，并出版专著《贵州教育文物资源调查报告》；对贵州古今教育历史资料系统整理，出版专著《明清地方文献教育史料汇编》《贵州近代教育史料集》《贵州当代教育史料集》；收集、整理贵州民族教育资料，编辑出版《贵州民族教育资料汇编》《历代贵州的民族政策与民族教育》《教会学校与贵州近代教育》《贵州省民族学校发展模式研究》《贵州民俗文化与民族教育》等。

（2）在学术交流和资料信息建设方向，通过参与制定本研究领域的发展规划，参加本研究领域的全省或全国性科研活动、举办全国性或国际性学术会议、接受国内外访问学者、建立图书资料和情报信息网络等措施，构建成辐射全省乃至全国高校和校外研究机构的学术管理中心，成为贵州省对外交流的重要基地之一，并继续编撰好培养青年学生的学术研究能力的学术期刊

《道真史苑》，每年出版科研人员的论文集《贵州教育发展研究》一辑。

（3）在政策咨询服务方面，通过承担实际工作部门的应用研究项目，聘请实际工作部门的专家为兼职研究人员或吸收其参加项目组开展合作研究，紧盯贵州经济社会实践前沿，面向各级政府和教育部门开展多形式多层次的咨询服务，努力成为研究咨询基地。

目前，该中心全体人员正同心协力，为取得一批省内、国内有影响的科研成果，正加大力度对贵州省教育文物资源进行全面摸底调查，对贵州古今教育历史资料系统整理，并通过加强教育史馆的建设，争取3~5年内获得社会更广泛认可，相信不久该中心将以更加丰硕的科研成果回报社会，为贵州教育发展作出更大贡献。

联系邮箱：gzjyfzyjzx2011@gznc.edu.cn
咨询电话：0851-86270319

卷首语

时光荏苒，岁月匆匆。2011 年年初，贵州省高校人文社科基地之贵州教育发展研究中心获批，深荷教育厅、学校诸领导屡屡垂顾，多方斡旋，复幸蒙历史与社会学院、教育科学学院诸教师日夕共谋，开荆辟莽，于艰难困苦中玉成此业，可谓“筚路蓝缕，以启山林”。虽中道易手，然薪火传递，一脉相承，矢志不渝，迄今已历四载。其间，张承鹄副校长屡垂诫示，训督砥砺；中心内外研究人员潜心耕耘，屏人事而学、而教、而研，虽非焚膏继晷，韦编三绝，然亦奋进不辍，勤勉务实，终有所创获。遂经诸位同仁上下一志，庶竭驽钝，斟酌损益，历半载有余，始成兹稿，曰《贵州教育发展研究》。

《贵州教育发展研究》首辑即将付梓。值此数九寒天，欣览《贵州教育发展研究》（第一辑），顿觉墨香浓郁，沁人心脾，犹春风拂面，幽寒尽去。兹集收载了数十篇关乎贵州教育史、民族教育、教育教学研究方面之论文，其文凝聚着中心内外诸研究人员在教育研究、实践中之深刻感悟与创新，其于教学之尝试与摸索，其于教育事业之挚爱与执着，其于学生之切切关爱与期许，无不沁润其中。

论文集分“陶行知思想研究”“基础教育研究”“贵州教育史研究”“民族教育研究”“教材与教法研究”五大部分。其中，“陶行知思想研究”就如何践行陶行知乡村教育思想、生活教育思想与贵州教育以及陶行知“知识观”等专题深入探析，其大笔如椽，高屋建瓴，纵横捭阖。其文立意幽深，论证缜密，读之则荡气回肠，感之丝丝入扣；“基础教育研究”关注贵州贫困地区基础教育发展和“9 +3 教育计划”之实施，藉此探讨如何办好我省贫困地区农村教育、中等职业教育及贫困地区学前教育的方式方法等问题，其辨析毫芒之论证，为贵州贫困地区基础教育发展策略、基础教育课程与教学改革等方面之研究涂抹了浓墨重彩之一笔；“贵州教育史研究”则以历史学、社会学、民族学、人类学、经济学、政治学等多学科视角，深刻解读石门坎教育现象、近代教育的先驱、贵州古代书院教育、贵州古代家庭教育思想及特点等贵州教育发展史诸多现象及实体，其论远见卓识，洞中肯綮。其文旁征博引，深入浅出。藉此研究，探窥古代贵州教育发展之梗概，以通古今之变，进而揭示贵州教育发展与地方政治、经济、社会文化发展之联动关系，以及国家教育机制与地方教育机制之相互作用，进而彰显贵州教育发展之地方性、民族性与差异性；"民族教育研究"探讨了民族文化进课堂的教学实践、侗族地区双语教学的诸多问题、民族地区职业教育的特殊性及对策等历史与现实问题，收集、整理第一手教育资料，对其爬罗剔抉，刮垢磨光。同时，紧密结合贵州教育发展实际与社会发展需要，立足本土，凸显地方性和民族性，其论可谓掷地有声；"教材与教法研究"则对高师公共教育学之课程目标再定位及其实施的有效性路径、贵州师范院校学生实践教学模式及课程体系改革研究、民族社会史教学、贵州地方史教学以及新课程高中语文、历史、数学、物理教学改革等诸多方面问题予以探讨、分析，深究基础教育教学创新发展之新思路、新方法，尤其是结合师范教育之特点与要求，临纸神驰，聊发教学改革之新论，其论虽不足以振聋发聩，却有抛砖引玉之效。

论文集中诸文虽非字字珠玑，篇篇锦绣，然其鞭辟入里，阐幽发微，管窥贵州教育发展之真貌，刍议贵州教育发展之大道。其间奥妙之会，绝非一时之心惟所能通达。"应似飞鸿踏雪泥"，论文集将为此域之研究聊尽绵薄之力。愿《贵州教育发展研究》（第一辑）能带给您教育、教学方面些许感悟与启发，如能让您在如沐春风，如饮甘泉之中有所得，有所感，有所悟，则吾辈甚慰！

编　者

2014 年 11 月

目 录

【民族教育研究】

【教材与教法研究】

【陶行知思想研究】

践行陶行知乡村教育思想，努力办好贵州农村教育

霍健康

被毛泽东同志赞为“伟大的人民教育家”的陶行知先生（1891.10—1946.7），其教育思想尤其乡村教育思想和教育实践，对我国教育的发展产生了很大影响。今天，我们学习并践行陶行知“乡村教育是立国的根本大计”“校长是一个学校的灵魂”“教学做合一”等乡村教育思想理论和实践，对办好贵州省农村教育有着重要指导意义。

一、农村教育是贵州教育的重中之重

陶行知先生认为，热爱祖国就是要爱“中华民族中最多而最不幸之农人”。他明确指出：教育是立国的根本，乡村教育是立国的根本大计。乡村教育关系到三万万四千万人民的幸福，办得好，能叫农民上天堂；办得不好，能叫农民下地狱。要想提高农民的素质，改造当时中国农村社会现状，就必须努力发展中国农村教育事业，提高农村教育在整个民族教育中的分量。因此，作为美国伊利诺伊州大学和哥伦比亚大学留学的优秀知识分子，陶行知回国后从当时中国的农村、农民、农业实际情况出发，希望通过创办适合农村、农民实际需要的教育事业，进而来改变整个中国农村的面貌，于是，他辞去南京东南大学教授的教职，到乡下办乡村教育。

陶行知先生高度重视农村教育的思想，一直被我国沿用至今。多年来，党中央、国务院始终把加强农村教育放在整个教育的优先位置，采取有力措施，对农村教育格外重视。在教育投入方面向农村义务教育倾斜；实施农村义务教育阶段学生营养改善计划；高度重视并切实解决农民工子女在入学方面遇到的

困难，关心农村留守儿童教育和成长；培养一大批教学水平高、有志于农村教育事业的优秀教师，鼓励和引导高校毕业生到农村基层工作，等等。

2013 年 3 月 30 日至 4 月 1 日，中共中央政治局委员、国务院副总理刘延东同志深入贵州省黔东南州的学校、幼儿园，实地考察民族地区农村教育，并在贵阳召开西部 9 省（区）、市县、农村学校及教学点负责人和教育专家参加的农村义务教育座谈会。会上，刘延东副总理强调，农村教育是立国之大本、惠民之首要，关乎经济社会的发展全局，关乎社会的公平正义。她指出，贯彻党的十八大和全国“两会”精神，基本实现教育现代化，重点难点都在农村。本届政府要下更大气力办好农村义务教育，改善办学条件，提升教育质量，缩小城乡差距，努力实现义务教育均衡发展，为亿万农村孩子成长成才奠定坚实基础。

贵州省是一个农业省，农村教育更是整个教育的重中之重。我省农村教育薄弱，一是留守儿童多，目前，我省有 630 万外出务工人员，留下 200 多万农村留守儿童，其中在校农村留守儿童 116.5 万（小学生 77 万，初中生 39.5 万）。二是义务教育辍学率高，2009 年贵州省“两基”工作通过国家督导评估验收，但义务教育基础薄弱、水平低、不稳定、易反复。2012 年，我省义务教育辍学儿童高达 23.7 万，小学生和初中生辍学率分别为 2.98% 和 5.09%，超过了 2% 和 3% 的国家控制指标；9 年义务教育巩固率为 78.6%，低于 85% 的国家控制指标。三是办学条件差，由于底子薄、欠账多，各级财力投入有限，贵州省农村学校在基础设施、设备、师资、教学资源等方面相当薄弱，与全国相比差距较大。

不办好农村教育，就不可能帮助广大农民脱贫致富；不办好农村教育，就不可能实现教育公平和社会公平；不办好农村教育，就不可能办好让人民满意的教育；不办好农村教育，就不可能实现贵州与全国“同步小康”的“贵州梦”。农村义务教育重中之重的地位怎么强调都不为过。省委、省政府高度重视教育尤其是农村教育，把教育作为最长远的民生。赵克志书记、陈敏尔省长提出：“要以‘穷省办好大教育’的决心，坚持教育优先发展，坚持新增财力更多投向教育，再难也要把教育这件事关人民幸福和贵州长远的大事搞上去。”2011 年，贵州省启动实施了“4 + 2”教育突破工程，其中就有关于农村教育的学前教育突破工程、农村寄宿制学校建设攻坚工程及优美教室建设工程、安全围墙建设工程等，以解决农村学前教育入园难、义务教育水平低等“短板”问题。两年来，已建成乡镇（街道）公办中心幼儿园600所（今年将再建400所）；建成农村中小学食堂13365个、学生宿舍90万平方米；建成教师周转宿舍（公租房）2.8万套；实施集中连片特困地区农村义务教育阶段学生营养改善计划，以食堂供应午餐为基本特征的“贵州特色”营养餐惠及400余万农村学生。2013年，省政府1号文件下发，实施“9+3”义务教育及三年免费中等职业教育计划，要求进一步巩固提高九年义务教育水平，千方百计防止学龄儿童辍学；要求压缩全省各级党政机关行政经费的5%用于支持该计划的实施，真正把发展农村教育摆在重中之重的地位。

二、校长和教师是担负农村教育的关键

陶行知先生认为：“校长是一个学校的灵魂。要想评论一个学校，先要评论他的校长，有什么样的校长就会有什么样的学校，就有什么样的教师和学生。”一个好校长也就意味着一所好学校。校长是学校的精神支柱，“学校的好坏，和校长最有关系”。陶行知先生还认为，校长的关键角色和中心地位，理所当然地要求校长应有德行，因为只有品行高尚的校长，才能真正起到凝聚人心、引领方向的灵魂作用；校长必须要有自己独立的学校观，否则就会随波逐流、盲从盲动；校长要有创造意识和创造能力，校长工作是一项专门事业，需要也值得校长们全身心地投入。

陶行知先生提出，乡村基础教育的重任必须要有优质的教师来承担。他指出，许多乡村教师并不知道，老百姓送子弟入学，“便是不知不觉地把整个家运交付给小学教员。小学教员教得好，则一二十、一二百家的小孩子可以成家立业。否则，变成败家子，永远没有希望了”。再大一点说，教师关系到全村之兴衰，国家之兴亡。“国家设立小学，是要造就国民以谋全民幸福，因此，全民族的民运都操在小学教员手里。”陶行知高度重视教师的整体素质对教育的作用。发展乡村教育，最要紧的是建立一支合格的乡村师资队伍，所以，办好乡村师范是当务之急。1927年，陶行知放弃了优厚的教授生活，谢绝了武昌高等师范（武汉大学的前身）和吉林大学校长的盛情邀请，脱去西装革履，穿上布衣草鞋，告别城市繁荣舒适的生活，在南京北郊晓庄创办了实验乡村师范学校。陶行知先生还特别注重师德建设。他认为，和其他职业相比，教师品德的作用更加重大。他说：“教育就是教人做人。”“在教师的手里操着幼年的命运，便操着民族和人类的命运。”教师应“最注重以人教人”，

注重以身作则，“要修养到不愧为人师的程度”，“要人敬的，必先自敬。重师首先师自重”。一个合格的教师应该具备以下思想道德：第一，献身教育，热爱学生。献身教育，需要教师以“爱满天下”的情怀去倾心培育“真人”。他把“爱满天下”“乐育英才”作为自己的崇高理想，告诫教师要“爱生如子”。第二，以身作则，为人师表。他认为，教师的任务就是“自化化人的”，因此，“教师应当以身作则”。强调“千教万教教人求真，千学万学学做真人”，“真教师才能培养真人才能。”

近年来，贵州省高度重视农村教师队伍建设，把师资队伍建设摆在更加突出的位置来抓。一是加强教师职业道德建设，把师德师风建设摆在教师队伍建设的突出位置，引导广大教师自觉加强师德修养。先后凝练“贵州教育精神”“贵州教师誓词”，新近又创新制作了“贵州教师自律歌”，把精神作为强教兴教之魂，构建精神高地。二是着力加强农村教师队伍建设。为解决农村教师缺乏的问题，从 2006 年起，我省充分利用国家政策，连续 7 年实施“农村义务教育阶段学校教师特设岗位计划”，共招聘 4.4 万余名特岗教师，青年特岗教师们学历高、学科齐、充满青春朝气和现代气息，扎根乡村学校，成为农村教师队伍的生力军和换血代，为提高农村教育质量作出了很大贡献。三是加大农村中小学校长、教师培训力度。大力实施“国培计划”“省培计划”“中小学教师继续教育工程”，为贵州省农村学校培训了一批“种子”校长、教师。从 2008 年起实施的“校长提高计划”，选派农村中小学校长到深圳、青岛、大连、宁波四个计划单列市相应学校挂职学习 2 个月，至今已培训农村中小学校长 1165 人。四是解决农村教师实际困难。以公租房为主渠道建设农村教师周转房 2 万套，稳定农村教师队伍，在评职评优等方面向农村教师倾斜。

尽管如此，贵州省农村校长、教师队伍也还存在一些困难和问题，如农村教师总体数量不足，教师队伍整体素质有待提高，农村教师教学观念陈旧、知识老化、教学方法单一等现象比较突出等。我省将进一步践行陶行知教育思想，加强农村校长、教师队伍建设，加大农村校长引进力度，实施好前不久省农村信用社联合社与省教育厅联合启动的“信合情·同心——贵州万名农村中小学校长培训行动”。多招“特岗教师”，今年新招 1.4 万名，补充新鲜血液、注入新鲜活力；提高农村教师素质，建设学习型教师队伍，加大“国培计划”“省培计划”和中小学教师继续教育工程及“校长提高计划”实施力度，不断为教学提供“源头活水”；践行陶行知“爱满天下”教育思想，加强师德师风建设，引导广大农村教师怀着对农民的深厚感情，心里充满着农民的甘苦，向着农民“烧心香”，把整个心献给乡村人民和儿童，“捧着一颗心来，不带半根草去”；建立健全县域内校长和教师定期轮岗交流机制、支教机制、学历对口提升机制，促进校长、教师合理配置。

三、“教学做合一”是提升农村教育质量的核心

生活教育理论是陶行知教育思想体系的主体和核心，其生活教育理论包括“生活即教育”“社会即学校”“教学做合一”等内容。“生活即教育”是陶行知生活教育理论的核心。陶行知认为，真正的生活教育是“以生活为中心的教育”，是“供给人生需要的教育”。教育与生活是同一过程，教育包含于生活之中，必须和生活结合才能发生作用。教育以生活为前提，不与实际生活相结合的教育不是真正的教育。其“社会即学校”的基本主张是：要让社会的每一个角落、每一个地方、每一个生活单位都担负起学校的职能，把整个社会作为一个大学校，“把笼中的小鸟放到天空中，使它任意翱翔”。“教学做合一”是陶行知生活教育理论的教学方法论，是为批判传统单一的教授法，反对教师“教死书、死教书、教书死”和学生“读死书、死读书、读书死”的传统教学模式而提出的教学方法论，“教的方法根据学的方法，学的方法根据做的方法。事情怎样做便怎样学，怎样学便怎样教。教而不做，不能算是教；学而不做，不能算是学。教与学都以做为中心”。陶行知反对以“教”为中心，主张“教学做合一”，从教学方法上改变了教、学、做的分离状态，克服了书本知识与生活实践脱节、理论与实际分离的弊端，是教学法上的一大改革。

贵州省的农村教育的现状是，学校与社会脱离、生活与教育分家的“死教育”现象突出。目前，农村教育仅仅局限于校园、局限于课堂，走出校门，便与教育无关。农村学校还是教师“教死书、死教书、教书死”和学生“读死书、死读书、读书死”的传统教学模式，应试教育现象极为严重，农村教师几乎是围绕教材照本宣科，教师的备课教学局限于书本知识，没有较好地联系生活实际延伸、拓展教学，导致学生所学和实际所用形成“两张皮”。如课堂上教师教学生要开朗、阳光、大方、自信，对人有礼貌，但真正当上级领导来校视察，询问学生“今年几岁了、家住哪儿、读书是否交费”等基本

情况时，农村学生却很胆怯、畏缩，不敢回答，甚至见到陌生人后干脆撒腿就跑。再如教师在课堂上传授“路程、速度、时间”之间的关系时，学生基本能解答问题，但当联系生活实际，问学生“一公里是什么概念、学校离家多远、步行需多少时间”等相关问题时，学生却很茫然，教学与生活严重脱节。

践行陶行知生活教育思想，一是要以生活为教育的源泉。把生活作为教育的中心，将整个社会作为儿童生活的现实背景来设计儿童的教育，教育要向儿童的生活回归。用生活来教育，通过生活而教育，生活应成为教育的素材、手段。要贴近农村生活实际，如可结合农村民俗文化等实际，开展好民族民间文化进校园活动，挖掘农村教学资源，激发学生学习兴趣，让学生乐学易懂。比如，在体育方面，可以开展符合农村特点的体育活动，把“踢毽子”“摔跤”“抢花炮”“打陀螺”“丢糠包”等民族传统体育项目搬进校园，让学生都动起来、跑起来，增强体质；在艺术方面，可以把“侗族大歌”“八音坐唱”“芦笙”“箫笛”“唢呐”等民族民间艺术文化搬进校园。二是要实施素质教育。坚持学为主体、教为主导的教育原则，强化学生的主体地位。从单一重视学生的分数转向全面提高育人质量，改变传统教学一支粉笔一本书的现象，从主宰课堂变为引导课堂，多些讨论式、启发式教学，把学生从茫茫题海、死记硬背应付考试中解放出来。快乐地学习成长是青少年儿童的权利，不要把学习变为沉重、痛苦的负担，让校园里少一些“拉杆箱”、“大书包”、“眼镜”、开学典礼站几分钟就晕倒等现象，要开足开齐音体美课程。

陶行知说：“一个学生之好坏，关系全村之兴衰。”农村教育是立国之本、惠民之首要。农村教育影响广泛，它既是农村工作的重中之重，也是教育工作的重中之重。全省教育系统应认真践行陶行知乡村教育思想，努力办好贵州省农村学校教育。

（作者系贵州省教育厅厅长）

生活教育与贵州

梁茂林

一、生活教育基础知识

1. 生活教育的含义

用大多数人最需要的知识和技能，用最容易懂的方法施行的教育即生活教育。生活教育“不是摩登女郎之金刚钻戒指，而是冰天雪地下的穷人的窝窝头和破棉袄。”陶知行先生强调指出：生活教育陪伴人的一生。“生活教育与生俱来，与死同去。出世便是破蒙，进棺材才算毕业。”生活教育是针对应试教育的弊端：“中国教育的歧途在于抱着分数忘记了人生，抱着标语口号忘记了人生，抱着金钱忘记了人生”，提出的适合我国实际的教育思想。

简而言之，生活教育即是为孩子生命奠基的教育。

2. 生活教育的目标

“千教万教，教人求真；千学万学，学做真人。”这是生活教育追求的目标。出自1943年陶行知先生为广东大埔县百侯中学所作的校歌中的歌词。陶先生强调说：“教育是教人做人，教人做好人，做好国民的意思。”

3. 生活教育的原理

“生活即教育，社会及学校”是生活教育的理论基础。

“生活即教育”的意思是生活决定教育，只有与生活相结合的教育才是真正的教育。教育者的任务就是指导学生不断改进现实生活，引导学生“明民德，亲民，以追求人民的幸福”为己任。如果仍和旧教育一样，把学校的任务看作是只传授书本知识，仅为考试而读书。即“问世间分数为何物，直叫师生以生死相许”的教育，必然形成教育脱离生活实际，缺乏动手的实际操作技能，缺乏适应社会需要的知识和觉悟，也就谈不上教育学生为改造社会进行创造性劳动。“社会即学校”的意思是“要把教育从鸟笼里解放出来”。

"'学校即社会'，就好像把一只活泼泼的小鸟从天空捉来关在笼里一样，它要以一个小的学校去把社会上所有的一切东西都吸收进来，所以容易弄假。社会即学校则不然，它是要把笼中的小鸟放到天空中去，使它能任意翱翔，是要把学校一切伸张到大自然界里去。"

这就是说，"社会即学校"有两层意思：一是学校与社会应紧密地联系起来，使学校教育的作用不应局限在学校内；二是学校应培养出社会所需要的各种人才，把学校办成改造社会的中心。

陶行知先生这一思想是对王阳明教育思想和杜威教育思想的继承和发展。

4. 生活教育的方法

"教学做合一"是生活教育的方法。有三层意思：一是怎样做便怎样学，怎样学便怎样做；二是教法、学法和做法应当合一，"做"既是学的中心，也是"教"的中心；三是教学不仅教人学书本知识，而更为重要的是教人做事。概括起来就是在行动中求知，在创新中育人。

"教学做合一"是针对传统教学脱离生活、脱离社会、脱离实际的弊端，强调把"做"放在第一位，强调教学要重教育过程，把单纯传授知识，死教书、死读书的教学转移到培养学生的生活力和创造力的轨道上来。今天的学校教育，仍然是重结果轻过程，在教学过程中忽视"做"，教师往往对学生"满堂灌"，导致学生对教材只是知其然，而不知其所以然。为过考试关，学生只得死背硬记，往往形成教师讲、学生听、上课记笔记、课后背笔记、一切为考试、考完全忘记的局面。陶行知先生针对这种弊端说："与其把学生当鸭儿填入一些零碎知识，不如给他们几把锁匙，使他们可以自动去开发文化的金库和宇宙之宝藏。"

"教学做合一"改变传统的"知行知"为"行知行"。在"行知行"的过程中，因为在做上教，在做上学，就可以在实践中不断检验教学的内容是否正确，学生学的效果是否良好，从而使学生获得牢靠坚实的知识技能，并运用知识解决实际问题。

5. 生活教育的内容

生活教育的内容是指，教师应引导学生学会健康的生活、劳动的生活、科学的生活、艺术的生活、改造社会的生活。也可概括为学会学习、学会生活、学会做人、学会进行创造性劳动。

6. 生活教育的起点

爱是生活教育的起点，即“爱满天下”。生活教育是从爱里产生的，没有爱就没有生活教育。陶行知先生大声疾呼：“因为它（生活教育）爱人类，所以它爱人类中最多数而最不幸之中华民族；因为它爱中华民族，所以它爱中华民族中最多数而最不幸之农人。”“我们这里的幼稚园（指晓庄），不是为什么部长、总长的小孩子办的，我们是为工农阶级的小孩子而办的。”由此可见，陶先生所说的“爱满天下”“平民化”的教育，就是爱以农民为主体的平民教育。

7. 推行生活教育的措施

（1）在教育资源的配置上，要改变重城市、轻乡村的资源配置，真正把农村教育列为重中之重。陶先生号召，要改变“城里学校林立，乡里一个学校都没有”的局面，就要搞一个“师范教育下乡运动”，培训和稳定乡村师资力量。

（2）在学校培养目标上，要改变重精英、轻大众的教育制度。陶先生认为：“中国要实现真正的共和政治和民主主义，除向民众实行普及教育外，没有别的出路”，“一个共和国的基础，稳固不稳固全看国民有知识没有，国民如受过相当教育，能够和衷共济，努力为国家负责，国基一定稳固”。“这几十年来，我有时提倡平民教育，有时提倡乡村教育，……其中一个中心问题，即如何使教育普及。”

（3）在学校评价体系上，要改变重试题、轻生活的教育评价体系。我国历史上形成的脱离实际、以科举为宗旨的教学内容和以“四书五经”经典书本为中心的传统教学方法，在以升学为中心的教育框架中得以继承和发展。陶行知先生指出：“把现行的小学常识与初中自然教科书拿来审查一番，你立刻发现它们只是农学识字书，只是科学的论文书。”陶先生认为，好的教材应是：“看它有没有引导人动作的力量；看它有没有引导人思想的力量；看它有没有引导人产生新价值的力量。”“中国教育的通病是教用脑的人不用手，不教用手的人用脑，所以一无所能。”

（4）在学校硬件和软件建设上，要改变重硬件建设、轻软件建设的倾向，做到既有大楼，更要有大师，“民以食为天，教以师为本”。陶先生说：“教育就是改造社会，教师是改造社会的领导者”，而“要有好的学校先要有好的教师”。“教师得人，则学校活，学校活，则社会活。”因此，“必须出代价去培养教师”，“这是地方教育根本之谋，也是改造乡村根本之谋”。

（5）要建立生活教育研究机构和示范性学校。陶先生说：“从前人们对于教育问题都是囫囵吞枣，犯了一种浮泛的毛病，各个人都会办教育，各个人都可以作教育总长，都是教育专家。究意教育问题是不是如此简单呢？还是无人不会呢？我们知道教育在先进国里是一种专门科学，非专门人才不能去办。”陶先生面对我国落后的教育现象说：“亡羊补牢，未为晚也。全国学者，苟能尽刷其依赖天工，沿袭旧法，率任己意，仪型他国，偶尔尝试之旧习，一致以试验为主，则施之教育而教育新，施之万物而万事新，未始非新国民之大计也。”为此，在1928年全国教育会议期间，陶先生建议：“由大学院设立教育研究所，聘请专门人才，分析研究，实地试验，方能免入歧路”。同时，陶先生认为师范院校应注重“附属学校”，从中开展试验，取得成效。而且不应当称之为“附属学校”，应称为“中心学校”，即师范的试验中心。“师范学校的使命，是要运用中心学校之精神及方法去培训师资。”

二、生活教育思想与陶行知的追随者

1. 生活教育的历史背景

从近代史上看，世界上许多国家在工业化、城市化的进程中，多是给占人口大多数的农民提供比较自由的发展环境，使农民成为有独立地位、自主权的商品生产者，充分鼓励农民经营个体经济的积极性，促进了以农、轻、重为序的国民经济的发展，先后建立了现代国家制度。如美国，为给美国公民“在立脚点上谋平等”，1862年5月林肯总统颁布《宅地法》，规定凡支持、拥护共和国的成年公民，从1863年1月1日起，只需交纳10美元登记费，就可以从西部领取160英亩土地，耕种5年后可以领取执照成为该土地的永久所有者。由此农民变为农场主，农场根据市场需要而发展农业，形成商品进入市场，农业产品商品化使农民变成企业家，这既使经济繁荣，又使农民成为最热心推进资本主义生产方式和生活方式的社会群体。继而发现加利福尼亚金矿，修建西部铁路，更掀起了移民潮，带动了全面工业化。到19世纪末，美国一跃而成为头号工业国，欧化全球被美国化所替代。

林肯继签发《宅地法》之后，又于1862年7月2日签发《太平洋铁路法》和《莫雷尔法案》。《莫雷尔法案》规定，由联邦政府拨给土地辅助各州兴办农业学院和工艺学院，培养工农业专业人才。这些学院称为“赠地学院”。这些学院一方面为开发农业、畜牧业和工业培养专业人才；另一方面为学校的教职员和聚居的新移民构建市政设施。这些公立学校和公共事业形成新的城市区，教育成为美国社会的中心，教育即生活、学校即社会的局面在各地逐步形成。陶行知先生称美国这种教育现象为“现代教育思潮的中流”。杜威概括出美国实用主义教育思想，提出“教育即生活、学校即社会，从做中学”的生活教育理论。

陶行知从美国留学回来后，一心一意按“教育即生活、学校即社会”行事。陶行知说：“我从民国六年（1917 年）陪着这个思潮（指杜威的生活教育）到中国来，8 年的经验告诉我说：此路不通。”陶先生在坚持不懈的奋斗中，绕过工业社会带来的弊端，通过教学做合一“翻了半个筋斗”，便走上“生活即教育、社会即学校”的新路。

陶行知生活教育思想的最大特征是他的亲民性。在旧中国，一切为了人民的教育是不可能在广大地区、更不可能在全国范围内普遍实施的。解放后人民取得了政权，正当应该在全国范围内大力推行陶行知生活教育模式时，对电影《武训传》的粗暴批判却使陶行知以及陶门弟子受到株连。从此，我国教育开始上演了一幕长达 20 多年的历史悲剧——舍弃了既属于中国又属于世界的生活教育模式；舍弃了伟大的人民教育家陶行知先生；舍弃了陶行知的学生和追随者。其中有陶行知的三位重要弟子和贵州有联系，即黄质夫、孙铭勋、戴自俺三先生。当晓庄师范被查封后，平坝人孙铭勋坚持在新安实践生活教育思想；在学生中进行自我教育的尝试；在抗日战争中，全国乡村教育运动基本停止的形势下，黄质夫把生活教育思想推广到贵州的大山深处的少数民族地区；1979 年后，已 70 岁的长顺人戴自俺创造了宣传实践生活教育思想的奇迹。

2. 陶行知最早的追随者、乡村教育的先驱黄质夫

20 世纪 20 年代去除茅塞，开创我国乡村教育事业的民间先知先行者中，黄质夫就是其中杰出的代表之一。求学时他选择了师范专业农学系，大学毕业择业时选择了乡村师范，在乡村师范学校中又选择了边疆师范，又把位于省城郊区的边疆师范迁往边远山区（距省城 400 多千米）的少数民族聚居区。不仅深入了边疆，而且创造了乡村教育的新理念。但黄质夫的名字在我国出版的教育学辞典中却找不到。

黄质夫先生，1896 年 3 月 6 日生于江苏省仪征市长江边上的十二圩，在南京高等师范学校（后改名为东南大学）求学时，接受了恩师陶行知的教育理念："余今生之惟一目的在于经由教育而非经由军事革命创造一民主国家"。黄质夫是陶行知最早的追随者之一。1924年东南大学毕业后不久，即到苏北高邮县界首镇创办界首乡村师范学校，这是全国率先创办的第一批乡村师范中的一所，也是较为出色的一所。20世纪30年代出版的《乡村师范概要》一书多处介绍界首乡师的办学成就和办学经验，从此开始了他献身乡村师范教育事业的生涯。1927年夏，黄质夫调任国立第四中山大学南京中学乡村师范科主任（校址和晓庄师范同在南京栖霞区），继续探索乡村教育的新路。1930年由于晓庄师范被查封，波及黄质夫，黄质夫被迫辞职。黄质夫仍不改初衷，继续实践陶行知乡村教育模式。1931年8月，辞去国立中央大学农学院推广处主任的职务，应浙江省教育厅厅长张道藩的聘请担任浙江省立湘湖乡村师范学校校长。黄先生在这里只有近8个月时间，他增建新校舍，选聘新教师，增设简师班，增收近百名新生。1932年年初，黄质夫又回到栖霞乡村师范学校继续担任校长，自此，又在这块土地上辛勤耕耘了五年多。1937年，日军逼近南京，栖霞乡师仍坚持开学授业，不久被迫停课疏散师生，是苏南最后疏散的一所学校。黄质夫主动留校看守校产，直至日军向南京发动进攻的前7天，即12月1日，黄质夫才离开学校踏上流亡的道路。"七七"事变后，全国的乡村教育运动基本停止。

1939年9月，黄先生辞去湖南农业改进所技师兼榆树湾沅芷垦区主任的职务后，受聘担任贵州省立贵阳乡村师范学校校长（校址在青岩镇）。黄质夫坚持乡村师范应当办在乡村，贵州乡师更应办到少数民族聚居的边远山区的主张，他的设想得到主管部门批准后，在靠广西、湖南的苗侗聚居地区的榕江县创建新校。1940年年初，贵阳乡村师范学校迁至榕江后改为国立贵州师范学校，由国民政府教育部边疆教育司直接领导。黄质夫在榕江国师五年多，为乡村师范教育事业倾注了大量的心力，使迁校前仅有4个年级150多名学生的学校，扩大为最多时有16个班级，近千名学生，贵州省规模最大的一所师范学校（国师在校学生占全省在校师范生的40%），而且主要招收的是少数民族子弟，成为当时全国乡村师范的模范，建校时的榕江县城连公路都不通，县城只有二所小学。以上经历说明，黄质夫从28～49岁，孜孜不倦地在四所乡村师范担任校长近20年，是我国乡村师范教育事业的开拓者之一。他不仅参与了20世纪我国乡村教育的历史性工作，而且在乡村教育的实践和理论建设上颇具建树，对乡村师范学校教学改革作出了很大贡献。黄质夫亲自制订的乡师教学计划，编写的乡师教材，出版的有关乡村师范教育的论著，如《中国乡村的现状和乡村师范生的责任》《栖霞乡师课程概要》《服务乡教八年之自省》《实践的师范教育》《中等学校劳动生产训练》等，完善和发展了陶行知的乡村教育思想。2006 年 2 月 28 日，教育部长周济认为，缩小中国城乡教育差距的核心问题是提高农村教师队伍的质量。这说明，黄先生的许多主张依然是今天培养教师的经典。在以阶级斗争为纲的年代里，黄质夫乡村教育思想被尘封，并不是他个人的损失，而是民族的损失、国家的损失。

黄质夫先生亲近乡民的一生告诉我们，既然在国家处于多事之秋时，都能培养出黄质夫这样的人物，这就说明我们的祖国，我们中华民族本身拥有自我发展、自我向善的力量。但这种力量往往被尘封、被遏塞。这正是："一粒麦子不落在地里死了，仍旧是一粒。若是死了，就结出许多子粒来。"（《约翰福音》第 12 章 24 节）这里给我们提出的问题是，麦子成长要有土地，乡师校长得有工作平台。黄质夫先生 1953 年失去了工作，1959 年被定为"历史反革命"，1963 年含恨离世。

3. 陶行知的主要助手孙铭勋

孙铭勋先生 1905 年 12 月 30 日生于贵州省平坝县白云镇槎头村。1905 年是一个不平常的年头，是年 9 月 2 日（清光绪三十一年八月四日），光绪皇帝上谕："著即自丙午科（1906 年）为始，所有乡会试一律停止，各省岁科考试亦即停止"。这宣告了自隋代起实行了 1300 年之久的科举制度的终结。我国教育史把这一年作为现代教育的起点。孙铭勋初中毕业后到贵阳师范学校求学，1927 年大革命中瞒着母亲离开了家乡，在上海准备投考军校的孙铭勋听到了陶行知先生教育救国的主张，他来到晓庄师范求学，从此跟随陶行知先生。在晓庄期间，他在陶行知创办的中国第一个乡村幼儿园一边学习，一边实践和研究。1935 年《生活教育》刊出《晓庄丛书》共 16 种，由上海儿童书局发行，其中有陶行知著作 2 种，孙铭勋著作 1 种，孙铭勋、戴自俺合著的著作 3 种。《晓庄丛书》当时就是了解晓庄学校的设施详情及生活教育的系统理论与实验情况的必读之书。1930 年 4 月晓庄被查封，孙铭勋也是被捕的学生之一，经多方营救，8 月出狱后，陶行知先生派孙铭勋等到淮安新安创办乡村学校，后来发展为闻名全国的新安旅行团。1934 年回到上海，孙铭勋在陶行知先生指导下，为中国工人阶级子弟创办的第一所幼稚园——劳工幼儿团。1935 年秋天，孙铭勋在广西南宁教育研究院任幼儿师范班主任，在此加入中国共产党。1936 年 12 月孙铭勋到延安学习，1937 年 3 月回到上海，在生活教育社当编辑，编写了关于陶行知先生有关儿童教育的书稿近百万字。1939 年 7 月，陶行知先生在重庆创办育才学校，孙铭勋受地下党组织的派遣到育才学校工作，任社会组主任。1941 年“皖南事变”后，孙铭勋受重庆地下党派遣，到甘肃玉门油矿创办职工子弟小学。1944 年 12 月中共南方局决定派孙铭勋等人由四川来到贵州平坝筹建黔东、黔南游击队。1945 年到贵州平坝任平坝中学校长，1948 年后主持重庆育才学校工作。解放后，孙铭勋任西南军政委员会文教委员会委员，育才学校校长。重庆《新华日报》从 1951 年 6 月 12 日到 1952 年 4 月 13 日，发表批判《武训传》的文章 29 篇，刊登点名批判孙铭勋的文章有 13 篇。《大公报》发表批判《武训传》的文章 40 篇，刊登点名批判孙铭勋的文章 5 篇。孙铭勋成为这场风波中的重点批判对象，被停职反省，开除党籍。“三反”运动中，因孙铭勋为学校募捐学费而被错定为贪污分子，运动结束后，经查证无罪释放，后调西南师范学院，在西师首开《儿童文学》专业课。1957 年“反右”斗争中，孙铭勋被以莫须有的罪名划为右派，剥夺了讲课的权利，于 1961 年 1 月春节前夕因饥饿离开了人世，终年 56 岁。

4. 陶学的践行者和宣传者——共产党员戴自俺

戴自俺，1909 年 7 月 23 日出生于贵州省长顺县广顺镇旁的远里村。16 岁考入贵阳师范学校教育科，1927 年和孙铭勋一起考入南京晓庄师范，1928 年开始攻读幼儿师范专业。从此，跟随陶行知，终生实践与宣传陶行知的乡村教育思想。

戴自俺是个慈祥可亲、勤奋终生、豁达大度、极富韧性的人。他从 20 世纪 20 年代进入晓庄读书起，幼教工作就像一块磁铁，把他紧紧吸住，他在磁场上植树栽花，播种耕耘，任凭风吹雨打，环境多变，始终乐此不疲。他的信念是：幼儿教育担负两大使命：一是奠定人生的基础教育；二是解放妇女劳动生产力、改造旧社会、建设新社会的神圣事业。从 30 年代起，他就把实践经验撰写成文，公诸社会，流传后世。在 30 年代，仅上海儿童书局出版的论著就有八种：《幼儿园生活进程》《乡村幼儿园》《晓庄幼稚教育》《幼稚教育论文集》《从儿童队伍里来》《儿童的教学做》《儿童日记作法》和《晓庄批判》。40 年代在其他书局出版的论著还有：《教师生活速写》《国民教师手册》《中心学校的辅导工作》《和广个初中学生的通讯》《普及教育先锋队》《纪念节日的故事》《海的故事》和《大地的故事》等。

1935 年 12 月 29 日，戴自俺在北平加入中国共产党。1936 年和党失去联系后，先后曾担任桂林师范学校教务主任兼附小校长，贵阳达德学校教务主任、贵师附小校长和市西小学校长，在这些学校仍然坚持推行陶行知的教育理念。

难能可贵的是在山西度过 20 年“右派”生涯以后，1979 年当戴自俺由山西回到北京，已经是 70 岁高龄，垂垂老矣！为了夺回那些被失去的岁月，他把宣传陶行知生活教育思想作为第一要务。他先后担任北京市陶行知研究会副理事长、中国陶行知研究会常务理事、陈鹤琴教育思想研究会副理事长。从 1979 年至 1989 年十年间，他住在只有 11 平方米的破旧小屋，既是卧室又是厨房，又是工作室，冬天小炉子抵不住寒冷，酷暑天屋内热得如蒸笼，汗流浃背，外面下大雨，屋内下小雨，屋顶也有随时倒坍的危险直到 1988 年在北京西城区老干部局的关心和协助下才改善了住房条件。就在这种环境之中，他呕心沥血，专心致志，为各大报刊撰写稿件 120 余篇；参与主编了《陶行知诗歌集》、两部《陶行知全集》（湖南版六卷、四川版十卷）、《方与严教育文集》《张雪门教育文集》和《幼教史话》等，并参与审编了《中国学前教育史》等五部专用书，为推行生活教育模式作出了贡献。

最令人感动的是，他从 20 世纪 30 年代和党失去组织联系以后，在任何情况下，始终对党的信念没有动摇，也没有放弃重新加入组织的愿望和信念，直至 1989 年 5 月 5 日在他 80 岁高龄时，终于又重新加入中国共产党。当 1994 年 11 月 6 日他去世时，仅 10 多年，他参与编审的陶学著作达 982 万字，而他自己那册名为《风风雨雨数十年》的回忆录，才写到 1941 年。

当笔者回顾了这些历史事实后，建议把陶行知的弟子们列入陶行知研究范围，让陶行知生活教育思想回归现实生活。

三、争当一名新时期有作为的乡村教师

从 1905 年（清光绪三十一年）“废科举、兴学校”开始，时至今日，我国现代教育已走过 100 多年。直至民国初年，中国一直不重视乡村教育，更没有政府创办的乡村学校。直到 1924 年国立东南大学教育科首先设立农村教育专业，聘请赵叔愚先生主讲乡村教育课程，开创了中国现代农村教育的先

声。20 世纪 20 年代末到 30 年代初，我国把这段推行乡村教育的行动称为“十年乡村建设”，陶行知在实践中创立生活教育实验模式。新中国成立后，我国“一边倒”，实施以重工业为主导的“赶超”战略，在教育上推行原苏联教育模式，适合我国实际的生活教育模式被迫中断。半个多世纪过去了，尽管我国农村教育已经取得了许多辉煌的成就，但读书难、读书贵，“升学无望、就业无路、致富无术”仍然是目前农村教育的主要症结。目前，农村中小学辍学率居高不下，仍是农村教育走不出困境的重要原因。尽管贵州省已经普及了“两基”教育，但这是低水平的、突击性的，从生均经费和生均预算外经费看，贵州省和全国平均水平、先进省区的差距巨大。如表 1、表 2 所示。

表 1　　贵州与上海和全国中小学生均经费比较（2004 年）

	全国（元）	上海（元）	贵州（元）	贵州低于（元）		贵州约占比（%）	
				全国	上海	全国	上海
小学	1295	7030	695	600	6335	54	10
普通中学	2316	9282	1165	1151	8117	50	13
职业中学	3423	9789	1897	1526	7892	55	19

表 2　　贵州与上海和全国中小学预算外生均经费比较（2004 年）

	全国（元）	上海（元）	贵州（元）	贵州低于（元）		约为贵州倍数（倍）	
				全国	上海	全国	上海
小学	343	1601	105	238	1496	3. 3	15. 2
普通中学	930	3391	371	559	3020	2. 5	9. 1
职业中学	1766	5556	563	1203	4993	3. 1	9. 9

资料来源：全民教育贵州监测报告小组编，《全民教育贵州监测报告 2005》第 45 ~ 46 页。

目前，贵州省仍有代课教师约 2. 4 万人，他们多在农村村级小学和教学点任教，他们是村级小学和边远山区教学点的教学主力军，在村和山寨教学点代课教师的比例多为 100%，他们月收入仅 200 元左右，仍是在温饱线上挣扎的弱势群体，在办学条件和待遇未得到解决的情况下，在这样的岗位上工作更需要敬业精神，更需要向陶行知、黄质夫、孙铭勋、戴自俺学习。

如何在目前情况下争做一名有作为的乡村教师呢？

总的要求是："才能胜任、德能感人。"

如何做呢？要"胸怀全局、心系学生、背靠知识、面对生活"。

人总是要有一点精神的，面对困难的物质生活，争取把生活过得更快乐一些，即知足常乐、助人为乐、自寻其乐、苦中作乐。

参考文献

［1］陶行知．陶行知全集［M］．成都：四川教育出版社，2006.

［2］肖云慧．黄质夫乡村教育思想研究［M］．贵阳：贵州民族出版社，2003.

［3］戴问天．父亲的脚印［M］．北京：华文出版社，2011.

［4］孙丹年．陶门弟子教育家孙铭勋［M］．贵阳：贵州教育出版社，2007.

［5］梁茂林．黄质夫：一个被尘封的乡村教育家［J］．贵州教育，2002（7）：45－47.

（作者系贵州省陶行知教育思想研究会副会长，贵州历史文献研究会理事，原贵州教育出版社编审，贵州教育发展研究中心研究员）

从“教学合一”到“教学做合一”

——兼论陶行知先生的“知识观”

夏德靠

陶行知的“生活教育”理论包含“生活即教育”“社会即学校”“教学做合一”三个亚系统，这三个系统虽然具有各自的独立性，但比较起来，前二者之间的关联更为紧密。陶先生通过和平学园打井取水的举证，强调它们“是相联的，是一个学理”。“教学做合一”在“生活教育”理论中主要属于一种教学理论，这一理论事实上经历了一个发展、演变的过程，即从“教学合一”到“教学做合一”的过程。这一演变过程的出现，固然与陶先生的“生活教育”理论的不断深化有关，同时也与其“知识观”有着内在的联系。因此，研究这一转化过程，不但能够丰富对“生活教育”理论的认知，也对把握陶行知的“知识观”提供线索。

一、陶行知对传统教育的批判和“教学合一”观念的提出

对于传统教育，陶行知更多的是持一种批判的态度。1922 年，陶行知在金陵大学暑期学校进行一次名为“活的教育”的讲演，在这场讲演的开始，他就将教育分为三种类型：死的教育、不死不活的教育以及活的教育，并且表达了“死的教育，我们就索性把它埋下去，没有指望了！不死不活的教育，我们希望它渐渐地趋于活。活的教育，我们希望它更活”的愿望。在这场讲演中陶先生虽然没有明确地指出“死的教育”的内涵，但似乎更多地指向传统教育。在另一场发言中，陶先生直接提出“所谓吃人教育，就是指传统教育而言的。现在，我们可以这样说：传统教育，是吃人的教育”这样的说法。在他看来，传统教育有以下两种“吃法”：

一种是教学生自己吃自己。他教学生读死书，死读书，他消灭学生的生活力，创造力；他不教学生动手，用脑。在课堂里，只许听教师讲，不许问。

好一点的，在课堂里允许问了，但他不许他到大社会里、大自然界里去活动。从小学到大学，十六年的教育一受下来，便等于一个吸了鸦片烟的烟虫，肩不能挑，手不能提，面黄肌瘦，弱不禁风。再加以要经过那些月考、学期考、毕业考，会考、升学考等考试，到了一个大学毕业出来，足也瘫了，手也瘫了，脑子也用坏了，身体的健康也没有了，大学毕业，就进棺材。这叫作读书死。这就是教学生自己吃自己。

另一种是教学生吃别人。传统教育，他教人劳心而不劳力，他不教劳力者劳心。他更说：“劳心者治人，劳力者治于人”，说得更明白一点，他就是教人升官发财。发谁的财呢？就是发农人、工人的财，因为只有农人、工人才是最大多数的生产者。他们吃农人、工人血汗，生产品使农人、工人自己不够吃，就叫作吃人的教育。

在这两种吃法中，牵涉传统教育的教学方法问题，他认为传统教育方法有四个特点：一是读死书，死读书；二是不强调动手、用脑；三是只许听教师讲，不许问；四是不准到大社会里、自然界里去活动。传统教育的这些作风无疑严重束缚、危害学生的身心健康，因此，陶行知毫不客气地称传统教育为死的教育、吃人的教育。

针对传统教育的种种弊端与不足，陶行知倡导“活的教育”。他认为，首先要“承认儿童是活的，要按照儿童的心理进行”，“要根据儿童的需要的力量为转移”，并且“要用活的人去教活的人”，“拿活的东西去教活的学生”，“要拿活的书籍去教小孩子”。为此，在“活的教育”的方法上，陶先生提出“两个最时髦的法子”：一是设计教授法，二是依计划去找实现法。陶先生认为，“我们教授儿童，先要设定一个计划，然后一步一步地向着所计划的路去做。若是没有个计划，那就等于一只船放到了江中没有舵，进退左右，都没有把握！倘不幸遇了一阵大风，那一定逃不了危险的！办教育的人，要能会设计，预知学生将有风潮，就先要设一方法，使那风潮却从无形中消灭，不致使他发泄。知道学生程度不齐，就要设一种计策，使之能齐，总期各方面都无损，且能获益。”不唯如此，“一个学校，也先要订个计划，然后去依计划实行。例如那级学生，今年应当注意什么功课，某级学生今年应当添什么功课和减什么功课，某教授教授法不好应当怎样。能这么一样一样的计划好了，然后又按照这个进行，那个学校没有办不好的道理。”按照这里的说法，陶先生已经非常自觉地意识到要从教、学的角度去改革传统教育，对于这一点，首先应该注意陶行知的“教学合一”观念。1919 年，陶行知在《教学合一》这篇文章里对这一观念进行比较系统地阐释，陶先生认为，传统教育在教学方法上只注重教授法，在这一方法指导下，传统教育主要重视书本知识的传授，教师的职责就是向学生传授书本知识；学生的任务也只是在教师的指导下接受书本知识。在陶行知看来，传统教育不但造成教、学之间的分离，同时在教学内容上也是片面的，亦即忽略书本之外的知识。他说：“现在的人叫在学校里做先生的为教员，叫他所做的事体为教书，叫他所用的法子为教授法，好像先生是专门教学生些书本知识的人。他似乎除了教以外，便没有别的本领；除书之外，便没有别的事教。而在这种学校里的学生除了受教之外，也没有别的功课。先生只管教，学生只管受教，好像是学的事体，都被教的事体打消掉了。”他认为，“教学两者，实在是不能分离的，实在是应当合一的”，并从以下三个方面进行了具体的分析：

首先，他认为，在很长时间里，教师只停留在教书、教学生的阶段；其实教师的主要责任不在“教”，而在“教学生学”。具体来说，“就是把教和学联络起来：一方面要先生负指导的责任，一方面要学生负学习的责任。对于一个问题，不是要先生拿现成的解决方法来传授学生，乃是要把这个解决方法如何找来的手续程序，安排停当，指导他，使他以最短的时间，经过相类的经验，发生相类的理想，自己将这个方法找出来，并且能够利用这种经验理想来找别的方法，解决别的问题。得了这种经验理想，然后学生才能探知识的本源，求知识的归宿。”

其次，强调将教法与学法协调、统一起来，“怎样学就须怎样教：学得多教得多，学得少教得少，学得快教得快，学得慢教得慢”。这也就是说，教师要根据学生学习的实际情况来调整教学的内容与步骤，要以学生的“才能兴味”为中心，这样，才能彻底扭转“拿学生来凑他的教法，配他的教材”的不良教法。需要注意的是，教法与学法的协调还体现在教学内容的差异上，陶先生曾经借助种田、游泳的事例进行比喻：“比如种田这件事是要在田里做的，便须在田里学，在田里教。游泳也是如此，游水是在水里做的事，便须在水里学，在水里教。”这也就是说，不同的内容或对象就需要选择不同的学法与教法，这样，无论是教师的“教”还是学生的“学”，才能收获“费力少而成功多”的效果。

最后，就教师本人来说，陶先生认为除了教之外，还必须不断地学习，这其中的道理不难明白，“先生既没有进步，学生也就难有进步了”。因此，“那好的先生就不是这样，他必定是一方面指导学生，一方面研究学问……因为时常研究学问，就能时常找到新理。这不但是教诲丰富，学生能多得些益处，而且时常有新的材料发表，也是做先生的一件畅快的事体。”

传统教育注重书本教育，注重已有经验的接受，这样，形成单一的书本教育以及学生被动学习的状况。陶先生提出“教学合一”这一观念，其目的主要是要破除这种局面，这一点可以从上述的三个方面中不难看出的。需要补充的是，“教学合一”观念中的教与学，陶先生虽然从三个方面进行具体阐释，然而归结起来，大体涉及这样两个层次：一是先生的教与学生的学，二是先生的教与先生的学。这两个层次的侧重点表面上有差异，但是，它们均统一在“教学合一”这一有机系统之中。

二、陶行知“教学做合一”理论体系的形成

继“教学合一”之后，陶行知又提出“教学做合一”的观念。对于这种转化，陶先生有过清晰地说明：“八年，应《时报·教育新思潮》之征，撰《教学合一》一文，主张教的方法要根据学的方法。此时苏州师范学校首先赞成采用教学法。继而‘五四’事起，南京高等师范同事无暇坚持，我就把全部课程中之教授法一律改为教学法。这是实现教学合一的起源。后来新学制颁布，我进一步主张：事怎样做就怎样学，怎样学就怎样教，教的法子要根据学的法子，学的法子要根据做的法子。这是民国十一年的事，教学做合一的理论已经成立了，但是教学做合一之名尚未出现。前年在南开大学演讲时，我仍用教学合一之题，张伯苓先生拟改为学做合一，我于是豁然贯通，直称为教学做合一。去年撰《中国师范教育建设论》时，即将教学做合一之原理作有系统之叙述。”按照这里的描述，陶先生自 1919 年提出“教学合一”，经过五六年的时间，终于形成“教学做合一”的理论体系。这里，主要就《中国师范教育建设论》与《教学做合一》两篇文章来具体分析“教学做合一”的内涵。

在《中国师范教育建设论》中，陶先生认为，师范学校存在这样几个基本问题：教什么，怎样教，教谁与谁教。“教什么”的问题涉及教学内容，也就是教材问题。在传统教育中，虽然也存在教材问题，但由于这种教育主要以书面教育为主，因此，教材的遴选与编定主要面向过去的书面文本。陶先

生虽然并不决然反对书面教育，但对于传统教育只注重书面教育这一点是持有异议的。陶先生提倡“活的教育”“生活教育”，在他看来，生活教育“是供给人生需要的教育，不是作假的教育。人生需要什么，我们就教什么。人生需要面包，我们就得受面包教育；人生需要恋爱，我们就得过恋爱生活，也就是受恋爱教育。准此类推，照加上去，是那样的生活，就是那样的教育”。因此，“是生活就是教育，不是生活的就不是教育；是好生活就是好教育，是坏生活就是坏教育；是认真的生活就是认真的教育，是马虎的生活就是马虎的教育；是合理的生活就是合理的教育，是不合理的生活就是不合理的教育；不是生活，就不是教育；所谓之生活未必是生活，就未必是教育”，进而言之，“是康健的生活，就是康健的教育；是不康健的生活，就是不康健的教育；是劳动的生活，就是劳动的教育；是不劳动的生活，就是不劳动的教育；是科学的生活，就是科学的教育；是不科学的生活，就是不科学的教育；是艺术的生活，就是艺术的教育；是不艺术的生活，就是不艺术的教育；是改造社会的生活，就是改造社会的教育；是不改造社会的生活，就是不改造社会的教育”。正是基于这样的一种教育观念，在教材问题上自然不同于传统教育，陶先生主张，“施教的人不能无中生有，他必得要运用环境所已有的事物去引起学生之活动。所以遇了‘教什么’这个问题，我们暂时可以下一句答语：有什么，学什么；学什么，教什么；教什么，就拿什么来训练教师。但是世界上有的东西，无计其数，所有的未必是所需要的。因此，我们姑且又要加上一句答语：要什么，学什么；学什么，教什么；教什么，就拿什么来训练教师”。“怎样教”的问题也就是教法问题，在一定意义上可以认为，教材的性质决定教法的选择；传统的书面教育选择教授法，而在生活教育观念的指导下，教学方式亦即教法自然也发生变化。陶先生提出：“教的法子要根据学的法子，学的法子要根据做的法子。教法、学法、做法是应当合一的。我们对于这个问题所建议的答语是：事怎样做就怎样学；怎样学就怎样教；怎样教就怎样训练教师。”这种“教学做合一”的教学方式不但是对传统教授法的超越，也是对“教学合一”观念的深化，它在教与学之间嵌入“做”这一环节，更能显现生活教育观念在教法方面的特性。

陶先生虽然在《中国师范教育建设论》中对“教学做合一”的教法进行系统的阐释，但这一教法的真正内涵并没有立即被人们所理解。比如，有的人在教学做草案里面把活动分为教的方面、学的方面及做的方面，这显然违背“教学做合一”的精神；同样，有的提出“晓庄小学的课外作业就是农事教学做”的说法，其实，所谓“课外作业”也是与“教学做合一”相冲突的。由于这些情况的存在，陶行知先生不得不撰写名为《教学做合一》的文章作进一步的申述。在这篇文章中，陶先生说：“教学做是一件事，不是三件事，我们要在做上教，在做上学。在做上教的是先生，在做上学的是学生。从先生对学生的关系说：做便是教；从学生对先生的关系说：做便是学。先生拿做来教，乃是真教；学生拿做来学，方是实学。”陶先生强调“教学做”是一件事，他分析说，教师通过“做”来“教”，学生则通过“做”来“学”，这样，“做”就成为沟通“教”与“学”的核心因素。按照陶先生的分析，无论是“教”还是“学”，它们都是通过“做”来完成的。由此，可以引发这样的认识：既然“教”与“学”均是通过“做”来完成，那么，“做”就蕴含“教”与“学”这样两个因素。也就是说，“教学做”虽名为三，其实在根本上就是“做”。因此，“教学做合一”的观点突出强调了“做”，亦即行动。这一点可以从陶先生的两个比喻中看出，“一个活动对事说是做，对己说是学，对人说是教。比如种田这件事是要在田里做的，便须在田里学，在田里教。游泳也是如此，游水是在水里做的事，便须在水里学，在水里教。再进一步说，关于种稻的讲解，不是为讲解而讲解，乃是为种稻而讲解；关于种稻而看书，不是为看书而看书，乃是为种稻而看书；想把种稻教得好，要讲什么话就讲什么话，要看什么书就看什么书。我们不能说种稻是做，看书是学，讲解是教。为种稻而讲解，讲解也是做；为种稻而看书，看书也是做。这是种稻的教学做合一。一切生活的教学做都要如此，方为一贯。”

这段文字通过种田、游泳这样的事例来具体阐释“教、学、做”三者是如何统一起来的。就拿种田来说，陶先生分析说，种田的行为是在田里发生的，那么，要传授、学习如何种田的知识，亦即无论是传授还是学习，均需在田里进行。也就是说，教者要在田里通过种田这样的实际行为来传授种田的知识，而学者也需要在田里通过种田的行为来学习种田的知识。因此，无论是传授种田的知识还是学习种田的知识，均离不开直接参与种田这种实际行为，游泳也同样如此。

在这段文字中，还需注意“种稻”的例证。前面已经指出，“教学合一”观念中的教与学涉及两个层次：一是先生的教与学生的学，二是先生的教与先生的学。其实，“教学做合一”也可以划分为两个同样的层次，这里谈及的“种稻”，主要也是在第二个层次来说的，亦即教师的“教学做合一”。教者对种稻进行讲解，这种讲解应该是在种稻的实际行为中进行的，在这一意义上，讲解表面上是教，其实也是做。教者为了更好地掌握种稻的知识而去看书，这一过程自然是学习的过程，但是，这种学习过程同样通过做来完成的。也就是说，教者需要通过做（亦即种稻行为）来理解、掌握书本中有关种稻的知识。因此，在“教学做合一”体系中，“做是学的中心，也就是教的中心”。

三、陶行知“教学合一”到“教学做合一”教学法的演化及实现

陶行知先生不满于传统教育中的教授法，然而，他的教学法又经历“教学合一”到“教学做合一”的演化过程，那么，这种演化又是如何实现的呢？这其中自然涉及多方面的因素，此处主要从知识观的角度来探讨这个问题。

就陶行知先生的知识观来说，首先要明确两点：一是他认为知识存在真伪之分，即有真知识与伪知识的分别。他指出，“思想与行为结合而产生的知识是真知识。真知识的根是安在经验里的。从经验里发芽抽条开花结果的是真知灼见”，相反，“不是从经验里发生出来的知识便是伪知识”；二是知识不再限于文字，也不再限于书本。在“生活教育”理念的要求下，“文字与书本只是人生工具之一种，……此外还有许多工具要运用来透达人生之欲望”。因此，“教育知识的形态也不能局限于书本，它应涵盖生活中实践、经验、技能等诸多方面”，这也就是说，“一切生活的内容都可以成为教育的内容”。这样，陶行知先生改变长期以来以书本为中心的精英知识观，将民间意义形态的知识提到与精英知识相同等的位置，从而扩大教育知识的范围。

正因为陶先生对知识秉持这样的认识，从而导致他在知识的来源上也形成其自身的认知。陶先生主张“知识是学来的”，他以孟子的话为例，说：“会射箭的人能百步穿杨。射到一百步的力量是生成的限度。到了一百步还能穿过杨树的一片叶子，那便是学来的技巧了。”既然知识是学来的，那么何以知识还存在真、伪之分呢？陶先生说：“比如知道冰是冷的，火是热的是知识。小孩儿用手摸着冰便觉得冷，从摸着冰而得到‘冰是冷的’的知识是真知识；小孩儿单用耳听见妈妈说冰是冷的而得到‘冰是冷的’的知识是伪知识。小孩儿用身靠近火便觉得热，从靠近火而得到‘火是热的’的知识是真

知识。小孩子单用耳听妈妈说火是热的而得到‘火是热的’的知识是伪知识。”从这里可以发现，行动在获取真知识过程中的作用。然而，按照这种说法，又该如何看待别人经验里所发生的知识呢？是不是别人经验里所发生的知识在己而言就是伪知识呢？陶先生指出，“我只说真知识的根是要安在经验里，没有说样样知识都要从自已的经验上得来。假使我们抹杀别人经验里所发生的知识而不去运用，那真可算是世界第一个大呆子。我们的问题是要如何运用别人经验里所发生的知识使他成为我们的真知识，而不要成为我们的伪知识。”那么，又如何做到这一点呢？陶先生分析说：“我们要有自己的经验做根，以这经验所发生的知识做枝，然后别人的知识方才可以接得上去，别人的知识方才成为我们知识的一个有机体部分。”为此，陶先生又举例进行说明，“比如在厨房里烧过火的人，或是在火炉边烤过火的人，或是把手给火烫过的人，便可以懂得热带是热的；在冰房里待过的人，或是在冰窖里待过的人，或是做过雪罗汉的人，便可以懂得北冰洋是冷的。对于这些人，‘热带是热的，北冰洋是冷的’虽从书本上看来，或别人演讲时听来，也是真知识。倘自己对于冷热的经验丝毫没有，那么，这些知识虽是学而时习之，背得熟透了，也是于他无关的伪知识。”

从上述的论述来看，陶行知先生在知识来源问题上其实秉持一种知识生成的观念。也就是说，知识对任何个体来说都不是静态的，而是借助行动获取的，亦即个体的任何知识都存在一个发生的过程。关于这个问题，陶先生在《在劳力上劳心》《行是知之始》《行知行》等文本中还有更深入的阐释。因此，为了更好地把握陶先生的知识观，这里试图对这些文本做进一步的分析。

据陶先生说，《在劳力上劳心》一文是接着《教学做合一》而来的演讲。在这篇演讲辞中，首先从劳心与劳力的角度将人划分为四种：“一种是劳心的人；一种是劳力的人；一种是劳心兼劳力的人；一种是在劳力上劳心的人。”二元论通常将劳心者与劳力者划分为两个阶级，陶先生对此采取批判的态度，他说：“劳心的专门在心上做工夫，劳力的专门在苦力上讨生活；劳力的人只管闷起头来干，劳心的人只管闭起眼睛来想；劳力的人便成了无所用心，受人制裁；劳心的人便成了高等游民，愚弄无知；以致弄成‘劳心者治人，劳力者治于人’的现象。不但如此，劳力而不劳心，则一切动作都是囿于故常，不能开创新的途径；劳心而不劳力，则一切思想难免玄之又玄，不能印证于经验。劳力与劳心分家，则一切进步发明都是不可能了。”陶先生坚持一元论，主张“在劳力上劳心”，强调“只有手到心到才是真正的做”，也就是说，“真正之做只是在劳力上劳心，用心以制力。这样做的人要用心思去指挥力量，使能轻重得宜，以明对象变化的道理。这种人能以人力胜天工。世界上一切发明都是从他那里来的。”由此可见，“在劳力上劳心”的观念表明“劳力”与“劳心”二者是密切联系在一起的，犹如纸之两面。需要注意的是，这一观念并非意味着“劳力”与“劳心”并重，后者正是陶先生所反对的。因此，“在劳力上劳心”这一说法其实揭示这样一层含义：知识源于行动即做。陶先生在其他地方将这种认知归结为“行是知之始，知是行之成”，他举例说道：“我们先从小孩子说起，他起初必定是烫了手才知道火是热的，冰了手才知道雪是冷的，吃过糖才知道糖是甜的，碰过石头才知道石头是硬的。太阳地里晒过几回，厨房里烧饭时去过几回，夏天的生活尝过几回，才知道抽象的热。雪菩萨做过几次，霜风吹过几次，冰淇淋吃过几杯，才知道抽象的冷。白糖、红糖、芝麻糖、甘蔗、甘草吃过几回，才知道抽象的甜。碰着铁、碰着铜，碰着木头，经过好几回，才知道抽象的硬。才烫了手又冰了脸，那么，冷与热更能知道明白了。尝过甘草接着吃了黄连，那么，甜与苦更能知道明白了。碰着石头之后就去拍棉花球，那么，硬与软更能知道明白了。”更进一层来看，知识虽然有亲知、闻知、说知这些类别，归根结底，“亲知为一切知识之根本。闻知与说知必须安根于亲知里面方能发生效力”。这样，在认识论上，陶先生最终得出“行知行”的结论，他说：

> 谢育华先生看了《古庙敲钟录》之后对我说：“你的理论，我明白了，是‘知行知’。知行底下这个知字是安得何等有力！很少的人能喊出这样生动的口号。”我向他表示钦佩之意之后，对他说：“恰恰相反。我的理论是，‘行知行’。”他说：“有了电的知识，才去开电灯厂；开了电灯厂，电的知识更能进步。这不是知行知吗？”我说：“那最初的电的知识是从那里来的？是像雨一样从天上落下来的码？不是。是法拉第、爱迪生几个人从把戏中玩出来的。说得庄重些，电的知识是从实验中找出来的。其实，实验就是一种有目的、有计划、有组织、有步骤、有创意的把戏。把戏或实验都是一种行动。故最初的电的知识是由行动中得来。那么，它的进程是‘行知行’，而不是‘知行知’。”

通过上面的分析，可见在知识的来源上，陶先生坚持“行—知—行”的看法，认为知识源于行动，知识又进一步推进行动，这样循环以至无穷。正因为陶先生秉持这样的知识观念，因此，在“生活教育”观念的引导下，陶先生主张在教育方面应还原知识生成的过程，而“教学合一”观念的提出正反映了这种努力。正如前面分析所指出的，传统教育注重书本教育，只注重“闻知”的传授；而“教学合一”则把教与学联系起来，在教师的指导下，学生要“探知识的本源，求知识的归宿”。因此，在“教学合一”观念中，无论是就教师还是学生来说，“做”的因素无疑已蕴含其中，而这种对“做”的强调其实就是对知识生成过程还原的一种姿态。但是，就理论的建构而言，“教学做合一”不但在表述上较“教学合一”显豁，而且更能够突出其理论的严密性、系统性。因此，从“教学合一”到“教学做合一”的演进就决不是偶然的，而是符合逻辑的，当然，这种转化与陶行知先生知识观的演进有着密不可分的联系。

参考文献

[1] 华中师范学院教育科学研究所. 陶行知全集（第二卷）[M]. 长沙：湖南教育出版社，1984.

[2] 华中师范学院教育科学研究所. 陶行知全集（第一卷）[M]. 长沙：湖南教育出版社，1984.

[3] 胡金平. 民间意义的发现与教师角色的转换 [J]. 南京师大学报，2005（1）.

（作者系贵州师范学院文学院教授，贵州教育发展研究中心研究员）

【基础教育研究】

贵州师范学院本科教学质量工程建设探索

陈业强

在经历了大规模转制、合并和扩招后，中国高等教育面临着提高教育质量、加强内涵式发展的要求，因为“大学内涵式发展是以科学发展观为指导的全面、协调、可持续发展；是以提高教育质量和办学效益为基本目标”。在此背景下，2007 年，教育部、财政部联合下发了《关于实施高等学校本科教学质量与教学改革工程的意见》（教高〔2007〕1 号），2011 年继续下发了《关于“十二五”期间实施“高等学校本科教学质量与教学改革工程”的意见》（教高〔2011〕6 号）。《国家中长期教育改革和发展规划纲要（2010—2020 年）》也提出了“牢固确立人才培养在高校工作中的中心地位，着力培养信念执着、品德优良、知识丰富、本领过硬的高素质专门人才和拔尖创新人才”的教育目标。贵州师范学院是 2009 年从贵州教育学院转制过来的一所地方新建本科院校，在校本科生有 12110 多人，面临着以数量增长为核心的外延式扩张向以质量提升为核心的内涵式发展转变阶段。贵州师范学院高度重视本科教学质量工程建设，把质量工程建设作为提高教育教学水平和人才培养质量的重要抓手，积极组织申报和建设国家级、省级和校级质量工程项目工作，通过质量工程项目建设创新人才培养模式，全面提升教学质量；锻炼教师队伍，提高教师科研能力；凝练课程特色，提高人才培养质量；培养应用型人才，服务地方发展。

一、质量工程项目建设基本情况

（一）建章立制，规范管理

为推动在全校范围内多途径、全方位抓好“质量工程”项目的规划制定、组织立项、推荐申报、建设培育、检查管理等各环节工作，先后颁布实施了《贵州师范学院教学团队评选办法（试行）》（贵师院发〔2011〕88 号）、《贵州师范学院教学内容和课程体系改革重点项目实施管理办法（试行）》（贵师院发〔2011〕89 号）、《贵州师范学院教学成果奖评选和奖励办法（试行）》（贵师院发〔2011〕90 号）、《贵州师范学院教学名师与中青年教学骨干评选管理办法（试行）》（贵师院发〔2011〕91）、《贵州师范学院本科教学质量与教学改革工程项目管理办法（试行）》（贵师院发〔2011〕92 号）等系列文件，《贵州师范学院精品课程建设实施方案（试行）》（贵师院发〔2012〕66 号）、《贵州师范学院教学质量奖评选办法（试行）》（贵师院发〔2012〕94 号）、《贵州师范学院开设双语教学课程的实施意见（试行）》（贵师院发〔2014〕142 号）等质量工程文件，尤其是《贵州师范学院本科教学质量与教学改革工程项目管理办法（试行）》（贵师院发〔2011〕92 号）文件的出台，对与质量工程有关的项目建设与管理规定予以系统化，进一步从政策安排、组织架构、经费落实、绩效评定等方面予以规范，形成了有利于质量工程建设的体制机制。同时，在 2013 年起开始实施的绩效工资中，将质量工程的申报和建设纳入了对各教学单位的年度考核指标中，进一步促进了本校质量工程的申报和建设。

（二）定位明晰，突出重点

质量工程中的各类建设项目是提高教学质量的重要元素，将涉及教学队伍建设、教学内容和课程体系改革、教学方法和手段改革、教材建设、理论教学与实践教学改革、人才培养方案改革等一系列变化，从而也决定着课程建设、团队建设、名师建设等。学校在统筹规划项目实施方案时，结合自身的学科发展定位、人才培养目标定位、服务面向定位，有所为有所不为，根据学校“一体两翼”即“教师教育类为主体，文化旅游类、新信息技术为核心的大数据应用类为两翼”学科专业布局的规划，以此引领质量工程的建设和改革工作。

（三）系统规划，分步实施

1. 系统思考和整体设计

学校充分宣传动员全校一线教师参与各项教学质量工程项目建设，特别是年轻教师。坚持“重申报、重检查、重验收”的建设原则，按照分层次建设思路进行建设，强调项目申报与管理的系统性、层次性、阶段性，突出质量工程项目的整体功能。现在学校教师基本形成了科学研究和教学研究同样重要的观念，扭转了以前教师重科学研究轻教学研究的局面，为提高学校人才培养质量奠定了坚实基础。

2. 向一线教师和青年教师倾斜

贵州师范学院作为地方新建本科高校的显著特点是年轻教师比例偏高，约占全校教师的58.7%。年轻教师的教学质量决定着学校的教学质量和人才培养质量。为此学校鼓励年轻教师大胆参与学校的本科教学质量工程建设，在制定政策时，考虑到青年教师的实际情况，向青年教师倾斜，鼓励教学效果好的青年教师积极申报各级精品课程、教学团队、特色专业建设点、双语教学示范课程、人才培养模式创新实验等项目，学校还聘请相关专家对青年教师的质量工程项目进行跟踪指导，让青年教师成为学校质量工程项目建设的主力军和生力军。

3. 实施科学化和网络化管理

学校每年召开全校教学工作专题会议，根据国家和贵州省的最新政策科学谋划学校的教学质量工程项目建设工作。在会议上，学校不但奖励以往教学质量工程建设成绩突出者，还部署下一届质量工程项目建设的动员工作。成绩教务处专门设计了“教学质量工程专题网”网络管理平台，通过质量工程管理与成果共享平台，将原有分散的质量工程项目整合到一个平台，系统管理和展示学校质量工程建设成果。

4. 管理制度和体系完整

通过质量工程项目的建设和合格评估工作提高学校的整体教学水平。学校将在2015年接受教育部的本科教学工作合格评估，为此学校把教学质量工程项目建设和教育部本科教学工作合格评估工作有机结合，形成两者相互促进的局面，构建教学质量工程项目培育和质量监控两套系统，将过程管理和目标管理有机结合，实现教学质量工程质量监控的常态化。

（四）经费保障，专款专用

为了保障学校教学质量与教学改革工程项目建设工作，加强师资队伍建设，提高教育教学质量，学校严格执行贵州省对教学质量工程项目建设学校应1∶1资金配套的政策要求。每年为质量工程项目设立专项经费，专款专用，经费投入逐年增加。2012年贵州省教育厅对学校教学质量工程项目总共拨款62万元，学校配套60.8万元；2013年贵州省教育厅总拨款73.2万元，学校配套80.1万元。

（五）严格审核，指标量化

学校对立项的国家级和省级质量工程项目，要求负责人严格根据《教育部财政部关于印发高等学校本科教学质量与教学改革工程项目管理暂行办法》的通知（教高〔2007〕14号）、《高等学校本科教学质量与教学改革工程专项资金管理暂行办法》（财教〔2007〕376号）精神，并根据学校质量工程建设与管理相关文件和规定，本着“全程量化管理”的原则，将项目任务书的建设目标或建设内容尽量予以量化表达，并必须经所在单位教学委员会和学校教学委员会两级论证通过后方能定稿上报省教育厅或教育部。

（六）中期检查，注重过程

根据学校质量工程建设与管理办法和质量工程各个项目的共性与个性，一方面通过网络平台管理，通过各项目上传网络的材料，教务处可以随时查阅到项目进展情况，及时反馈和提醒项目负责人按期进行工作；另一方面精心设计质量工程中期报告书，学校在2014年6月19日对本校2个省级教学团队、4个省级教改项目、3个省级大学生创新训练项目、13个校级精品课程、7个校级教学团队、10项校级教改项目进行了中期检查评审。要求各教学单位主要负责人准备5分钟PPT汇报本教学单位教学质量工程项目总体情况，内容包括：建设过程中存在的问题、原因、对策、建设进度、经费的使用情况等。教学工作委员会成员根据教学单位负责人的汇报情况、项目负责人提供的中期检查报告书、汇总材料和中期检查汇总表进行答辩，分组讨论40分钟后投票，最后评出建设优秀项目5个、建设合格项目32个，建设整改项目2个。检查报告详细分析了本年度取得的业绩与不足，给出整改措施，也及时兑现了奖惩。通过中期检查，进一步促进了质量工程各项目负责人和承建单位对项目建设工作的重视。加强过程监管可以防止重申报、轻建设的现象发生。

二、质量工程项目建设成效

2012 年，学校共获得省级教学质量工程 10 项，教学名师省级团队 1 项、教改重点项目 2 项、教改培育 3 项，专业综合改革试点 1 项，大学生创新创业项目 3 项。其中，专业综合改革试点和大学生创新创业项目均获得国家级项目。2013 年，学校共获得省级教学质量工程 19 项，教改重点项目 3 项、教改招标 2 项，专业综合改革试点 2 项（其中 1 项获得国家级），“卓越人才培养计划”1 项（实现零的突破）；大学生创新创业训练计划项目 11 项，其中 4 项获得国家级项目。通过这些教学质量工程项目的建设促进了学校创新人才培养模式，全面提升教学质量；锻炼教师队伍，提高教师科研能力；凝练课程特色，提高人才培养质量；培养应用型人才，服务地方发展。

（一）创新人才培养模式，全面提升教学质量

学校鼓励并推动教师将教学与科研活动相结合，使教研成果能够转化为教学内容、教学方法，促进教研相长。在学校省级教学成果奖中，全部是对各个学科、专业、课程、教学内容、教学方法、教学手段、人才培养模式创新等教学改革的总结与凝练，这些成果的形成，又进一步引导了广大教师和教学管理人员结合学校和贵州省高等教育改革发展实际，通过开展教育教学改革研究工作，深入研究高等教育可持续发展过程中的新课题、新情况、新要求，并在教学实践中不断摸索，不断实践，教学水平从而得到不断提高。这样以科学研究指导改革实践，进一步推动了教育改革，促进了教育创新，实现了教研反哺教学、教研深化教学的目的，提升了学校教育的整体实力。

2012 年 11 月 16—20 日，物电学院杜宏博老师及其团队赴南京工业大学参加了第十三届“未来伙伴杯”中国智能机器人大赛暨 2012 中国 ROBOCUP 机器人公开赛，奋勇拼搏、过关斩将，斩获国际赛制灭火机器人小组赛冠军杯及一项三等奖。通过本次比赛，学生的实际动手能力和嵌入式软件方向的师资水平都得到了很大的锻炼，得到了与国内同行交流沟通的机会。学生们通过几昼夜的编写上千行程序、调试若干传感器，较好地提升了学生专业知识水平，并巩固了专业知识，形成了很好的协同作战能力，并拓宽了视野。

通过质量工程项目建设，学校改进了 2014 人才培养方案。例如，文学院修改后的人才培养方案真正体现了大类培养的目标，为下一步人才培养规划

做了有益探索。

（二）锻炼教师队伍，提高教师科研能力

质量工程的总体目标就是通过质量工程的实施，使学校教学质量得到提高，而教师尤其是优秀教师和以优秀教师形成的教学团队是提高教学质量的根本保证。学校现在共有9名校级教学名师、7名校级中青年教学骨干、6名省级教学名师奖获得者，他们在教学实践中不断锐意进取，改革创新，引导示范，对学校其他教师尤其是青年教师教学水平的提升起到了很好的带动和帮助作用。在师资队伍建设上，学校在重视教学名师的同时也关注青年教师的成长，不仅在重大教学改革项目上向青年教师倾斜，而且在质量工程建设中，明确规定每年举办一次全校性的青年教师教学基本功竞赛，目前已成功举办三届。该项目参与人数多、奖励范围广，成为青年教师展示教学风采、锻炼自我的良好平台，一直得到教学单位和青年教师的积极评价，也成为学校教学质量持续稳定与提高的重要基石。

学校“环境科学”教学团队自立项以来，团队负责人就积极组织团队成员参与相关教学、科研学术会议和对外交流活动，邀请相关专家到校作学术讲座和教学服务管理方面的交流，使老师们能及时了解国际国内本学科发展动态及前沿信息，提升了教学过程规范服务管理水平。团队成员获批国家级科研项目5项，校级教学改革重点项目1项，发表学术论文40余篇、出版专著1部，指导学生获批校级科研项目5项，发表科研实践论文3篇。而“生物资源科学”专业综合改革的创立，具有鲜明特色的课程体系及课程知识体系，从而确定了学校生物资源科学专业的办学及科研理念，明确了“生物资源科学专业”的办学特色，确定了“生物资源科学专业”的人才培养目标，确立了“生物资源科学专业”的知识结构，构建了具有鲜明特色的课程体系，取得相关教学改革成果4项，探索出适合本专业的实践教学模式，项目组成员先后参加各类学术会议10余人次，与多家企业建立了合作关系。

（三）凝练课程特色，提高人才培养质量

教学内容和课程体系改革项目按照国家中小学教师资格考试大纲对心理学课程提出的要求及学校培养“两型两性”特色人才的总体要求，重新制定课程标准、优化课程结构、精选课程内容，通过集体备课制作内容翔实的电

子教案和精美多媒体教学课件；课程实施以参与式教学理念为指导思想，系统讲授与专题讨论相结合，自主学习与探究学习相结合，积极探讨教学方式方法改革，精心设计课堂教学模式，师生实时互动参与；课程评价以过程性评价与终结性评价相结合。本项目旨在实现心理学生活化、教与学的主体价值和生命价值，真正构建起意义建构、分享与创造幸福、快乐的师生学习共同体，教师乐教，学生乐学。

2013 年学生参加全国大学生数学建模竞赛，题目全为大数据分析处理问题即交通拥堵和碎纸片拼接还原，57 名同学获得全国一等奖 1 个、二等奖 2 个，贵州省一等奖 5 个、二等奖 6 个、三等奖 5 个。学生参加第一届“中国软件杯”大赛获国家优秀奖，2014 年学生参加泛珠三角大学生计算机作品大赛获全国三等奖，获贵州赛区一等奖。4 人取得了网络工程师中级认证，1 人获得思科认证，学生获泛珠三角大学生计算机作品竞赛一等奖，全国软件设计大赛获奖 3 人；学生获得省级创新创业训练计划项目 13 项，省级大学生创业实践项目 1 项；有 4 人取得了网络工程师中级认证，1 人获得思科认证。发表论文 1 篇。

2014 年 11 月，由物电学院杜宏博、余宏老师指导的陈非帆、李婕、王芝刚、钟蕙、杨金雨、彭洪霞六名同学组成的贵州师范学院机器人战队斩获第十五届“能力风暴”杯中国教育机器人大赛暨 2014 世界教育机器人大赛（WER）中国锦标赛灭火机器人小组赛冠军杯、一项一等奖，以及一项二等奖。陈非帆同学凭借出色的专业知识及熟练的操作能力在众多选手中脱颖而出，获得了“未来精英”的称号，同时他将加入“未来技术精英人才培养储备计划”，并获得到上海工作和实习的机会。

（四）培养应用型人才，服务地方发展

高校以人才培养为根本，培养人才的最终目的是服务社会。质量工程建设的根本宗旨也是在于提高人才培养的质量，更好地适应国家对人才的需求。作为省属地方应用型高校的功能定位，为地方经济建设和社会发展服务是义不容辞的责任与义务，在人才培养、科学研究、服务咨询等方面，学校在建的质量工程项目主动对接经济社会发展的需要。教师教育类为地方培养基础教育教师，文化旅游类、新信息技术为核心的大数据应用类为地方培养急需人才。

2014 年，地理与旅游学院学生参加贵州省首次地理国情普查工作，并按

时、保质、保量完成此项任务，得到了相关专家的高度评价。历史与社会学院的同学与乌当区文物保护管理所的工作人员一起出色完成了乌当区第一次可移动文物的摸底普查工作。文学院同学组织了“行走乌当知惠基教”的社会调研和“美丽心灵快乐同行”关爱留守儿童夏令营活动，收到当地政府和部门的充分肯定。教育科学学院携手乌当区图书馆成功开展了“走进乌当，玩转区角”公益性亲子游戏活动，得到家长的一致好评。

三、质量工程项目建设存在的问题及改进措施

（一）二级学院的管理作用有待发挥

二级学院应组织项目组成员进行针对性的学习，定期开展讨论、交流、学习活动，将学校督导、检查变成自检、自查，促进学校“质量工程”活动高效、良好进展。

（二）学校动态管理体制有待加强

由于此前没有充分考虑到部分项目主持人变动等问题，为了促进质量工程项目工作的延续性，应及时调整项目负责人。及时将学校质量工程建设成果落实到教学实践的各环节中，不断总结经验，提升学校教学质量。

（三）经费使用管理有待科学化

项目经费用于开会、购买办公用品居多，加强项目经费预算及安排的调研和总结，使项目经费使用趋于合理化、科学化。

（四）科学评价体系有待完善

不断完善教学质量工程的评价体系，提高学校本科教学质量，努力培养适应地方需要的应用型高素质人才。同时，也建议省教育厅能及时开发平台，使全省高校质量工程能形成相互学习、交流和借鉴的平台。

贵州师范学院以本科质量工程项目建设和教育部本科教学工作合格评估为契机，充分发挥教学质量工程项目的辐射带动作用，培养了一批教学研究队伍，特别是一批年轻教师得到了迅速提高；带动了学校的教学改革，提高了学校的管理水平和教学质量。贵州师范学院的本科质量工程建设时间还不

长，在今后的工作中将继续探索更加科学有效的路径，进一步促进学校的内涵式发展。

参考文献

[1] 万敏，邢亮．论大学内涵式发展［J］．教育研究，2009（11）．

[2] 王建华．时代精神与大学转型［J］．高等教育研究，2011（12）．

[3] 陈嘉．形式和内涵——高校教学质量工程建设探究［J］．昆明学院学报，2012（2）．

[4] 朱亚萍．实施“质量工程”　全面提升本科人才培养质量：西南大学实施“质量工程”的成效与思考［J］．西南农业大学学报，2013（10）．

（作者系贵州师范学院副教授，贵州教育发展中心研究员）

基于“创造力教育”的本科教学型院校经济学人才培养改革

蔡朝旦

伴随着知识经济时代的到来，人们逐渐认识到知识经济实质上是“智力经济”“创造力经济”，这引起了人们对创造力的开发和研究的高度重视。《国家中长期教育改革和发展规划纲要（2010—2020年）》中明确强调了“提高国民素质、培养创新型人才”的重要性和紧迫性。而创新型人才的培养和造就，要靠创造力教育。

创造力是“根据一定目的，运用一切已知信息，产生出某种新颖、独特、有社会或个人价值产品的智力品质”。过去有很长一段时间，人们认为创造力是极少数精英人士才具有的一种特殊心理品质。我国近代教育家陶行知先生于1943年在《创造宣言》中就明确提出，“处处是创造之地，天天是创造之时，人人是创造之人”。科学研究表明，创造力是人的大脑长期进化的产物，每一个正常人都能拥有创造力，每个人都具备的潜在能力。

所谓创造力教育，是指以创新意识、创新精神、创新思维和创新能力等创新素质以及创新人才为目标的一种教育理念和教育实践。创造力教育注重的是对人的全面发展，适应知识经济时代的教育发展趋势，其核心目标是培养创新型人才。具体地说，经济学专业人才培养中的“创造力教育”必须树立以下几方面的教育教学理念：

一是强化二元主体意识。从“创造力教育”理念出发，在具体教学实践中，突出教师与学生的“二元”主体，认识到教师的“教”与学生的“学”两者的重要性相同，两者的积极性都应被激发。在教师方面，要避免只“导”不“主”，教师的自身素养、教学策略、实践能力等能够充分发挥，教师对学生能够“因材施教、因势利导”，不断以具有创造性的思想观念培养学生；在学生方面，要避免被动学习，学生能够自己积极主动学习，充分发挥其主观能动性，学会学习，勇于探索和创新。

二是教育机制要多元化、弹性化、动态化。僵化、滞后的教育机制会极大地扼杀学生的个体创造力。在教学型本科院校中，新生入校前，学校一般都会把针对新生四年本科学习生活的培养方案制定好，其中包括这些新生整个大学期间要学习的课程体系、教学计划、教学内容等，然后“任凭环境风云变幻，我自巍然不动”，美其名曰这是对培养方案的制度化措施，本质是教育机制的僵化、跟不上时代发展动态。学生在校四年期间，外部环境飞速发展，两三年前制定的东西可能远远跟不上新的时代。特别是经济领域变幻莫测，新事件、新概念、新理论层出不穷，变化周期越来越短。“因材施教”“因势利导”“与时俱进”的教学过程要求多元化、弹性化、动态化的教育机制。《国家中长期人才发展规划纲要（2010—2020 年）》明确指出：“创新机制，把深化改革作为推动人才发展的根本动力，坚决破除束缚人才发展的思想观念和制度障碍，构建与社会主义市场经济体制相适应、有利于科学发展的人才发展体制机制，最大限度地激发人才的创造活力。”教育机制的多元化、弹性化、动态化，本身是一种创新。多元化，是指以多元的专业模块与多样的知识结构，满足学生个性化需求，以利于学生的知识结构趋于多样化，从而为创造力培养与发展奠定基础和条件。弹性化，是指围绕学生创造力这一人才培养的根本目标出发，采取柔性的学分制与灵活的教学制。动态化，是指围绕经济发展变化，在学生四年的学习过程中针对学生的具体情况和外部环境的变化，教师的“教”与学生的“学”之间不断的调整适应，调整的对象可以涵盖课程体系、教学计划、教学形式与方法等。

三是“理论有用”与“实践为重”相结合。明代的思想家王阳明提出了“知行合一”的教育思想，即认识（知）与实践（行）应当统一起来。“知行分离”现象普遍存在于传统经济学教育中，重理论教育，忽视实践教育，乃至于被讥为“黑板上的经济学”。传统上，经济学专业的培养目标基本定位在培养“掌握较为扎实的理论经济学基础和其他相关理论知识……能在企业、金融机构、综合经济管理部门、政策研究部门等单位从事经济分析、预测、规划和经营管理工作的高级专门人才”。这一培养目标在一定程度上体现了“宽口径、厚基础、强适应”的培养原则。然而，毕竟本科阶段的课程设置在“量”上有限，对“宽口径、厚基础、强适应”的过于重视往往体现在培养方案中，造成具体课程设置和培养目标上过于宽泛的结果，加之培养过程理论内容较多，造成学生的专业学习缺乏方向性，使学生往往无法掌握进入社会的必备应用知识技能，学生毕业后所能胜任的岗位不多，择业上受到极大的限制，适应新工作和新岗位的弹性能力水平极差。较之于财会、营销专业学生，经济学专业毕业生则缺乏实务技能。然而，财会、营销专业学生由于专业过窄所限，往往后期无法发展成为高端复合型管理人才。如何让经济学专业人才有机会顺利进入企业，并发展成为高端复合型宏观管理人才，“财务管理型经济学专业人才本科生导师制培养模式”对于教学型本科院校的经济学人才培养是有意义的探索。

一、“创造力教育”理念下的经济学专业人才培养目标

作为教学型本科院校，人才培养既不可能像研究型或者教学研究型大学，开展学科学术型人才培养，关注学生的研究能力的培育；也不可能像职业院校，注重实务操作型人才培养，强调职业技能培育。而是综合学科学术型人才培养和实务操作型人才培养两方面的特点和优势，依据符合自身实际，走出具有特色的发展道路，努力培养具有社会主义市场经济适应能力和竞争能力，具有创新精神和实践能力的应用型经济学人才。

具体地说，要贯彻二元主体的教育教学理念，建立多元化、弹性化、动态化的教育机制，在充分尊重学生的意愿和要求的基础上，实行分类分层次培养。依据经济学专业的自身特点，形成以提升学生学术创新为主导的理论经济学学术型人才培养方向和以就业创业为主导的商务应用型的人才培养方向。以不同的教学内容满足不同的学生需要，进行分层分类教学：对有意继续深造的学生，培养方案应侧重于理论基础、方法原理、学科发展的深入研究，在教学中着重学生的理论创新能力培育；对毕业后愿意直接进入社会的学生，培养方案应注重于专业知识和实用技能，在教学中着重学生创新创业能力的培育。

二、“创造力教育”理念下的经济学专业人才培养方案

在“创造力教育”理念下，经济学专业人才培养目标应定位于培育创新型人才，对人才培养方案要全面优化，对教学内容和课程体系进行完整地改革，这是建设创新型社会对构建科学合理的经济学专业人才知识和素质结构的基本要求。为此，在人才培养方案的设计中，国内较为成功的模式是“平

台+模块”模式，即：大学生进校前两年，让学生先进入经济学大类基础教育平台，以夯实学科知识基础。在这一平台中，不细化培养方向，以公共基础课、通识课、学科基础课以及相应的实践课程为内容，按学科大类完全打通培养。学生进入大三、大四后，学校提供不同的专业课程模块，细化培养方向。学生根据个人意愿和志趣进入不同专业课程模块学习，分别由模块所在的专业组织教育教学活动，完成相关培养过程。

1. 搭建“交叉融合”的学科基础课程平台

“财务管理型经济学专业人才本科生导师制培养模式”要求改革传统的“理论型”“宏观型”经济学人才培养方案，紧跟学术和实务前沿，构筑动态的“财务管理型”人才培养方案。专业基础课程设置在原有的理论经济学和应用经济学课程的基础上，融入实践性较强的管理学课程，以此增强学生的职业实务能力。学生在大一、大二两年的学习中，除了完成公共基础课程和一定的通识教育课程外，还应完成专业基础课程。专业基础课程的设置按学科大类完全打通培养的要求设置，除了包括经济学类专业的若干门核心课程（包括政治经济学、西方经济学、国际经济学、金融学、计量经济学、财政学、会计学和统计学等）外，增加管理学原理、财务管理、市场营销学等管理学类课程，为学生后期的学习打下坚实的学科知识基础。此外，基础课程中设置学科入门指导、专业研究方法入门、专业案例研究等课程，使学生能在大二结束时对自己的专业发展方向有准确的定位和把握。

2. 构建完整的实验实践教学平台

实验实践教学是培养创新型人才、开展创造力教育的重要环节，也是贯彻“理论有用”与“实践为重”相结合的教育理念的必然要求。在经济学专业人才培养方案设计中，不同的课程因其性质、目的、内容不同，对实验实践教学的要求也不同。为此既要根据学生所处的阶段、层次及其所具备的心智水平的不同，设计不同阶段的具体的时间实验教学课程；又应把学生的整个本科学习过程看成是一个整体，构建完整的实验实践教学平台。

实验实践教学平台由实验教学与实践教学两大部分组成。实验教学是经济学专业人才培养中相对较为滞后的部分。经济学专业实验教学应该包括课程实验教学、专业实验教学以及综合实验教学三个层次。课程实验教学以加深学生对概念、原理和规律的把握与理解为目的，主要是在课程教学中开展的单项实验，如会计电算化中的建账、税务中报税流程等。专业实验教学以培养学生专业技能尤其是应用能力为目的，主要是针对经济学专业开设的专业技能综合性实验教学课程，如财务分析、市场调查与预测等。综合实验教学以培养学生分析问题和解决问题的综合能力为目的，旨在训练学生的专业技能和综合能力，如ERP沙盘模拟实验、税务筹划、财务危机管理等。实践教学包括：专业见习、毕业实习、毕业论文等环节。“实践出真知”，在实验实践教学中培养学生将所学知识应用于实践的能力，是学生能以实验实践活动检验或强化所学知识，自觉寻求新理论，探索新方法，进而科学培养，使学生的创造性思维、创造能力实现全面开发。

构建完整的经济学专业实验实践教学平台。一是应整体设计课程的实践内容，避免重复进行，如会计学原理与财务分析课程都涉及财务会计报告的问题，应区分训练内容与要求；二是内容设计上应循序渐进、由浅到深、由易到难；三是课程实验教学要有整体意识。

此外，应鼓励本科生导师引导学生参加社会实践活动、参与各类经济管理方面的竞赛，开展“竞赛教育”。“竞赛教育”一方面促进参赛本科生的知识结构得以整合、优化，理论能力、实践能力、创新能力得到提升；另一方面使导师及时了解所指导学生的水平，完善导师对学生的培养。这不仅能促进对学生个体创造力的培养，还是对人才培养模式的创新与改革。

参考文献

［1］林崇德．创造性人才・创造性教育・创造性学习［J］．中国教育学刊，2000，2（1）：5－8.

［2］庄寿强，成志毅．普通创造学［M］．徐州：中国矿业大学出版社，1997.

［3］钱书法，崔向阳．基于创新教育的地方财经类高校经济学人才培养模式改革与探索［J］．中国大学教学，2012（3）：36－38.

（作者系贵州师范学院经济与政治学院教师，贵州教育发展研究中心研究员）

项目来源：贵州师范学院2012年教学改革培育项目“财务管理型经济学专业人才培养模式研究”。

贵阳市中等职业教育“校企合作”现状调查研究

李翠兰

随着我国经济发展和产业结构调整，人力资源市场上技术工人短缺的现象日益凸显。大力发展职业教育，造就一批技术过硬、业务精湛的专业技术工人是解决这一突出问题的重要途径。贵州省2013年全面实施教育“9+3”计划，体现了政府办好职业教育的决心和社会责任。但牵扯很多原因，贵州的职业技术教育在全国范围来看还存在很多问题。这不能不引起注意，职业教育是个复杂的系统工程，“校企合作”处于极其重要的位置，本课题从这个中心环节入手对分布在贵阳市区的中等职业学校展开调研，得到真实的材料，并针对在调查过程中发现的问题提出对策。

一、贵州省中等职业教育校企合作存在的问题

1. 专业设置同质化严重

部分学校的专业设置特色不明显，同质化严重。以分布在贵阳市省属中等职业学校为例，31所学校中仅贵州省旅游学校等10所学校没有设置计算机应用专业，其余大部分学校均设有计算机应用、广告装潢设计等社会适应度较低专业，这些专业的同质化设置造成学生就业难的现实局面。

2. 专业课程设置与社会需求存在差距

从社会需求来看，部分学校的专业课程设置和社会需求脱节。学校与企业在课程开发方面存在空档；校企合作中专业课程本来应尽可能开设同步课程，但调查发现，只是部分学校和企业实施“协商课程”，多数学校开设的仍是自主课程。此外，职业学校课程缺乏动态调整，调查显示，多数学校专业教材不能随市场变化做深入的调整，远远滞后于社会经济发展的速度。

3. 学校与企业合作问题重重

（1）企业对实习学生的主要建议。一些职业院校学生水平达不到企业要求，部分顶岗实习学生存在角色转变慢，不能尽快适应岗位要求，缺乏责任心，组织纪律性较差，与人沟通能力较弱，心理承受能力差等不足。调查访谈中企业还反映，一些学生价值取向不对，要求工作条件好一点，待遇高一点，轻松一点；有的一心想坐办公室，当主管，眼高手低；一些学生，“理论不行，技能不会，还不肯学”。另一些企业反映，许多学生实习中不甘心与农民工干同样的工作，一般连 3 个月也坚持不下来，不打招呼就离职，甚至发生过群体离职现象。

（2）企业对学校方面的建议。被调查企业认为，职业院校对实习生缺乏管理。实习生在企业实习期间没有归属感，加上心理承受能力差，如果院校方面不加以引导和管理，学生在生活、工作和心理方面都很容易出问题。调查发现，58% 的实习指导教师指导学生数为 20 人以上，还要在学校工作，没有时间到企业实地关心和管理学生；还有 36% 的企业提出学校顶岗实习时间与企业工作安排相冲突。职业学校现行教学计划长时间没有更新，致使学与用不能及时有效接轨，出现理论知识不好用、用不上的矛盾冲突。对此情况，企业的进一步批评是学生水平不够的现象，反映出学校教学内容和教材落后、教师水平差的现状。IT 教师尤其缺乏执教能力，又没有再培训的渠道，“好比假鲁班教徒弟，自己从没打过家具，只会讲木材结构理论，却要教徒弟打出好家具”。

（3）实习学生对企业的主要建议。部分企业把实习生当作廉价劳动力，不安排岗位轮换，更不愿为实习生安排培训。少数企业有工作时间超过 8 小时、连续加班的现象，学生体力得不到应有的恢复。有的企业实习工资低，例如，学生到医院实习不仅没有津贴，还要向医院交纳实习费。有的企业对实习生缺乏人性化管理，对实习生的惩罚措施与员工相同，动辄罚款、开除，引起学生、校方和家长的不满，这也是部分实习生群体离岗的原因之一。

二、校企合作存在问题的原因分析

1. 供需时间不一致

职业学校在教学过程中必须制订教学计划，学生何时实习、实训，完全按教学计划进行；企业的需求则是按订单、生产任务来确定，需求往往很急。因此，在企业需要的时候，学校没有学生可以提供，无法满足企业的需求。

2. 管理不一致

企业对顶岗实习学生的管理完全采用员工管理机制，不能获取学生的真实想法和心理动态，对实习学生的真实情况很难了解，因此增加了管理难度。学校由于师资的缺乏，根本没有专职人员对实习学生进行全程跟踪管理，从而导致对实习学生的放任。

3. 各专业校企合作的深度、难度不一致

对于会计专业、计算机网络设计与制作专业、动漫设计与制作专业等实习生来说，由于需求数量少、技术难度高，一般需要有一定工作经验的学生，企业一般不愿意接受校企合作；对于电子专业、餐饮服务与管理专业等的实习生来说，由于这些行业对专业技能要求较低、数量较多，开展校企合作则比较容易。

4. 实习、就业待遇不一致

目前，学生的实习都集中在最后一年，实习、就业往往混为一体，学生和家长也往往视实习为就业，从而忽略了实习仍是学习的一部分内容。因此，学生在选择实习单位的时候往往要求很高，尤其是对工作环境、工作待遇、企业发展前景等要求过高，而遗忘了实习期应以学习、打基础为主的根本任务。企业对实习学生的待遇有别于就业待遇，除“六险一金”免交外，给予实习生的实习补贴也很有限，导致实习期学生频繁跳槽，这也是校企合作难以持续的原因之一。

5. 师资力量极为薄弱

职业学校中了解职业教育原理，并且会根据工作实践的需要明确在合作中使用正确的教学方法的教师严重匮乏，“双师型”师资质低量少。例如，贵阳市神农医药职业技术学校目前只有高级职称教师 2 人、中级职称 7 人、初级职称 14 人、“双师型”教师 2 人。多数教师是由原来的高中教师转来，对职业技能没有太多的实践经验，很难在实训中得心应手地指导学生实习。在师资培训上，“教师专业化”程度不够，教师的内涵发展尚有差距。职校教师与企业缺少交流，包括：交流教学愿景、经验和问题，协商职业教育行为，没有商议共同实施约定的教学计划等内容。

6. **职校学生实习有名无实**

多数职业学校办学条件及实验实训条件相对落后，有些企业只是提供实习场地并不积极参与人才培养过程。从企业性质与规模来看，职业学校学生实习企业多是本土企业，规模小、私营为主。比如，一些与制药有关的职业学校学生实习单位为一树药房、芝林大药房等民营企业，幼师专业学生去东方艺术幼儿园、联想幼儿园实习。这些私营企业感兴趣的是借用校企合作的机会吸引廉价的劳动力，使其经济利益最大化，对于学生职业技能与职业发展并不关心，因此学生实习时多数不愿去此类企业实习。某些大型企业虽然在校企合作中也接受职业学校学生实习，但是在实习过程中，对于核心技术类的流程，根本不让学生接触，他们在车间学习到的只是没有竞争力的表面肤浅的技能，对于学生就业技能的培养并没有多大实际意义。

7. **企业在校企合作中态度较为消极**

企业的消极表现主要在以下几方面：一是企业参与校企合作的程度取决于合作的成本—收益关系。现实中，企业之所以对校企合作不感兴趣，原因就在于企业对校企合作带来的收益预期不高。二是目前职校不论是在人才培养，还是在技术服务方面，都不具有什么优势，难以让合作企业获益。三是部分企业认为，参与校企合作“订单式”人才培养模式会直接或间接影响到盈利，原因主要表现在四个方面：第一，企业安排实习学生食宿，增加企业的经营成本；第二，职校学生大多数难以管理，责任心不强，学生入驻企业后，企业要安排专人对学生从各个方面进行严格培训，增加了企业的人员成本；第三，学生在生产过程中一旦发生伤亡事故，企业必须承担相应的责任，增加了企业的风险成本；第四，企业的生产任务时多时少，一般企业不愿意接受订单生，担心影响生产的进度和产品的质量。实际上，企业关注的是市场与生产过程，对学生培养的迫切性不高，聘任的企业实习指导教师因非常在意今后的竞争性，所教内容也仅是一些简单、不重要的知识，对于关键的、核心的知识和技能常常有所保留。企业对高职院校的培养质量还存在着疑虑。现阶段，职校毕业的学生就业层次偏低，从事高端研发技术岗位的人数较少，从企业反馈的信息来看，现有职校的学生所掌握的知识比较陈旧，专业技能不够娴熟，不能满足企业立即上岗的需求，需要经过较长时间的岗前培训。现在的学生就业情况也验证了职校在这方面的差距。

三、促进贵州省中等职业教育校企合作的建议

（一）建立专门从事校企合作管理的校企合作部

校企合作部是负责运作校企合作的一个专门机构。校企合作部隶属于学校，与职教集团办公室合署办公，便于整合集团各成员学校的校企、校际优势资源。其主要职能如下。

1. 做好企业调研

校企合作部的首要职能是做好企业调研工作，对企业用人的时间段、各专业岗位用工标准、行业产业发展趋势等进行有效地调查和研究。

2. 指导学校、课程改革

校企合作部的第二项职能是结合学校实际情况，指导学校开发符合企业用工要求、贴近市场的专业，对学校现有课程提出改革意见，在确定核心课程时有话语权。核心课程应有企业或行业的专家、技术骨干参与教学，其教学效果由校企合作部进行评价。

3. 制订教师培训计划

校企合作部的第三项职能是制订教师尤其是专业教师的培训计划。职业学校最缺乏的是“双师型”教师和“双师”结构教师团队。校企合作部可以每年结合企业及学校的实际情况制定出专业教师下企业锻炼计划或企业骨干到学校授课、专业指导、讲座等计划，并对实施结果进行考核评价。

4. 形成实习计划及有效管理

校企合作部的第四项职能是负责各专业学生进入实习前的面试、各阶段的实习就业指导工作计划的制定、实习管理全程跟踪及考核、就业推荐，并形成校企合作工作的评价考核机制。校企合作部对每个专业的学生必备素质提出要求、进行面试并提出合理的实习（就业）建议。一方面帮助合作企业把好关，另一方面帮助学生更好地认清自己，做好职业规划设计。总之，通过校企合作部全面介入校企合作的管理工作，从而确保校企合作的顺利开展。

（二）校企合作的政策建议

1. 建立校企合作的长效机制

（1）应当明确政府对校企合作的责任，政府要加强统筹，为校企合作牵

线搭桥，将校企合作纳入学校评估和企业评价的指标，表彰鼓励先进。

（2）给予行业组织财政专项补助以推动其参与课程改革，建立中小企业实习中心，对中小企业校企合作指导与服务。用减税方法鼓励大企业在校企合作中发挥骨干示范作用。落实2007年教育部、财政部印发的《中等职业学校学生实习管理办法》。

（3）地方政府在各权益方利益均等的条件下，出台落实校企合作政策的具体措施，使校企合作制度化。

2. 规范对校企合作的管理

（1）地方政府部门出台规范校企合作的文件，同时制约职业院校和企业双方。制定如“实习生行为规范”“实习生管理手册”“驻厂教师工作手册”“企业对实习生管理规定”等操作性文件。

（2）制定严密、规范的校企合作协议文本，由学校、企业和学生及家长三方签署合作培养协议，合作协议须在主管部门备案。

（3）成立由实习生代表、家长代表、企业代表和校方代表组成的“实习管理委员会”，协调并仲裁校企合作特别是学生顶岗实习中发生的问题和矛盾，平衡各方利益，保护学生合法权益。

3. 加快适应校企合作的基础能力建设

（1）支持、资助开发适应不同模式的校企合作工学结合人才培养模式的课程教材开发。

（2）支持、资助与新人才培养模式相匹配的校内实训基地，加强实习指导教师的培养培训。要对西部和农村的职业学校倾斜，帮助他们早日提高校企合作中的自身能力。

（3）加强校企合作的人员培训。在职业教育师资素质提高工程中，要把校企合作的组织管理、教学组织和教学改革列为校长和骨干教师培训的目标，以专题形式进行研究与学习，推广先进的典型经验。

4. 出台更加灵活多样的校企合作政策

对不同经济发展水平的地区、不同类型的院校和专业，应当出台因地制宜的校企合作政策，避免大一统，增加实习、顶岗实习、工学交替的类型，在时间上给予更多的灵活性。扶植校企合作的服务机构，利用政府事业单位、企业单位等搭建各种服务平台，对于符合标准的服务机构，当地政府予以认可，并批准职业院校和企业购买该机构的服务。

5. 以校企合作为突破口，加快职业教育的改革和创新

（1）从校企合作的体制角度切入，深化办学体制和管理体制改革。

（2）从校企合作的人才培养模式角度切入，深化教育教学改革。

（3）以校企合作的法律、制度和规范建设为突破口，加快职业教育的法制建设，在《职业教育法》修订过程中吸收校企合作的改革成果。

（4）以校企合作宣传为依托，让社会各界更加认识职业教育的重要战略地位，促进职业教育的社会环境和舆论环境进一步改善。

“产学结合、校企合作”就是需要发挥学校和企业的各自优势，共同培养社会与市场需要的人才，这是职业教育的显著特征之一。近年来江苏省无锡立信中等专业学校紧紧围绕培养既有理论又有很强的实践能力、创业能力，在生产一线从事生产、管理、服务的技术应用型和技能型人才的目标，开始注重区域校际、校企的多层次联合办学的大胆尝试与探索，在校企合作工作方面取得初步成效。我们相信，在国家大力发展职业教育的宏观背景下，随着职教集团的快速发展，校企合作体制的长效机制不断完善，贵阳的职业教育的明天将更加辉煌。

参考文献

［1］贵州省人民政府．关于实施教育“9＋3”计划的意见（黔府发〔2013〕1号）［Z］，2013－01－14.

［2］霍健康．全省职业院校长专题培训班上的讲话［Z］．贵州省教育厅，2013.

［3］刘昉．政府主导下的中职计算机应用技术专业人才培养模式的思考——以贵州电子信息职业技术学院中职计算机应用技术专业为例［J］．凯里学院学报，2012（6）：146－148.

［4］赵景媛．企业参与职业教育校企合作的立法保障［J］．教育与职业，2014（20）：15－17.

［5］杨丽芳．贵州职业教育校企合作长效机制探析［J］．贵州师范学院学报，2014（5）：59－62.

（作者系贵州教育发展研究中心图书资料员）

新时期高职院校思想政治教育人文关怀问题探讨

李宏昌

党的十八大报告强调，要“加强和改进思想政治工作，注重人文关怀和心理疏导，培育自尊自信、理性平和、积极向上的社会心态”。“人文关怀”一词在党的全国代表大会上出现，彰显了新时期党对人、社会对人的关怀，反映了新时期党中央对加强与改进思想政治工作的新主张、新观点、新要求。事实上，新时期思想政治工作中注重人文关怀就是要全面落实以人为本的科学发展观，就是要促进与实现人的充分、全面、自由与协调发展。因此，客观上要求将人文关怀融入新时期高职院校思想政治教育之中，切实实现“育人为本、德育为先”的教育目标，推动当代大学生自身全面和谐发展。本文以高职院校思想政治教育人文关怀的科学含义为逻辑起点，在比较深入分析人文关怀在高职院校思想政治教育中重要意义的基础上，探讨新时期高职院校思想政治教育融入人文关怀的基本策略，以期为新时期改进与加强高职院校思想政治教育提供具有建设性的意见和可操作性的建议。

一、高职院校思想政治教育人文关怀的内涵诠释

1. “人文关怀”的内涵

“人文”，最早见于《周易》中“关乎天文，以察时变。关乎人文，以化成天下”。所谓“天文”即自然，意为天象的变化；所谓“人文”即文明，意为人所蕴含的“真、善、美”的状态。“关怀”，一般指对人的关心与爱护。至于“人文关怀”，其哲学意蕴强调的是“对人的生存状态的关注，对人的权利的尊重，对人的尊严和符合人性生活条件的肯定，对人的解放和自由的追求，对人类发展前景和历史命运的思考。它强调对人的理解、尊重、关心和爱护，重视人的作用，发挥人的自主创造精神和人的主体性，是对人生

命存在价值的终极关怀。”

在现实生活中，人文关怀又集中反映在生活关心、价值诉求和理想构建三个维度上。所谓生活关心，强调的是人文关怀应消除贫困、实现富足；所谓价值诉求，强调的是人文关怀追求并实现社会公平与正义；所谓理想构建，强调的是人文关怀最终要推动并实现人的充分、全面而自由发展。由此可见，人文关怀的这三个维度是由关心人的日常生活为逻辑起点，以追求并实现社会公平与正义为逻辑中介，最终经实现人作为“类”存在与发展时的充分、全面、自由为逻辑的归宿。正是基于这样的判断，笔者认为，所谓“人文关怀”是以作为“类”而存在和发展的人对“自己”与“同类”的一种普遍的、同质的、全方位的自我关怀，主要表现为对作为“类”而存在与发展的人的生活的关心、人格的尊重、价值的肯定、生命的关切，对人的自我解放、自由发展、和谐共荣的不懈追求，是当代人类文明的重要标志与社会进步的主要象征。

2. 高职院校思想政治教育人文关怀的科学含义

所谓高职院校思想政治教育，是高职院校思想政治工作者“用一定的思想观念、政治观点、道德规范，对大学生施加有目的、有计划、有组织的影响，使他们形成符合社会、国家所需要的思想品德的社会实践活动。”在新时期，高职院校思想政治教育中要特别注重人文关怀，要以大学生的生理、心理特征为出发点，彰显大学生的主体性、尊重大学生的差异性、激发大学生的创造性、推动大学生发展的和谐性。具体而言：

（1）彰显大学生的主体性。新时期，高职院校思想政治教育人文关怀首要任务就是要引领当代大学生通过自知自为，逐步达到自立，最终走向自觉，进而不断体现与彰显其接受教育与实现自我教育过程中的主体性。因此，新时期高职院校思想政治教育人文关怀在不断培育大学生的主体意识，以不断调动大学生参与思想政治教育活动的积极性、主动性，不断强化大学生自主学习、独立思考的理论素养与实践能力。

（2）尊重大学生的差异性。在新时期高职院校思想政治教育中，教育者须全面了解大学生的个体差异性，充分尊重大学生的差异性。无论对品学兼优者，还是所谓的后进生；无论是对素质全面者，还是对能力欠缺者；无论生活富足者，还是对生活拮据者；无论是对身心健康者，还是对存在心理障碍者，都要一视同仁，并且要从普遍性和特殊性的规律把握当代大学生的身心特点、个体差异，注重实施人文关怀，促进全体学生的整体进步与和谐发展。

（3）激发大学生的创造性。因为在新时期高职院校思想政治教育中，作为受教育者的大学生具有无限的潜能，具有很强的创新意识与创新能力，在现实生活中能够表现出特有的创造性与创造力。这就需要高职院校思想政治教育者要不断激发和实现大学生的创造性，不断培育与塑造其个性人格，不断激发其巨大潜能，实现其自身全面发展与推动社会文明进步。事实上，“引导和培养人的创造品质是思想政治教育中完美人格培养的中心环节，也集中体现了对当代大学生的人文关怀”。

（4）推动大学生发展的和谐性。当代大学生作为成年人，其基本成熟或正在逐步走向成熟的生理基质客观地推动其心理不断走向健康与成熟。正因为大学生身心发展呈现出的这种特质，决定了高职院校思想政治教育更需要加强对大学生的人文关怀，不断加强对其心理健康教育，尤其是要加强其心理疏导，从而使其在面对心理障碍时能自觉克服与主动排除，在出现心理问题时能自我调适或主动求助。实践证明，对当代大学生的人文关怀和心理疏导能够实现其身心全面、协调、和谐的发展。

二、人文关怀在高职院校思想政治教育中的重要意义

1. 人文关怀是人性本质的内在要求

历史唯物主义认为，人既有自然属性，也具有社会属性。“人的本质是一切社会关系的总和。”这一人性本质决定了作为“类”而存在与发展的人要维持生存，要关怀自身，要实现自由，要全面发展。人文关怀要求高职院校思想政治教育“必须尊重人的本性，用人的方式去理解学生、对待学生、关怀学生，特别是关怀学生的精神生活，关怀学生的命运与价值，以此提高受教育者的社会适应能力和生存能力。高等教育的人文关怀是育人、育心、育德的全方位综合教育活动，是一种人与人心灵的沟通、精神的契合，是人与人主体间的相互交流活动，是人的本性的基本要求”。这在客观上要求，新时期高职院校思想政治教育，应根据人性本质要求与思想政治教育规律来开展具体的实践活动。

2. 人文关怀是高职院校思想政治教育的必然选择

新时期高职院校思想政治教育的根本任务就是彰显主体性、尊重差异性、激发创造性、实现发展的和谐性，从而将大学生培养与造就为具有强烈自主

意识、完整知识结构、高尚道德行为、健全身心素质的中国特色社会主义事业的建设者与接班人。因此，在新时期高职院校思想政治教育中，无论是目标确定还是内容整合，无论是方法确立还是路径的选择，都理应贴近学生、贴近实际、贴近生活。新时期高职院校思想政治教育所肩负的神圣使命正是其人文精神与人文关怀的集中反映，正是在这个意义上，我们认为，新时期高职院校思想政治教育更应实施好人文关怀，切实关注当代大学生的全面、自由、和谐发展，这也正是新时期高职院校思想政治教育的本质要求和必然选择。

3. 人文关怀是推进大学生身心和谐发展的客观需要

事实上，只有不断加强对当代大学生的人文关怀，开展行之有效地心理健康教育，并将注重人文关怀和加强心理疏导有机结合起来，才能培育与引导大学生保持良好心态和健康的心理。因此，新时期高职院校思想政治教育者要加强对大学生的人文关怀，进而积极引导他们用科学的方法、创新的思维正确认识自己，客观对待周围的人与事；理性面对感情、利益、荣誉；在艰难、挫折、逆境中保持积极、乐观、宽容的心态，大力弘扬与努力践行自尊、自信、自强、自立的可贵精神。只有这样，才能实现当代大学生在生理与心理、科技与人文、知识与素质等诸多方面的全面、协调、和谐发展。

三、高职院校思想政治教育融入人文关怀的基本策略

事实上，新时期高职院校思想政治教育注重与强化人文关怀，是一项既重大又复杂的系统工程。这在客观上决定了新时期高职院校思想政治教育，既要积极继承和发扬已有的成功经验和先进做法，又要不断开拓能够融入并彰显人文关怀的路径，并在具体的思想政治教育实践中推动与实现其完善与优化。当前，高职院校思想政治教育融入人文关怀的主要路径选择有：

1. 树立以大学生为本的教育理念

在新时期高职院校思想政治教育中，要牢固树立以大学生为本的教育理念，主要包括如下几个方面：首先，高职院校思想政治教育者要充分尊重大学生、理解大学生、相信大学生、关爱大学生、服务大学生，以此全力建构充满“爱与责任”的新型高职院校师生关系。其次，高职院校思想政治教育者要全面了解大学生的生理特点与心理特征，要准确把握大学生的群体共性与个体差异性，并以此为根据科学规划教育内容、精心设计教育过程、认真

制订教育计划、有效实现教育目标。最后，高职院校思想政治教育者要以推动大学生身心全面、协调、和谐发展为出发点和落脚点，不断创新高职院校思想政治教育模式，不断改进高职院校思想政治教育方法，不断实现高职院校思想政治教育的价值诉求，从而使大学生在追求真、善、美的过程中不断获得自我认同、自我提升与自我发展。

2. **强化高职院校思想政治教育的教师队伍建设**。

高职院校思想政治专业教师是新时期高职院校思想政治教育融入人文关怀的主导者与践行者，他们自身素质与整体水平具有不可替代的作用与价值。具体而言，一是提升高职院校思想政治教师的专业化。为此高职院校思想政治教师要不断解放思想、实事求是、与时俱进，不断完善自身知识结构，不断加强自身道德修养，以不断提高其工作的专业性、有效性。二是增强高职院校思想政治教育的科学化。要求高职院校思想政治教师的具体工作方案、计划、设计应追求科学化；对大学生身心发展现状洞察的清晰性；对大学生可能出现的心理健康问题的前瞻性，对大学生未来职业规划指导的规范性。三是充分培养高职院校思想政治教师的特长化。新时期高职院校思想政治教师要充分发挥能动性与创新力，不断培养自身特长，使自己逐渐成为科学分析、理性应对、有效处理大学生或情感，或学习，或生活中某一领域或某些领域内常见问题的专家。

3. **整合人文教育资源，创新高职院校思想政治教育内容**

首先，要以人文核心学科为依托，挖掘人文底蕴。主要是在对哲学、文学、历史、艺术等人文教育核心学科的研讨前提下，并借助对理解、阐释、反思、体验、感悟等研究方法的领会应用，实现用这些学科的思维模式与研究方法帮助人们以正确的态度认识自己、理解他人、处理人际关系和社会上各种复杂问题。其次，要以拓展人文教育的主体为抓手，营造人文环境。人文精神的获得离不开人文环境的影响，形成良好的人文环境，更需要社会、学校和家庭的通力合作。人文教育的主体不仅仅是学生，还包括社会、学校、家庭乃至大自然，通过拓展人文教育的主体，并发挥各自的人文教育功能是获得健康人文环境的前提。最后，整合人文教育资源还要开展形式新颖、富有内涵的社会实践活动。因为，通过积极参与社会实践，大学生能够夯实专业知识、提升道德素养、培育优良作风，能够不断增强使命感、责任感、归属感。

4. **将情感教育与注重心理疏导有机结合。**

将人文关怀融入新时期高职院校思想政治教育中，客观上要求教育者善于运用情感教育的方法，以满腔热忱投入到新时期思想政治教育之中，切实深入大学生的专业学习与日常生活之中，以自己独特的人格魅力、真切的情感关怀、新颖的教育方式积极引导和推动大学生在思想教育实践中懂得爱与被爱实质、领悟爱与被爱的真谛，学会爱与被爱的内容，主动构建高职院校师生情感沟通、心灵相融的良性机制。与此同时，新时期高职院校思想政治教育人文关怀中还要注重心理疏导。所谓注重心理疏导，主要是指准确认知大学生的身心特点、充分尊重大学生的个性特征、积极应对大学生的合理心理诉求、全面把握大学生的心理预期，并在此基础上进行科学分析、理性应对、整体规划，以期提出具体性、实效性、可操作性的心理疏导方案。事实上，将情感教育与注重心理疏导有机结合，才能更有效地推进大学生健康心理素质的养成与优良心理品质的提升，才能切实增强大学生抵御风险与经受挫折的心理承受能力，才能构建新时期高职院校师生之间平等、民主、文明、和谐的关系，真正推动新时期大学生的成熟、成长与进步。

参考文献

［1］吴东藩．大学生思想政治教育人文关怀研究［D］．武汉：湖北工业大学，2012.

［2］冉胜刚．人文关怀视域下的高校思想政治教育探析［J］．云南社会主义学院学报，2012（1）．

［3］王耕．加强大学生思想政治教育工作中人文关怀的对策探讨［J］．福建教育学院学报，2012（4）．

［4］李文立．人文关怀：考量思想政治教育实效的新维度［J］．教学与管理，2011（12）．

［5］任燕，王德勋．高校思想政治教育应突出人文关怀［J］．淮阴师范学院学报：哲学社会科学版，2010（4）．

［6］袁惠芬．高职院校思想政治教育中的人文意蕴及其路径探寻［J］．湖州师范学院学报，2011（3）．

［7］方鹏飞．高职院校思想政治教育的人文关怀研究［J］．黑龙江教育学院学报，2011（12）．

[8] 陈淑丽. 大学生思想政治教育融入人文关怀的路径探析 [J]. 思想政治教育研究，2011（6）.

[9] 王东莉. 思想政治教育人文关怀的思想资源 [J]. 浙江学刊，2005（3）.

[10] 任效峰. 思想政治教育中人文关怀的缺失及应对策略 [J]. 理论观察，2006（1）.

[11] 王建文. 人文关怀：思想政治教育的伦理资源 [J]. 思想教育研究，2006（3）.

[12] 刘永新. 论思想政治教育人文关怀的理论渊源 [J]. 湖北成人教育学院学报，2005（3）.

[13] 胡锦涛. 坚定不移沿着中国特色社会主义道路前进 为全面建成小康社会而奋斗——在中国共产党第十八次全国代表大会上的报告 [N]. 人民日报，2012-11-18.

[14] 高亨. 周易大传今注 [M]. 济南：齐鲁书社，1988.

[15] 谷秋颖. 大学生思想政治教育工作中应彰显人文关怀 [J]. 辽宁行政学院学报，2012（4）：99.

[16] 陈万柏，张耀灿. 思想政治教育学原理 [M]. 北京：高等教育出版社，2007.

[17] 石晓雪. 人文关怀：提高大学生思想政治教育实效的着力点 [J]. 中国成人教育，2011（1）：81.

[18] 马克思恩格斯选集（第一卷）[M]. 北京：人民出版社，1995.

[19] 高远，邓平安. 大学生思想政治教育融入人文关怀试探 [J]. 扬州大学学报：高教研究版，2011（1）：48-49.

（作者系贵州轻工职业技术学院教师，贵州教育发展研究中心兼职研究员）

项目来源：2013 年贵州省首届教育科学重点课题“和谐社会视域下高职院校德育研究”（项目编号：2013A087）和 2014 年度贵州省教育厅高校人文社会科学研究规划项目《贵州高职教育品牌发展战略与实践研究》（项目编号：14GH055）。

贵州省初中数学特岗教师教学技能的培训内容与培训方式需求调查

莫贵圈

一、研究背景

随着社会经济和科学技术的不断发展，“特岗”教师已越来越被人们所重视。贵州省实施特岗计划，是全省教师补充机制的伟大实践，极大地改善了全省农村学校的师资状况。贵州省自2006年开始实行“特岗计划”，全省九年义务教育阶段有30多万农村教师，特岗教师达3万多人，占农村教师1/10。特岗教师是农村教师师资队伍的主要成员之一，是农村教师的主力军，是教师队伍中的特殊群体。他们的理论知识较好，但缺乏一定的教学经验和教学技能。因此，研究特岗教师培训教学技能培训内容与方式，不但有助于做好特岗教师培训工作，而且有助于了解特岗教师的需求，及时准确地给特岗教师补充他们所需的知识与技能，使得他们迅速成长，从而更好地推动农村教育事业的发展，进而带动农村的发展。

二、研究问题

教学技能是教师进行授课的一项重要技能，教师是否掌握必要的教学技能，直接影响着教学质量。《义务教育数学课程标准试验（2003）》中的教学建议指出：数学教学是数学活动的教学，是师生之间、学生之间交往互动与共同发展的过程。数学教学应从学生实际出发，创设有助于学生自主学习的问题情境，引导学生通过实践、思考、探索、交流，获得知识，形成技能，发展思维，学会学习，促使学生在教师指导下生动活泼地、主动地、富有个性地学习。课堂教学技能分为两种：一种是直接指向课堂教学目标和内容的，可事先做好准备的技能，这种技能称之为“主要教学技能”；另一种是直接指向具体的学生和教学情境，常常面对难以预料的课堂偶发事件，事先很难或根本不可能做转变，这种技能称之为“辅助教学技能”。“主要教学技能”在教学中表现为传统的课堂教学技能，包括：导入技能、结束技能、变化技能、强化技能，板演技能、演示技能、语言技能、讲解技能、提问技能等。辅助教学技能包括自主学习技能、合作学习技能、探究学习技能、媒体辅助教学技能等。本文对贵州省初中特岗数学教师的教学技能培训需求进行深入的调查，掌握了初中特岗数学教师对培训的实际需求，为提高新一轮初中数学特岗教师培训的实效性提供借鉴。

三、调查的方法

1. 调查目的

贵州省人民政府为认真贯彻落实党中央、国务院关于加强农村教师队伍建设和引导、鼓励高校毕业生面向基层就业的精神，针对农村义务教育阶段中小学师资力量薄弱、结构失衡、素质需要进一步提高等问题，于2006年开始实行“特岗计划”。这是省政府、教育厅推进新农村建设，促进教育均衡发展的重要战略举措，是一项利国利民利教利农的重大举措，也是引导和鼓励高校毕业生到边远贫困地区就业的实际行动。

笔者参加2011年国培计划调研活动时，一些县教育局领导告诉我们，很多特岗教师在他们所任教的学校中已经成为骨干教师。因此，特岗教师的发展已经成为农村学校发展的主要因素。而目前，省内外对特岗教师的研究很少，本研究以特岗教师为研究对象，具有重要的研究价值。

2. 调查对象

本课题选择了贵州省的毕节、安顺、黔西南州、六盘水等地区，合计225名初中数学特岗教师，作为课题的研究对象。

3. 调查方式

本课题调查主要采用了问卷调查与座谈、个别谈话相结合的方式进行，并结合调查资料进行了比较分析。共发放问卷225份，回收222份，有效率为98.7%。

4. 编制问卷

通过查阅相关文献及研究成果，在问卷调查前，先后征求有关学者、专家和领导的意见，问卷调查的设计几经修改。问卷主要涉及“特岗”教师的基本信息、采取的教学手段、经常采取的方法、最需要的培训内容与方式等现实问题。

5. **研究的意义**

本课题研究的重要意义在于加强和改进学院“初中数学特岗”教师培训方法，提高培训质量，进而提高贵州省的教学水平。研究特岗教师培训教学技能的培训内容与培训方式，不但有助于做好特岗教师培训工作，而且有助于了解特岗教师的需求，及时准确地给特岗教师补充他们所需的知识与技能，使得他们迅速成长，从而更好地推动农村教育事业的发展，进而带动农村的发展，促进社会主义新农村建设和全面实施素质教育，提高贵州省数学教育质量和水平，具有重要的现实意义和深远的理论意义。

四、结果与分析

将回收的问卷进行整理，采用 SPSS 软件统计数据，继而得出研结论。

1. **基本状况**

从调查结果可知，贵州省初中数学特岗教师中，男教师占 70. 3%，女教师占 29. 7%。本科学历占 82. 4%，大专学历 16. 2%，这说明特岗教师学历层次较高，几乎都是全日制大专生或本科生，都经过了系统的理论学习，理论知识较为扎实。此外，从调查数据结果可知，贵州省初中数学特岗教师入职集中在 2009 年、2010 年、2011 年（做问卷调查时，2012 年的特岗教师还没入职）。这反映了贵州省初中数学特岗教师是年轻的群体，教龄较短，缺乏丰富的教育教学经验，他们对教学目标、重点、难点的把握有待提高，尤其是 87. 8% 的特岗教师仍然使用传统的教学方式进行教学。

2. **教师对培训的需求，可以从以下方面进行考察**

课堂教学技能的需求。针对教学技能的需求，笔者对调查对象进行了深入的访谈及座谈。访谈的对象主要是教育行政部门的领导和学校领导，座谈的对象是初中数学特岗教师，通过访谈与座谈得到了以下的结果。

对教育局领导的访谈：

①当地教育部门对特岗教师很重视，因为，特岗教师年轻且充满活力，他们给当地农村学校输送了新鲜的血液。②特岗教师任教满三年后，只要他们愿意留在当地，就可以直接转为当地的正式教师，也可以考当地、外地的公务员或其他的事业单位。当地教育部门不加以限制。③特岗教师享有当地

教师享有的一切福利。

对校领导的访谈：

①目前，很多特岗教师已成为所在学校的骨干教师。对于特别优秀的特岗教师，当地教育部门将其调到县城生源好的学校工作。②学校对特岗能力的培养也很重视，每次有培训的机会都优先考虑派特岗教师去学习。③大多数特岗教师工作很认真，进步很大，得到同事的好评，也得到学生的认可。④由于特岗教师比较年轻，因此，还缺乏一定教学技能。

特岗教师的座谈：

①如果有机会参加培训，希望培训不要太空，建议培训内容是针对农村教师如何上好一节课，并建议培训机构聘请一些优秀的农村教师上示范课。②建议培训中设置关于农村学生的班主任培训课程。③建议培训方式是经验交流的形式，针对教学中的疑惑，例如：如何引导学生进行探究式学习、如何辅导后进生、如何关注留守儿童等，专家和学员一起讨论解决的可行方案。④几乎所有参与座谈的特岗教师都认为他们的教学技能亟须得到提高，并且需求最大的是学生自主学习技能、合作学习技能和探究学习技能，以及教师提问技能。

3. 培训内容的需求

如表1所示。

表1　　如果您参加脱产培训，您最需要的培训是（多选题）

选项	N：频数	Percent of Cases：百分比
了解新课程新理念新信息	147	66.2%
学习适合农村学生的典型教学经验	204	91.9%
观摩优秀教师的公开课	165	74.3%
掌握评价分析课例的方法	120	54.1%
掌握独立进行教学设计的方法	132	59.5%
与参加培训的教师交流分享经验	130	57.8%
听学者专家对专业与前沿知识拓展的专题讲座	114	51.4%
听有经验的优秀教师对课程、课标与教材研究学习的专题讲座	141	63.5%

续　表

选项	N：频数	Percent of Cases：百分比
青少年学习心理知识	138	62.2%
教师专业发展的理论、途径及方法	108	48.6%
合作研讨自己感兴趣的问题	99	44.6%
教育科研方面的指导	84	37.8%
班主任管理	144	64.9%

从表1的统计数据可以看出，目前，贵州省初中数学特岗教师对培训内容需求排在前六的分别是：学习适合农村学生的典型教学经验（占91.9%）、观摩优秀教师的公开课（占74.3%）、了解新课程新理念新信息（占66.2%）、班主任管理（占64.9%）、听有经验的优秀教师对课程、课标与教材研究学习的专题讲座（占63.5%）、青少年学习心理知识（占62.2%），这些问题在不同程度上反映出当前贵州省初中数学特岗教师存在的一些问题。主要分析如下：

（1）教学经验不丰富。从表1可知，几乎所有的特岗教师都需要适合农村学生的教学经验，2/3的特岗教师希望得到优秀教师对教学策略与方法的经验指导，从而提升自己的教学技能。这与呈现的教龄短相一致。

（2）对新课改理念不了解。大部分的被调查对象都想了解新课程新理念，说明他们本身缺乏这方面的知识，从而才会有这方面的诉求。这与基本现状呈现的87.8%使用传统的教学方法相一致。

（3）管理知识缺乏。大部分的被调查对象都想学习班主任管理知识及青少年心理知识，说明他们在进行班级管理时遇到了一些困难。

4. 培训方式的需求

如表2所示。

表2　　您希望参加的集中培训形式有（多选题）

选项	N：频数	Percent of Cases：百分比
专家讲座、报告型	54	24.3%
与专家研讨互动、交流对话型	155	68.9%
观摩名师课堂教学型	189	85.1%

续 表

选项	N：频数	Percent of Cases：百分比
同课异构展示	126	56.8%
案例评析、参与式培训型	133	59.5%
同行介绍经验、教学展示、共同研讨型	151	68.9%
实地参观考察型	131	57.2%

从表2的调查数据可以看出，85.1%的特岗教师希望观摩名师课堂教学、68.9%的特岗教师希望能与专家研讨互动、交流对话、68.9%的特岗教师想与同行介绍经验、教学展示、共同研讨。在调查的选项中，得分最低的是专家讲座、报告型。他们更多的是希望通过名师的引领和指导，现场观摩，目睹课堂教学的实况，以此提高教学水平、丰富教学手段和优化教学方法。

五、总结与建议

1. 总结

以上调查结果呈现出贵州省初中数学特岗教师的教学技能需求状况。大部分认为自己的教学技能亟待提高，在培训内容方面，除了想得到更适合农村学生的典型教学经验和优秀教师教学策略与方法的指导，同时还想进一步了解新课改理念。另外，大部分初中数学特岗教师都想与专家或经验丰富的教师探讨教学中的疑难问题，而不是讲座式的教学。

2. 建议

根据以上分析，本课题得出如下建议。

（1）关注特岗教师需求，提升培训质量。应根据培训前的调研结果以及特岗教师的培训需求，建立明确有效的培训目标体系，以适应特岗教师的需求。明确有效的教师培训目标能便于学员理解和接受，从而能促进学员的成长与提高，并能使特岗教师培训的实效性得到有效的落实。

（2）更新培训内容，提高培训的针对性。在农村地区，小学教师普遍都缺乏教育教学方法的了解和运用，并且农村学生与城市学生有着显著差异。首先，应从实际出发，在培训内容上侧重适合农村学生的典型教学经验。其次，观摩优秀教师的公开课。再次，了解新课程新理念新信息和班主任管理知识。最后，听有经验的优秀教师实施有效教学的策略与方法的专题讲座。此外，在教学技能上应侧重如何引导学生进行自主学习、合作学习、探究学习，以及教师提问技能。

（3）更新培训方式，增强培训的实效性。特岗教师对培训方式上的需求，更多的是研讨互动、交流对话、共同研讨，而不是专题讲座或报告的形式。

（4）完善培训教师团队，提高培训效果。从事教师培训的教师不仅要具有扎实的现代教育理论知识，准确把握新课程的要求，而且要具有较强的教育教的能力，了解本学科的发展趋势，更要深入了解当前教师在教育教学活动中面临的困难，关注当前教师的培训需求，以便进行有效地专题培训，使培训目的达到预期的效果。

（5）加强培训后监管，优化实践教学效果。教育主管部门及学校领导应鼓励并监督已参训的教师，回到教学岗位上之后，要将培训中的教学理念、教学方法、教学策略等应用到实际教学中。

（6）建立和完善长期有效的“特岗”教师培训机制，切实提高教学质量。贵州“特岗”教师岗前培训虽然已极大地改善了贵州省农村学校的师资状况，然而，面对现实中农村教育的滞后现状，一些特岗教师教学技能不强，教学经验不丰富，建立和完善长期有效的“特岗”教师培训机制显得尤为必要。一方面，建立和完善长期有效的“特岗”教师培训机制能够保障“特岗”教师培训效果的持续性；另一方面，通过长期有效的培训，不断的更新“特岗”教师的理念，通过不断地学习和实践更好的推动农村教育的实际发展水平，缩小城乡教育水平的差距性，提高贵州省的教育质量。

参考文献

［1］教育部、财政部、人事部、中央编办．关于实施农村义务教育阶段学校教师特设岗位计划的通知（教师〔2006〕2号）．

［2］关于印发《贵州省农村义务教育阶段学校特设岗位教师管理办法（试行）》的通知［EB/OL］. http：//sfjy. gzsedu. cn/Item. aspx？ id = 12430.

［3］王晓军．数学课堂教学技能与微格训练［M］．杭州：浙江大学出版社，2011.

［4］阿不力孜·热扎克，陈健．对“特岗”教师岗前培训后效的调查研

究［J］．出国与就业：就业版，2010（1）．

［5］赵冬臣，马云鹏，李业平，等．职前小学数学教师教学知识状况调查——以分数除法为例［J］．数学教育学报，2010（4）：44－48.

（作者系贵州师范学院数学与计算机学院教师，贵州教育发展研究中心研究员）

项目来源：贵州省教育厅课题——贵州省初中数学特岗教师教学技能的培训内容与培训方式研究（项目编号：GZJG201006）。

传统民间游戏对幼儿教育活动的价值探究

邓秀平

一、当前传统民间游戏在幼儿教育中的现实困境

（一）传统民间游戏在现代社会文明中的文化失落

1. 现代社会文明发展冲击着传统游戏

在我国改革开放以后，各个方面的因素，譬如科技的进步、社会的变迁、教育的压力、独生子女政策及对民间儿童游戏认识上的偏差等，都对传统民间儿童游戏造成较大的冲击。

（1）传统民间游戏参与群体的分化及传承遇阻。美国媒体文化研究学者尼尔·波兹曼在其《童年的消逝》一书中指出："我们的电子信息环境正在让儿童'消逝'""儿童游戏正在消失"。[1]科学技术突飞猛进，各种电子产品所构筑的世界包围着儿童的生活，比如互联网和电视，从而失去了许多和家长或伙伴一起进行游戏的机会，儿童游戏群体逐步减少，而电子信息媒介的发展又进一步分化了民间儿童游戏的参与群体。依据社会学的观点，儿童游戏群体功能的弱化和地位的下降是社会发展的一种必然趋势，如果能够很好地运用传统民间游戏，使其融入到幼儿的生活中去，无疑将在一定程度上改善目前的状况。

儿童游戏群体的减少使得民间游戏在传承上出现了链条断裂的现象，儿童参与不了游戏。传承方式上民间游戏有自己的独特性，以代代相传的方式进行，儿童通过从长辈以及较大的玩伴那里模仿习得。儿童只有在不断参与游戏，在实践游戏的过程中，才能更好地实现游戏的继承、发展和创新。随着独生子女政策的普及，越来越多的家庭子女是没有兄弟姐妹的，在血缘关

系上，儿童又少了天然的玩伴。同时，独生子女的现象使得家长过分溺爱孩子，过度的看护和限制剥夺了儿童自由游戏的权利。自由的游戏随着自由游戏者的消失而越来越少，显然，游戏者伙伴的缺失使得民间儿童游戏的传承遇到较大的阻碍。

（2）商业味道的加入导致民间游戏本真价值的丧失。社会不断地发展，很多商家在利益的驱动下给商品玩具赋予了多种功能，影响儿童的想象力和创造性，使得儿童在游戏中缺乏创新无须劳动，而传统自制玩具却不见踪影。苏霍姆林斯基称："在游戏之中，儿童展现了个性的创造能力，游戏点燃儿童求知欲。"[2] 民间儿童游戏的一个重要方面和重要组成部分便是构思和创造玩具，儿童的观察力和想象力得到发展，同时动手操作能力在游戏过程中也得到了自然的提高。而儿童的好奇心被商品玩具压制，使得儿童的创造性才能得不到发挥。另外，儿童玩具的商品化日益加重，逐步改变了儿童游戏的价值取向并趋同于市场化，参与者之间的人际关系也有所改变。由此可见，游戏中商业味道的加入，使人文因素逐步衰落，从而反衬出民间儿童游戏已逐步失去其本真价值。[3]

2. 教育与传统民间游戏的冲突

儿童游戏在校园内被冠上了"教育"的帽子，教育机构只注重民间儿童游戏的育人功能，使得娱乐功能逐渐弱化，游戏成为教学的手段并丧失了独立性。话语权的丧失，使得儿童失去了游戏自主权，不能决定参加游戏与否，而在教师过分影响下，儿童只能服从命令和安排，被动参与游戏并逐渐沦为了游戏的仆人。赫伊津哈认为："游戏是一种自愿的活动，被迫游戏就不再是游戏了。"[4] 米舍莱也曾说过："游戏除了本身带来的娱乐外，没有其他目的。从它成为教育游戏的时候起，它就不成为游戏了。"[5] 显然，游戏的教育功能和发展功能被人为的强化，是不符合游戏自身规律的。民间儿童游戏在教育的不适当的利用和打压下，本质发生了异化，其自身原有的游戏精神也随之丢失。

（二）传统民间游戏在现代童年生活中的时空压缩

1. 传统民间游戏的时间被掠夺

首先，儿童游戏的时间被制度化教育严重的入侵。游戏的整体受到忽视更别说传统民间游戏。幼儿教育价值取向受到学业竞争压力的影响而发生变化，只注重学习不重游戏，学习和游戏分离，游戏的时间变得越来越少。当今社会，学校作为实施教育的场所却背离了创始人最初的想法，儿童游戏活动被看成了教育的对立面，与学校教育格格不入，学校甚至限制和禁止了儿童游戏的行为，压缩儿童游戏的时间。其次，儿童游戏的时间被成人本位的观念掠夺了。传统文化影响，家长们都期望“子成龙，女成凤”，以孩子成才为由，强制规划幼儿的各种行为。加上家长们对“不能输在起跑线上”的误解，让孩子参加各种兴趣班，使得儿童的大部分业余时间被占据，而作为丰富童年生活的游戏也被成人经过严格的审视和改造，以便更有利于儿童智力的发展。正常游戏的时间都被缩短了更别提传统民间游戏。

2. 传统民间游戏的生存空间被挤压

首先，随着社会发展的进程，儿童游戏空间逐步减少。城市化的发展带来的是大量人口不断的涌入城市，需要更多的居住空间和活动空间来解决这一现象。其次，科技的发展带来的是生产方式的改变，同时却造成了儿童游戏场地的消失。传统游戏源于民间劳作生产中，有的时候生产场地就是儿童嬉戏娱乐的场地。比如，农村栽种的果林有时就是儿童欢乐游戏的场所。然而随着市场经济的不断发展，生产力得到了前所未有的发展，使得生产方式发生了根本性的变化，从而影响了依附于其中的儿童游戏场地，使其逐渐减少。科技的发展带来了物质文明的发展，从而促使城市化发展，使得人们生活方式由开放向封闭转变的同时交往途径也由直接向间接转变，人际关系出现冷漠化表现，使得儿童大部分时间都待在家中，相对闭塞，少了许多机会接触大自然。传统民间儿童游戏的生产空间被大大的挤压。

（三）传统民间游戏在现代幼儿教育中的缺失

传统民间游戏是幼儿园教育的宝贵资源，接近幼儿生活，但是受多方面因素的影响，幼儿园无法全面的认识到民间游戏的重要性，并且开发和利用不够重视，无法充分的实现其教育价值。传统民间游戏在现代幼儿教育中缺失的原因与表现如下：

1. 传统民间游戏挖掘和利用有限

受多种因素的影响，全国大多数的教育内容出现了大一统的局面，使得地方特色不明显，与儿童的实际生活不相符甚至出现脱离状态。对儿童而言，大一统教育内容的出现造成了很不好的影响，如在教育内容与现实生活的联系上，儿童无法领悟这两者间的融合度；儿童感受不了社会、家庭和幼儿园之间的内在关系；同样地，儿童不能清晰地认识现实社会，导致在游戏和实践的过程中产生困惑。传统民间游戏融入幼儿园教育活动中存在其必要性。传统民间游戏地方特点鲜明突出，生活气息浓厚，应该成为幼儿园可利用的宝贵教育资源和手段。假如传统民间游戏在幼儿园能得到很好的利用，使教育与儿童生活联系紧密的同时，让儿童感受到亲切，达到教育实效和目的，从而促进儿童发展。然而，在现代幼儿园中，其价值还有待更深入挖掘和利用。

2. 教师教育理念的局限

受本身教育理念的局限性影响，儿童游戏被很多教师当成是一种教育的手段，简单运用并不注重儿童游戏的本体价值。比如说在儿童游戏的指导过程中，教师对游戏进行人为的干预与控制，只注重儿童学到的技能和知识，忽略幼儿本身的体验与感受，使得儿童不能自由的成长，片面追求游戏的教育功能而违反游戏规律，使得儿童不能从中获得愉悦的情感甚至产生抵抗情绪。而民间游戏来源于儿童的日常生活、富有生活气息，这一特点使其容易被儿童接受和喜爱。因此，民间游戏与其他游戏相比，有助于发挥游戏的价值，具有突出的优势。在现代幼儿教育中，传统民间游戏作为幼儿园重要的教育资源和手段并没有受到足够的重视和运用。

二、传统民间游戏的魅力及教育意蕴

（一）传统游戏的魅力

1. 传统游戏——幼儿的精神粮食

儿童游戏体现和表达了一种游戏精神。游戏作为儿童的基本生活方式，是儿童精神生发的动力和源泉，游戏精神体现在儿童游戏赋予了儿童完整而和谐的童年生活且寻求自由的一种精神。传统民间游戏使儿童感受到轻松愉悦的情绪体验，儿童在游戏中能认识和学习关于本民族的文化和历史并受到感染和熏陶，从中学习到并且实践自认为有价值和意义的游戏精神。游戏精神对人类个体的成长具有重要的意义，主要表现在社会化、民族共同体甚至于人类未来的发展上。从这个意义上说，传统民间游戏是儿童的精神粮食，因为其蕴含了独特的文化特质，对儿童社会化健康发展和健全人格的培养具有积极的作用。

2. **传统游戏儿童的内在呼唤和需求**

游戏对于人类来说是一种普遍的现象和活动，与人类文化、文明有着密切的联系，具有多种功能且影响着人类文化的产生和发展。而民间游戏来自民间大众，它根植于中国大地并深刻地反映了本民族传统文化，主要是人们根据生活经验，了解儿童现实需要，从而创编的儿童喜爱并接受的一种游戏活动形式，符合幼儿的生活行为方式。这种游戏形式，主要以感性形态存在，贴近幼儿的现实生活并与儿童的现实生存状态联系紧密，也最接近儿童的自然生活状态。因此，在传统民间游戏中，教育的原生态被淋漓尽致的展现出来。传统民间游戏体现了儿童内心最真挚的呼唤和内在需求。

（二）传统游戏的教育意蕴

1. **传统民间游戏对于人类的价值**

（1）传统民间游戏的社会价值。教育本来就是一种文化传承的方式，民间游戏则是传承文化的一种表达。但是由于诸多因素，许多中国传统文化包括民间游戏内在所要表达的人文精神也正濒临消失和流散的境遇。中国的民间游戏是中国传统文化的体现，是组成中国传统文化的重要源泉，其具有的浓郁的地方特色让人拥有精神上的归属感和民族自豪感，是潜藏于每一个民族内心的精神种子。如何让这颗深埋我们内心的种子发芽，结出丰硕的果实，已成为我们每一个现代人努力追寻的目标。教育是文化传承的重要力量，应该担任起这样的重担。同时我们要铭记，教育要培养的是现代人，而不是古代人，只有牢牢的扎根于自己本民族的土壤中，做一个能够面向世界和未来的现代化人。这样我们就如同大树一般，无论它长得有多高，只要它的根扎得深，就能够经受住狂风暴雨的洗礼。

（2）传统民间游戏的个体发展价值。在民间游戏中，有助于幼儿社会认知能力的提高和亲社会行为的形成。不同地域上的民间游戏不同，且地方特色鲜明、突出。很多民间游戏都带有童谣和儿歌的色彩，并含有自然和社会的常识，体现社会生活的同时丰富了幼儿的交际知识。民间游戏的进行需要几个孩子的共同合作，在游戏中孩子应该怎样去交往，满足自身合群的需求，并与伙伴形成合作与谦让的关系。游戏中，儿童需要调整心态去改变自己任性、娇惯、独尊的不良习惯，从而在游戏中培养社会责任感和增强集体意识。

如在《滚铁环》《攻城堡》等游戏过程中孩子亲社会行为潜移默化的形成。

2. 传统民间游戏对幼儿园的价值

（1）丰富幼儿园教育活动资源。传统民间游戏与儿童的生活联系紧密，有利于幼儿的社会性发展，是幼儿园教育活动中不可多得的宝贵资源。首先，民间游戏贴近儿童的现实生活，打破大一统教育模式，丰富儿童实际生活，在民间游戏中，儿童可以重拾知识与快乐。其次，民间游戏可以丰富幼儿园的地方文化特色。最后，民间游戏中蕴含丰富的教育内容，让幼儿潜移默化的接受教育，是幼儿园的得力助手。

（2）有利于家园合作。传统民间游戏有利于家园合作，可以增加幼儿园与家庭的互动。民间游戏源于生活，大部分家长都会玩，幼儿园开展民间游戏教育的同时可以向家长了解到更多的民间游戏种类；同时，家长在与孩子玩民间游戏的过程中，可以知道在园幼儿的学习情况。这样，幼儿园和家庭就会建立一个关心点，使得家长和幼儿园的交往更为频繁，关系也更加密切。

（3）有利于优化幼儿一日活动。幼儿园一日活动从来园到离园，包括来园体育锻炼、作业、游戏、进餐、午睡和离园。在一日活动安排时需要解决两个问题，一是活动内容要动静结合，二是为减少等待时间环节上的过渡要自然。儿童民间游戏种类丰富，有可供教师选择的比较安静的《炒黄豆》《摇小船》，也有运动量较大的《荷花荷花儿时开》《老鹰捉小鸡》。教师可以选择一些能促进幼儿手臂力量合作较强的游戏运用于体育教学活动中，如《推小车》《摇船》等。这样，不仅能自然的过渡一日活动中的各环节，而且很重要的一点是能减少幼儿等待和排队的时间，使幼儿得到充分的自由和发展。

（4）有利于教师专业素质的成长。民间游戏是幼儿最好的伙伴，可以成为幼儿教师的教育手段，丰富教师的教育资源。但教师在教育过程中，不能将游戏作为教育的筹码，单一的要我们的孩子在游戏中学到什么知识才达到本课的教育目的。教师在教育过程中，要认识到让民间游戏成为教育的手段，重视游戏本体价值所蕴含的教育意义，让孩子身在其中，体验和收获知识。民间游戏正是来源于民间，贴近孩子们的生活，让孩子们在做中学，这样不仅能使幼儿体验快乐和收获知识，还有利于教师的专业成长。

3. 传统游戏对于幼儿的价值

（1）有利于幼儿自我意识的形成和发展。《幼儿园教育指导纲要》中指出，“能主动地参与各项活动，有自信心”是社会领域对幼儿发展的重要目标。由此可见，培养幼儿自信心是多么重要的事情。实践证明，传统民间游戏能够帮助幼儿树立自信心，增强自信，培养乐观开朗的性格。娱乐性、随机性、趣味性、教育性是传统游戏最显著的特点，使得传统游戏生动有趣，同时节奏明快的儿歌和朗朗上口的绕口令融入其中，使得传统游戏深受幼儿的喜爱。幼儿在游戏过程中能得到强烈的情感体验，领悟到团队合作的精神，当幼儿从中克服某种困难或学会某种动作时，会感觉自己在进步，在增强自信心的同时，并使其产生愉悦的情绪。

（2）有利于促进幼儿社会化的发展。民间游戏是集体游戏，在游戏过程中，需要幼儿与同伴共同合作才能开展，无形中培养了幼儿的交际能力。传统游戏有一定纪律和规则，幼儿在纪律和规则下不能随心所欲的活动，有一定的限制，从而培养了幼儿的常规行为；在游戏过程中，形成幼儿民主协商意识并加强；大部分传统游戏来自日常生活，包含了各方面，能使幼儿开拓眼界，扩大幼儿对生活的感知，使幼儿亲近社会，并在这个过程中了解生活、了解他人。

（3）有利于激发幼儿的想象力与创造力。卢梭认为：“出自造物主之手的东西都是好的，而一到了人的手里，就变坏了。”[6]所以只有归于自然的教育，远离喧嚣城市社会的教育，才有利于保持人的善良天性，并遵从自然法则和听任身心的自由发展。传统游戏作为中国传统文化中的一部分，它的素材源于大众生活，根植于祖国大地。游戏生动有趣，自然奔放，雅俗共赏，使其具有自然的天性。而“民间的玩具”不仅能使幼儿在一种和谐自然的生活中拥有丰富想象力和创造力，并且能使幼儿在选择游戏素材和自主制作玩具的过程中发展自我意识，并在重新组合游戏素材的过程中培养探索意识。同时，在游戏过程中，培养合作意识和分享行为。总之，我们只有把儿童带到自然环境中，还儿童自然的天性，才能有利于激发他们的想象力和创造力。

三、传统民间游戏实施的具体措施

（一）家长：更新观念，做孩子的游戏伙伴

家长应摒弃“玩便是不务正业”的错误观念，游戏中的摔跤影响不到孩子的健康成长。相反地，适当的游戏对孩子的健康成长史大有好处的。因此，

家长不能只关注孩子的学习成绩，扼杀他们玩的天性。[7]家长应该参加到孩子的游戏中并进行正面引导，从而发挥榜样作用。班杜拉认为，榜样具有潜移默化的作用，儿童的社会行为大部分是通过观察理想中的重要人物的行为而习得，而这些观察被储存在幼儿大脑中，从而促使他们产生模仿行为，这些模仿可以表现为参与性、创造性和延迟性模仿等。由此可见，儿童在与家长玩耍的过程中，不仅能掌握技能，而且能从中获得美好的情感体验，这样他们就会积极地自发组织同龄人一起玩耍。

（二）幼儿园：创造条件，让游戏直接走进教育

幼儿园应该把传统游戏作为教学活动的重要手段和资源之一，为儿童游戏创造各种有利的条件，如体育课是民间游戏的最好阵地。[8]同时，为儿童提供开展传统民间游戏的时间和空间。幼儿园的各种游戏设施应向幼儿全面开放，并安排专门的教师组织各类民间游戏，教会幼儿游戏的规则和方法，甚至开展一些有关民间游戏的比赛，使游戏成为幼儿教育活动的一部分。

（三）社会：开发多种民间游戏，搭建游戏平台

社会应该考虑实际情况，开发和挖掘传统游戏，为儿童游戏搭建游戏平台，提供可行性。以班杜拉为代表的社会学习理论者认为，儿童的反社会行为被电视影响，而网络游戏则更加强化了行为。所以，在推广传统民间游戏的同时，社会各界应该尽力使儿童远离网络游戏。作为社区，应该考虑到儿童年龄特征，率先开发游戏场所和实行社区负责制，让幼儿在课余和节假日中，不仅拥有充足的活动空间，而且有更多与同伴互动交流的机会，从而有利于儿童健全人格的发展。

（四）教育者：在继承、推广的基础上，创新传统游戏

传统游戏并不是十全十美的，也存在其自身的一些不足。以前的传统游戏最大的不足就是它的简陋性、不安全性。比如，玩弹弓中，大多用土块和石块作为子弹，这样不仅玩具过于简单也不卫生，不利于儿童身心健康。因此，我们可以创新和改良传统民间游戏：削减危险动作保证其安全性、修改游戏规则、加入现代一些比较时尚的元素。如“两人三足开汽车”，两人一组，把每组内侧的脚用布条系牢，然后边走边推铁环，看哪一组先到达目的

地。这就是把民间体育游戏和传统“滚铁环”游戏进行整合重组，使之出新。[9]上海、长沙等地的一些小学将运动会改成了“传统游戏节”后，改掉了以前有些学生当观众的情况，现在每位同学至少能参加一项以上的项目。[10]这样的做法既继承、推广了传统儿童游戏，又加入创新元素，更迎合当代儿童的兴趣爱好。

本文通过对现有的研究结论的理解和总结提出，传统民间游戏是促进幼儿身心协调发展的重要途径之一，也是孩子们健康成长的良好伴侣。对教师而言，传统民间游戏所蕴藏着的丰富的现代教育价值和发展潜力，是提高教学效果的有效辅助手段。而在教育活动过程中，正如顾俊在《传统民间游戏在幼儿园教育中的价值》一文中说到的：游戏材料是土的，教育是活的；教材是老的，教育是新的；材料是低廉的，教育价值是高的。

传统游戏作为我国民间文化的一部分，具有不可估量的现代社会教育价值。而对于我们的眼睛不是缺少美，而是缺少发现，只要我们合理的加以利用，民间游戏就能在教学上发挥积极的作用。

参考文献

［1］尼尔·波兹曼，吴燕莛．童年的消逝［M］．桂林：广西师范大学出版社，2004.

［2］苏霍姆林斯基，肖勇．教育的艺术［M］．长沙：湖南教育出版社，1983.

［3］曾庆会．民间儿童游戏发展困境探析［J］．首都体育学院学报，2009（2）：235－237.

［4］赫伊津哈．游戏的人［M］．杭州：中国美术学院出版社，1998.

［5］米舍莱，瞿葆奎．教师和游戏·教育学文集（十一卷）［M］．北京：人民教育出版社，1991.

［6］卢梭．爱弥儿——论教育［M］．李平沤，译．北京：人民教育出版社，2005.

［7］李屏．教育视野中的传统游戏研究［D］．上海：华东师范大学，2005.

［8］张晓梅．传统游戏与儿童心理发展［J］．涪陵师范学院学报，2007，23（2）：136－140.

［9］金卫东．开发传统游戏资源．创新当代儿童游戏［EB/OL］．http：//www. bssng. com/uploadfile/uploadfile2006727100711. doc.

［10］常德共青团．回归传统游戏：把童年还给孩子［EB/OL］．http：//www. changde. gov. cn/cdgqt/5406289877681569792/20060331/107306. html.

（作者系贵州师范学院教育科学学院教师，贵州教育发展研究中心研究员）

当前农村职业学校学生的心理冲突与调适

王中华

2005 年在全国职业教育工作会议上，温家宝发表了“大力发展中国特色的职业教育”的讲话，指出“发展职业教育是我国教育事业发展规律的内在要求。要把基础教育、职业教育和高等教育放在同等重要位置，统筹兼顾，协调推进”[1]。自此，我国职业教育迎来了改革与发展的春天。2010 年《国家中长期教育改革与发展规划纲要（2010—2020 年）》进一步提出，“加快发展面向农村的职业教育”[2]。可见，农村职业教育的发展日益受到关注和重视。但是，在我国农村职业教育发展过程中存在诸多问题与发展障碍，而农村职业学校学生心理冲突的问题是其中之一。农村职业学校学生存在花钱读书与打工挣钱之间的冲突、全面发展与术业专攻之间的冲突等多种心理冲突。这些冲突如果没有得到适当的渠道和途径去化解和调适，将会对农村职业学校、农村职业教育、农村职业学校学生和教师产生危害。所以，我们需要积极关注该问题，并寻找相关的调适策略去扫除农村职业学校发展过程中的障碍与绊脚石，从而促进农村职业教育“又好又快”的发展。

一、农村职业学校学生的心理冲突表现

（一）读书与打工挣钱之间的冲突

在农村职业教育过程中，学生面临着打工挣钱与继续读书的与心理冲突。打工挣钱能增加家庭的财政收入，减少家庭负担，对农村家庭来说不失为一件“美事”。同时，如果学生进入农村职业学校学习，读书能增加学生的知识面，学习到先进的工作技能与方法，能提高自身的劳动素养和工作能力，还能增加社会交往面，因此，读书不失为一种“美差”。可

见，读书与打工都是一种“诱惑”。然而，一些农村职校学生看来，在农村职校读书耽误“青春”，也没有学习到多少知识和技能，并进一步认为“实践出真知”，应该到工厂或者公司去上班才能更好地锻炼和提高自己，学习到技术和技能，所以往往出现农村职校辍学的现象，如某中职校辍学情况，见表1[3]。由此可见，当前，读书与打工挣钱之间的冲突是农村职业学校学生存在的心理冲突之一。

表1　样本学校2005—2008年中职生辍学情况

入学年份	毕业年份	入学人数（人）	毕业人数（人）	辍学人数（人）	辍学率（%）
2002	2005	1400	1200	200	14
2003	2006	1500	1260	240	16
2004	2007	1800	1500	300	17
2005	2008	2000	1450	550	28

（二）全面发展与术业专攻之间的冲突

对农村职校学生来说，一方面，要学习职业技能和专业知识，为今后的就业做好准备和打好基础，这是必要条件。另一方面，也需要学习其他相关的一些知识，诸如法律知识、历史知识等形成一定的文化修养和全面发展，以适应社会发展进步的要求。毕竟提高农村人口的“民智、民生、民德”，有助于培养社会主义现代化进程中的新型农民，加快社会主义新农村的建设步伐。[4]但是，面对全面发展与学习专业知识技能，农村职校学生往往存在着心理冲突，既想学习好专业知识，又想实现全面发展和提高自身的综合素养。于是乎，在农村职校学生现实的学习过程中往往形成双趋冲突。

（三）理论知识与实践技术之间的冲突

我们知道，理论与实践都很重要。然而，在理论知识与实践技能之间却存在“鸿沟”。当前，在农村职业教育课程改革存在四个方面的融合取向：学科课程与项目课程间的“扬弃”融合；多元课程与技能课程间的“联系”融合；项目课程与学习领域课程间的“发展”融合；模块化课程与系统化课程的“矛盾”融合。[5]尽管当前的课程改革企图去减少理论知识学习与实践技能学习之间的差距，实现理论学习与实践学习之间的融合。但是，对农村职校学生来说，却存在学习职业理论知识与专业实践技能之间的冲突，往往表现为要么一味地学习理论知识，要么一味地学习实践技能，而且更多的是表现为重视技能的学习，轻视甚至忽视理论知识的学习。

（四）掌握知识与形成道德之间的冲突

一直以来，德、智、体、美、劳等教育是人的全面发展所要求的。但是，在农村职业学校教育的实际中，却出现知识学习与道德培养之间的矛盾。在农村职业教育过程中，农村职校学生认为只要学习好职业知识和专业技能就行，至于道德的形成就无所谓了。因此，面对智育与德育之间的关系问题时，农村职校学生片面地重视知识的学习，忽视德性的培养。

（五）个性与社会性发展之间的冲突

在我们传统的学校教育理念中，学校往往是重视学生的集体性和统一性，重视学生的步调一致和整齐划一，但是，“在职业教育中，培养学生的良好个性，促进学生的个性发展，把学生造就为有事业心、责任心，有主体性、独立性、创造精神的全面发展的现代职业技术人才，是新时代职业教育目标的需要”[6]。目前，在农村职业教育中，职校学生面临既要发展学生的个性，又要“学会认知”“学会生存”“学会做事”“学会共同生活”，即还需要学会形成共性和社会性。于是，在发展个性和形成社会性之间产生了冲突。因此，农村职校学生更多的认为需要张扬自己的个性，而往往忽视学习与他人相处以及学习共同生活。

二、农村职业学校学生心理冲突的危害

（一）不利于农村教育的发展

农村职业教育、农村义务教育、农村成人教育等是一个体系，特别是在城乡教育一体化的视域下，农村职业教育是农村教育的重要组成部分，而农村职业教育肩负着培养新一代的高素质职业人才以及培养具有实践能力和职业素养的艰巨任务，所以一旦农村职业学校中学生的心理冲突没有得到更好

的调适，就会影响职业教育人才培养的数量和质量的提高，当然也就会影响整个农村职业教育以及农村教育。

（二）有损于农村职业学校的建设

在农村职业学校的发展与建设过程中，一方面需要重视教师队伍和师资建设，另一方面需要重视学生素养的提高，只有这样才能提高农村职业学校的办学质量，提升农村职业学校的“吸引力”，也才能体现学校的特色。但是，当农村职业学校的学生出现心理冲突，不能得到重视时，将影响学生的正常心理发展，不利于学生的健康成长，也不利于学校的管理。因此，就给农村职业学校的建设带来困难和阻碍。

（三）有害于农村职业学校学生的学习

学习动机、学习兴趣、学习风格、学习意志、学习情感等方面都是学习过程中的非智力因素。但是，这些因素在学生的学习过程中起着不可忽视的价值。学生面对生活中、学习中、情感中等领域的一些心理障碍和心理冲突，如学生深陷于出去打工还是在学校继续学习这样的冲突之中，那么，学生就会将更多的时间和精力去思考这些问题，这样一来，学生就没有心思学习，当然这些问题将会直接影响学生的正常学习。

（四）不利于农村职业学校教师的教学

教学是学校工作的中心，这是不容怀疑的。教学是“指教师与学生以课堂为主渠道的交往过程，是教师的教与学生的学的统一过程。”[7]可见，在农村职业学校的教学过程中，不仅有教师的“教”，也需要有学生的“学”，其实教与学是一对矛盾，是对立统一不可分割的关系。那么，在教学过程中，教学要认真教，学生要认真学，这样一来，教学才能更好地完成。但是，农村职业学校教学过程中，学生常常出现了这样或者那样的双趋心理冲突、双避心理冲突、趋避心理冲突、双重趋避心理冲突等多种类型的心理冲突。这些心理冲突是一种心理矛盾状态，是心理不平衡的重要原因，容易引起人的紧张情绪。[8]于是，这些心理冲突将导致学生对学习不感兴趣，缺乏学习的动机，从而影响教师教学活动的开展。

三、农村职业学校学生心理冲突的调适策略

（一）学校积极关注学生的心理和进行心理教育

职校学生是特殊的学生群体，其心理特点及职校的教育、教学实际是职校心理教育形成自己特色的依据。[9]因此，在农村职业学校教育过程中，需要积极对学生进行心理教育，从而实现借由心理教育化解学生的心理冲突，形成学生的健康心理。首先，开设心理辅导课程与心理教育。在2013年的全国教育工作会议上，我国教育部长袁贵仁指出，“要重视心理健康教育课程和心理健康教育辅导室、心理咨询中心建设，启动中小学心理健康教育示范校创建工作，促进学生健康成长。”[10]在农村职业学校教育中也毫不例外地需要加强心理健康教育，开设心理健康教育课程，让学生获得心理健康方面的知识与技能，调适心理冲突，同时，成立学校心理咨询与发展中心，帮助那些需要心理关怀和心理辅导的学生走出心理阴霾，获得健康发展。其次，加强心理健康知识的课堂渗透。任课教师在进行课堂教学过程中，可以讲一些相关的心理健康知识渗透到课堂教学之中，寓心理教育于知识与技能教学过程中，从而全方位、多渠道地进行心理教育。再次，开展校园心理活动，如心理戏剧。

（二）任课教师和班主任对学生心理的重视

第一，班主任在新生入学时就建立全班学生的心理档案。当农村职业学校学生刚入学时，学校就应对学生的心理健康状况进行测评，班主任就需要以身作则地建立每一个学生的心理健康档案，并定期或者不定期地对学生的心理进行测量和评估，以便了解学生的心理发展动态。第二，任课教师也需要重视学生的健康，积极化解学生的心理困境和心理冲突。在课堂教学中，教师需要积极观察和了解学生的学习心理状态，在课外和生活中，教师需要积极关切学生的心理动态，进行心理干预，从而让学生远离不健康的心理状态。第三，班主任和任课教师需要积极发展良好的师生关系。正如德国教育家雅斯贝尔斯在《什么是教育》中所指出的“教育是人与人的主体间的灵与肉的交流活动”。因此，农村职业学校的教师需要尊重学生和了解学生，建立新型的师生关系，成为“平等中的首席”，加强与学生之间的心理沟通和情感

交流，在积极健康的师生关系氛围中，学生“如沐春风”，积极化解学生的心理冲突，获得健康的情绪，从而提高学生的心理“免疫力”。

（三）学生自我心理调适

当前，农村职业学校学生存在心理冲突问题，需要立马解决，这是基本的道理。但是关键在于学生自己去寻找相应的心理方法以进行自我心理调适。第一，可以采取“发泄法”。当学生处在愤怒期之时，或许通过发泄的方法如唱歌、大哭一场、运动出汗、购物、打拳等发泄心理不良的情绪情感，从而让自己身心得到放松和释放。第二，可以采取“倾诉法”。当学生烦躁不安、害怕或抑郁等心理不良时，可以找身边信任的朋友、家人或专业心理指导人士进行聊天，倾诉自己的烦恼和不愉快，从而将“情绪垃圾”倾倒出去。第三，可以采取“豁达放松法”。主要通过故事、游戏等放松方式，从而达到放松心情的目的。第四，可以采取“改变认知法”。通过改变自我内心的认知，做到多角度、多方位去看事情，要多去看看生活积极面。第五，可以采取“转移法”和“暗示法”。因此，面对心理冲突和心理障碍的时候，学生需要学会如何去自我心理调适，通过自我心理调适，来化解心理冲突，从而为自身的学习和生活带来阳光和雨露。

（四）加强对农村职业学校学生的心理研究

笔者认为，加强农村职业学校学生的心理研究对学生心理冲突问题的化解与调适具有重要意义。一方面，总结学生的心理冲突现象和类型，另一方面，对当前学生的心理冲突的原因进行剖析，从而找到相应的对策。尽管，当前关于农村职业学校学生心理方面的研究较多，但是存在许多不足，主要表现在：第一，更多的研究在于对心理现象的分析，缺乏对心理现象背后隐藏的本质剖析。第二，研究者也大多是“一线”教师，缺乏更多的心理学专业理论素养，不能有效地对心理冲突问题进行恰如其分的分析。第三，比较与借鉴的缺失。很多时候，研究者只是一味地描述自己身边和了解的案例，缺乏对其他相关案例的分析与归纳。因此，在农村职业学校学生心理冲突问题解决过程中，需要加强心理研究。

（五）构建农村职业学校学生的社会支持系统

社会支持是健康心理学的一个重要概念，是学生健康生活的重要保障之一，当学生处于应激之中，良好的社会支持系统能给他们信心与力量，而当学生处于顺境之中，同样能带来快乐与充实。[11]因此，在处理农村职业学校学生的心理冲突问题过程中，我们需要构建社会支持系统，通过正式的社会支持系统和非正式的社会支持系统，来促进学生的心理健康水平的提高。

（六）加强农村职业教育的吸引力

农村职业教育吸引力的缺失，使得学生产生徘徊心理，也产生读书与不读书之间的心理冲突，同时，还引起学生心理问题的“连锁反应”，因此，我们需要增强农村职业教育的“吸引力”。第一，继续完善免费教育政策。从2012年秋季，教育部规定中等职业教育免除学费。这不失为吸引学生去读农村职业教育的一个对策。第二，加强农村职业教育改革。当前，我国经济与社会面临城镇化速度加快、社会主义新农村建设稳步推进、世界制造工厂地位等对传统的农村职业教育提出了严峻挑战，因此，农村职业教育需要加快改革的步伐，从而实现战略转型，要确立面向农村的职业教育，同时要构建城乡一体化的职业教育。[12]总之，通过农村职业教育的改革，促进农村职业学校的自身发展，从而提高农村职业学校的吸引力。第三，优化农村职业学校学生毕业的就业环境，让学生毕业能更大程度实现“人尽其材，各尽所能”，实现农村职业教育为培养农村经济与社会发展所需要的高素质高技能的人才，做到“人民满意的教育”，以便增强其吸引力。

四、结语

在农村职业教育改革与发展过程中，将会遭遇到种种问题，而学生的心理冲突只是其中之一。面对学生的心理冲突问题，我们需要找到其原因，并进行探究和分析，从中找到化解与调适的策略，从而促进农村职业教育改革的长足发展。

参考文献

［1］温家宝．大力发展中国特色的职业教育［EB/OL］．http：//gb. cri. cn/8606/2005/11/13/381@778363_ 1. htm.

［2］教育部．国家中长期教育改革与发展规划纲要（2010—2020年）［N］．中国教育报，2010-07-30（1）．

［3］高瑞．西北某中职校学生辍学现状及原因的调查［J］．中国职业技术教育，2010（10）：37－39.

［4］王中华．晏阳初平民教育思想对当前我国农村职成教育的启示［J］．中国农业教育，2007（1）：61－62.

［5］周如俊．中职校课程改革的辩证审视［J］．职教论坛，2011（3）：43－46.

［6］林晓蓉．试论如何培养职校学生良好的个性［EB/OL］．http：//www. chinaqking. com/yc/2011/146402. html.

［7］张华．课程与教学论［M］．上海：上海教育出版社，2000.

［8］佚名．心理冲突难以缓和有什么危害［EB/OL］．http：//www. 69jk. cn/xinli/xltm/149567. html.

［9］班华．试论职校学生心理教育特色问题［J］．职教通讯，2005（3）：17－22.

［10］袁贵仁．在2013年全国教育工作会议上的讲话［EB/OL］．http：//www. moe. gov. cn/publicfiles/business/htmlfiles/moe/moe_ 176/201301/147151. html.

［11］佚名．社会支持系统分析是什么［EB/OL］．http：//zhidao. baidu. com/question/207956097. html.

［12］邬志辉．中国农村职业教育的战略转型［J］．社会科学战线，2012（5）：194－199.

（作者系贵州师范学院教育科学学院副教授，贵州教育发展研究中心研究员）

“国培计划”农村幼儿教师培训需求调查分析

——以贵州省为例

刘 英

一、问题的提出

为贯彻落实《国务院关于当前发展学前教育的若干意见》（国发〔2010〕41号）和《财政部、教育部关于加大财政投入支持学前教育发展的通知》（财教〔2011〕405号）精神，加强农村幼儿教师队伍建设，提高农村幼儿教师素质，教育部、财政部决定从2011年起，实施“幼儿教师国家级培训计划”。自2011年开始，本校已连续三年承担了“国培计划——贵州省农村幼儿园骨干教师置换脱产研修项目”的培训工作，在不断地培训过程中，我们逐渐认识到做好农村幼儿教师培训前的培训需求调研工作，可以增强培训工作的针对性和实效性。笔者以“国培计划——贵州省农村幼儿园骨干教师置换脱产研修项目”为背景，从培训需求的角度出发，对贵州省农村幼儿园教师的培训现状以及农村幼儿园教师对“国培计划”培训内容、培训方式的需求进行了调查研究，旨在根据农村幼儿教师的实际情况有效开展培训，提高农村幼儿教师的整体素质，推进幼儿教育事业的整体发展。

二、研究方法及对象

本研究主要采用问卷调查法和访谈调查法。调查问卷的内容包含教师的基本情况、参加培训的情况、培训需求、培训方式四个维度。本次共对贵州省兴义市3所幼儿园，安顺市2所幼儿园的园长7人，教研员7人，一线教师30人，总计44人发放了问卷。其中，有效问卷44份，回收率93.62%。访谈提纲主要针对农村幼儿教师培训的目标、培训的内容、培训的组织和考核方式等方面，听取一线教师的建议和意见。

三、贵州省农村幼儿教师参与培训的现状

（一）农村幼儿教师队伍结构特点

从参与调查的农村幼儿教师队伍结构总体情况来看，呈现的特点如下：

第一，年龄组成偏中年化，从被调查的教师年龄组成来看，18～24岁占9%，25～34岁占30%，35岁以上占教师总数的61%。从年龄结构上来看，农村幼儿园教师主要以中年教师为主，年轻教师所占的比例较小。如图1所示。

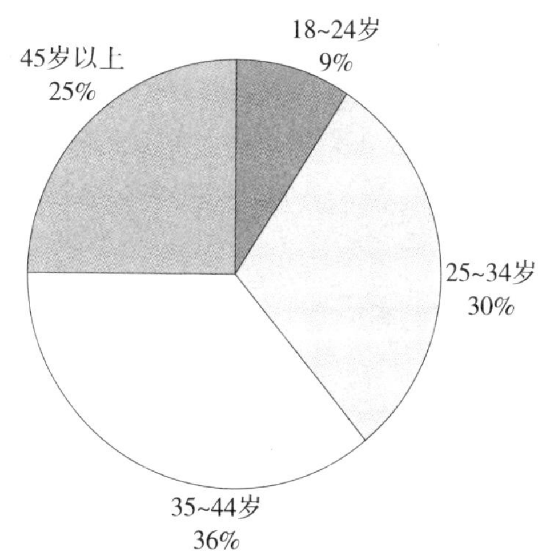

图1　幼儿教师年龄情况分析

第二，学历偏低，在被调查的教师中，具有本科及以上学历的占13.64%，获大专学历的教师占75%，中师或中专学历的占11.36%，农村幼儿园教师主体以大专为主要学历构成。其中，大专学历绝大部分通过继续教育的途径获得。如表1所示。

表1　研究对象学历情况一览

学历	大学本科及以上	大学专科	中专	中专以下
人数（人）	6	33	5	0
所占百分比（%）	13.64	75	11.36	0

第三，从专业构成来看，学前教育专业毕业的教师占抽样调查的66%，主要来自幼儿师范学校。但是这部分老师在幼师毕业后主要从事小学教育工作，由于我国大力发展学前教育的政策，很多乡镇幼儿园缺少幼儿教师，他们服从当地教育部门派遣，大多数教师是由有小学教育经验的老师转岗而来，幼儿教育经验缺乏，且教师脱离幼教岗位时间长，对学前教育事业发展的新知识、新形势、新政策尚不了解。如图2所示。

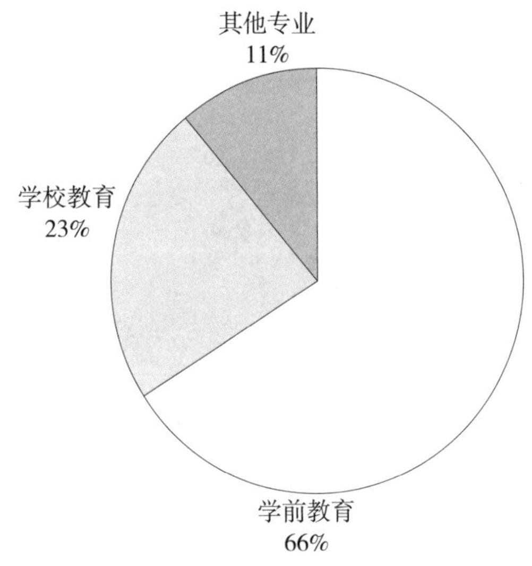

图2　幼儿教师专业情况分析

（二）幼儿园教师参与培训的次数现状

从最近三年农村幼儿园教师参与培训的情况来看（详见表2），第一，近三年来100%的老师都参加过各级培训，但是培训内容有的不涉及学前教育，例如有些转岗老师以前的培训主要是和原工作内容相关。第二，参与培训的级别较低，参加省级培训较少，大多数老师参加的是市县级及以下的培训。第三，教师参与培训的机会不均等，这种不均等主要表现在两个方面：一是地区之间的不均衡，由于地区的教育水平以及经济发展水平的差异，地区所举办的培训次数也有所不同；二是同一幼儿园教师参加培训的机会不均等，有的幼儿园在接到上级的培训任务时，由园长指派，一般选择教学任务轻、较为年轻的老师参加，具有很大的随意性。第四，从时间纵向来看，根据访谈的内容显示，参加培训的机会在近几年有明显的增长趋势，其中接受高层次培训的机会也在逐年增多。

表2　幼儿园教师参加培训次数统计

频率	1次	2次	3次	4次	5次及以上
人数（人）	12	15	5	7	5
百分比（%）	27.27	34.09	11.36	15.92	11.36

（三）幼儿园教师参与培训的目的现状

从农村幼儿园教师参与培训的目的分析来看，幼儿园教师自身专业能力发展的内部动力是参加培训的主要动因。首先，随着幼儿园教师专业化发展理念逐渐深入人心，教师培训在提升自身素质以及保教能力方面发挥着关键作用。其次，为了让自己能够具有竞争实力，在以后的职业道路获得较好的发展，甚至是整个幼儿园的建设和发展，他们渴望有更多的机会参加有针对性的培训，更愿意在培训过程中加强与同行之间的交流。然而，也有部分教师培训是受外部驱动的影响，比如有的教师参加培训主要是服从幼儿园安排和评优晋职需要。由此看来，农村幼儿园教师专业发展的内在动因无疑成为做好教师培训工作的有力保证。

（四）幼儿园教师参与培训的内容现状

在对农村幼儿园教师已经参与的培训调查中，老师普遍反映培训内容针对性不强，主要表现在以下几个方面：

一是培训内容重理论、轻实践。一方面，培训的主题往往以理论知识为主，由于农村幼儿园教师本身学历层次偏低，对于理论的理解能力不强，听理论犹如在听“天书”，回去后不知道怎么将理论运用于实践。另一方面，学员认为参与性、实践性的培训内容较少，例如应多增加观摩幼儿园教学与游戏活动、优质课展示等。

二是培训内容未结合农村幼儿园实际。培训内容“城市化”“前沿化”，培训的内容偏离农村幼儿园的实际，未考虑到农村幼儿园教师需要、师生比、农村幼儿园的条件、农村幼儿特点等方面的因素。

三是培训内容缺乏系统性。培训的主题不突出，培训的知识体系不连贯，常常是培训老师“各唱各的调”，缺乏总体的内容主题规划，不利于培训学员的系统学习。

四是培训内容缺乏弹性，教师培训几乎都是集体项目，课程的安排依据统一模式，培训学员无法根据自己的兴趣和需要选择培训内容。

（五）幼儿园教师参与培训方式的现状

目前，幼儿园农村教师参与的培训方式主要特点如下：第一，在教师培训中，集中培训作为主要的培训方式，如“听课评课”“园所交流”“外出观摩”“专家讲座”等，而针对学员个体的培训形式开展得较少。第二，从培训的主体来看，培训的主体仍然是培训者，学员处于被动的地位，学员与培训者、学员与学员之间缺乏交流。学员在培训过程中，参与程度低，且培训方式开设比较多，如“专家讲座”“专题讲座”等。幼儿教师参与程度高的培训方式开展得较少，如“参与式培训”“案例研究”等。第三，从培训形式来看，以交流为主的培训形式居多，如“听课评课”“园所交流”“外出观摩”；指导的形式次之，如“专家讲座”“师徒带教”“专家/名师具体指导”；自主研究的形式更少，如“案例研究”“项目计划”等。

四、培训内容需求分析

培训内容的需求调查主要从两方面入手：一是从目前农村幼儿园教师在保教实践中存在的问题，研究农村幼儿园教师知识与技能现状；二是从农村幼儿园教师自身出发，了解农村幼儿园教师在工作中急需解决的主要问题及对培训内容的需求。

（一）农村幼儿园教师在保教理论与实践中存在的问题

1. 农村幼儿园教师学前专业知识匮乏

学前教育专业知识是学前专业素养的重要组成部分，是专业能力和技能的基础。在本次调研中发现，农村幼儿园教师专业知识匮乏，主要表现在学前教育观、课程知识、幼儿学习与发展的知识以及教师学习与发展的知识四个方面。

（1）学前教育观的误读。学前教育观是关于幼儿观、幼儿教育与发展、教师观等方面的认识，它直接决定了教师用什么样的方式教育和对待幼儿，如何看待幼儿成长与发展等基本问题，是学前教育的灵魂所在。在调查中发现，农村幼儿园教师在对待游戏的价值、环境创设、一日生活的幼儿保教等方面都存在很多的认识不足或观念扭曲。如将环境创设看作是装饰，完成任务，不注意发挥环境在教育中的作用；对学前教育保教的看法上，明显存在两级分化，有的幼儿园教师将保育作为教育重点，教师的任务就是“看好孩子”，让他们自由玩，只要不发生安全事件。有的幼儿园教师却将教学放在首位，忽视幼儿的保育，认为农村的孩子本身身体素质就比较好，不需要保育，只要把该交知识教了就是完成教学任务了。

（2）关于课程方面的知识缺乏。如何利用农村现有资源，开发适宜幼儿发展的课程是农村“老大难”的问题。在此次调研过程中，当问及“您希望培训能帮助您解决的主要问题有哪些”的时候，排名前三位的问题是：“在禁止使用教材后，幼儿教师该教什么？怎么教”（61.4%），“如何克服幼儿园教育小学化倾向”（50%）。在课程内容的选择上农村幼儿教师呈现两种倾向，一是按照小学化的套路，提前上一年级的课程，教授算术、拼音汉字等内容。二是在网上找主题，东拼西凑，不管适不适合幼儿年龄的阶段特征。当然，由于课程方面的知识缺乏，必然导致教师关于如何开发课程资源，如何实施课程方面的能力薄弱。

（3）幼儿学习与发展知识匮乏。农村幼儿教师对于理解什么是幼儿发展、如何促进幼儿发展，幼儿各阶段发展的特征方面的知识匮乏。将幼儿的发展等同于幼儿知识的积累，认为只要会写会算会背诗就好，忽视幼儿身体、心理、社会性的全面协调发展。在保教过程中，特别是年纪偏大的教师群体中，运用“经验”指导幼儿的保教工作，缺乏对幼儿身心发展特点的科学认识。在此次调研中，“怎样才能有效地养成幼儿良好的行为习惯”（45%），“怎样才能使幼儿的活动有趣味，且富有意义”（42%），也同样是教师普遍关心和急需解决的主要问题。

（4）不重视教师学习与发展的知识。农村幼儿园教师不注重自身专业素质的发展，大多是“做一天和尚撞一天钟”心态。一是由于农村幼儿园教师年龄偏大，混时间等退休；二是家长要求不高，只要孩子能够读写算就好；三是监管不得力，缺乏评估机制，很少有上级下来的评估工作，这使得农村幼儿教师缺乏专业发展的意识，在对教师专业发展缺乏科学认识及对发展途径的探索。

总之，掌握学前教育专业知识是教师做好幼儿园教育教学工作的前提条件。教师必须具备学前教育的基本专业知识，树立正确的儿童观、教师观、课程观，明了幼儿生理、心理发展的特点与规律，明确幼儿心理行为表现及自身教育行为背后的区别。否则，不仅难以克服幼儿园教育的“小学化”倾向或“保姆式”的教育模式，也难以达到《国务院关于当前发展学前教育的若干意见》所提出的“保障适龄儿童接受基本的、有质量的学前教育”的目标。

2. 农村幼儿园教师专业能力薄弱

专业能力是教师综合素质最突出的外在表现，也是评价教师专业性的核心因素。由于学前教育知识的匮乏必然导致专业能力的薄弱，如在一日生活中的保教工作中，农村幼儿园教师不注重保教质量，将保育看作是“看好孩子，不受伤害”，不注重幼儿良好生活、行为习惯的养成，一日活动的设计缺乏科学性、系统性。教学活动有明显的小学化倾向，在教学内容上将识字、算数作为教学的重点，教学形式以讲授形式为主，课时按照小学制度；在环境设计能力方面，空间利用不够充分，设计内容都比较简单、零散，缺乏整体布局意识，尤其表现在区角活动设计和墙面设计方面；在班级管理方面，由于农村幼儿园幼儿人数相对较多，幼儿教师常常是以年长教师为主，“放养型”或“管制型”的班级管理现象非常明显；农村幼儿园教师的家园合作意识比较薄弱，常流于形式或“不作为”。

（二）农村幼儿园教师对培训内容的需求现状

1. 农村幼儿园教师认为自身缺乏专业知识和技能

从本次调研情况来看，农村幼儿教师已经普遍认识到自己在知识和技能方面的不足，最希望通过培训获得的知识依次是：幼儿园各领域教育活动设计（38 次）、幼儿安全与保健知识（29 次）、幼儿学习与发展学习的知识（26 次）、幼儿教师专业发展与研修的理论（16 次）、幼儿园政策法规（6 次）和幼儿园课程理论（6 次）。农村幼儿教师最希望提升的技能依次是：幼儿园环境创设的技能（28 次）、幼儿园班级管理的策略和技能（27 次）、幼儿活动组织的技能（25 次）、与家长沟通的技能（18 次）、了解与评估幼儿经验及幼儿发展的技能（14 次）、幼儿行为观察的技能（11 次）。

可见，一日生活中的保教、环境创设、活动设计、幼儿的观察与评估、班级组织与管理、幼儿安全与保健、研修理论、家园沟通等方面的知识和技能是农村幼儿教师普遍的需求。因此，在培训课程的设计上，培训机构和培训者务必要从幼儿教师培训需求来设置课程，以使培训更有针对性和实效性。

2. 农村幼儿园教师希望通过培训解决的主要问题

通过调研，我们发现幼儿教师希望通过培训解决的问题依次是：在禁止使用教材后，幼儿教师该教什么？怎么教？（频次 27）；如何克服幼儿园教育小学化倾向？（频次 20）；怎样才能有效地养成幼儿良好的行为习惯？（频次 18）；怎样才能使幼儿的活动有趣味，且富有意义？（频次 18）；如何通过创设适应的环境来引导幼儿的自主活动？（频次 17）；怎样才能有效提高幼儿园教育活动设计水平？频次 15）；如何利用好幼儿园的空间和场地，提高幼儿自主选择活动的比例？（频次 13）；农村幼儿园“有特色的”发展道路到底怎么走？（频次 9）；活动区的创设与材料的投放应该注意什么？（频次 8）。可见，在取消教材之后，幼儿教师如何教、如何克服小学化教育倾向、如何培养幼儿良好的行为习惯，是当前困惑广大农村幼儿教师的主要问题，也是培训机构在课程设置时必须要考虑的实际问题。

五、培训方式需求的分析

从农村幼儿园教师认为适合的培训方式选择的总频次来看，教学观摩与实践、案例分析、专题讲座、经验交流排在前四位；从第一位排序的频次统计来看，教学观摩与实践（37 次）、经验交流（15 次）、案例分析（16 次）、技能训练（15 次）、课题研究（8 次）、专题讲座（7 次）。由此可见，教学观摩与实践、经验交流与分享、案例分析这类实践性和参与性较强培训形式是最受农村幼儿教师欢迎的。

然而，在农村幼儿园教师培训方式的需求上存在多元化的特点，这并不仅仅是选择什么样的培训方式能够解决的。要真正满足教师的要求，还需要处理好如何将各种培训方式结合起来发挥最大功效？如何实现培训内容和实践方式的结合？如何将培训的关注转向农村幼儿教师个人？

第一，农村幼儿教师希望将专题讲座与观摩课、示范课充分结合起来，即专题讲座中多穿插幼儿园实践的部分，通过案例呈现、专家教师当场示范，将理论和实践有机结合。在观摩课中，希望有专家对其中的教育事件进行点评，从理论的视角对行为现象和存在问题进行分析。

第二，农村幼儿教师更希望培训内容的设置配之以对应的培训方式。比如，若培训内容针对环境创设，则培训方式应侧重于案例教学和观摩考察；若培训内容针对幼儿园教育政策和法规解读，则培训方式应侧重于专家讲座和研讨交流。

第三，农村幼儿园希望培训内容能够从面向群体到关注个人。由于目前的培训往往以集体的形式进行，实施捆绑式培训，所有参加培训的教师学习同样的内容，忽视个人之间年龄、知识、能力、地区的差异。因此，有很大部分教师强调关注教师个体，关注个体的特点和需要，在理论和实践两个方面分别有专门的人员提供知识和技能个别专门指导。

六、培训建议

在对农村幼儿园教师参加培训现状、培训内容需求和培训方式需求分析的基础上，从培训内容和培训方式上提出了针对农村幼儿园教师培训改善建议，即从培训的内容上彰显农村幼儿教育特点，紧抓农村幼儿教师在理论和实践中存在的问题，突出培训内容的实践性和个体差异性。从培训方式上，采用多种灵活的培训方式，发挥幼儿教师参与培训的主体性，培训方式由群体面向个人，实施“影子培训”。

（一）培训内容

培训内容是教师培训的核心要素，是实现教师培训目标的核心载体，是衡量培训单位和培训者专业水平的重要标志。合理设置培训内容是转变培训方式、提高培训工作专业水准和实施高效培训的关键要素，也是提高农村幼儿教师培训质量的重要保证。针对本次调研，在培训内容上提出以下建议：

1. 培训内容彰显农村幼儿教育特点

农村所处的地理位置和资源条件限制使得农村幼儿教育具有其独特性，培训内容设计要凸显农村特点。在理论上，引导幼儿教师开发适合本园的课程，利用乡土资源开发游戏和教玩具等。在实践上，介绍和展示全国优秀农村幼儿园的特色，带领她们参观附近具有特色的地方农村幼儿园，吸取其办园经验。

2. 培训内容紧抓农村幼儿教师在理论和实践中存在的问题

教师对培训内容的需求很大程度上反映着教师在工作实践中的困惑与问

题，以及教师认为自身存在的不足。正是这些难以解决的问题、困惑以及自身的不足，使得教师期望通过培训使自身在这些方面有所提高。因此，培训的内容应该紧紧围绕农村幼儿园教师在理论和实践中的问题，针对其需要，有的放矢地设置课程，以改善和提高农村幼儿教师的能力要素。

3. 培训内容突出实践性

幼儿教师培训在内容上存在着重知识、轻实践能力等问题。培训过于理论化也成为阻碍教师参加培训的主要因素。访谈中亦有很多老师认为培训内容回到实践中很难加以运用，可操作性较低。要突出培训的实践性，培训的内容应该注重培学前专业能力和技能的培训，设置一日生活保教、环境创设、教学活动设计、园本课程开发、观察与评价技巧等实践性强的课程。

4. 培训内容针对学员的个体差异

农村幼儿教师由于所处环境以及教育对象的不同，其个性发展、学习与教学特点均有其独特性，因此有必要建构符合农村幼儿教师实际需求的培训内容体系，这是提高农村幼儿教师培训实效性的关键。一方面，由于农村幼儿教师水平参差不齐，起点和要求也不尽相同，在培训中还需要根据不同层次教师的需求制定不同的培训目标，并为不同层次的教师提供更具针对性和实用性的培训内容。比如，根据幼儿教师的教龄、专业背景的不同，设置不同的课程，分组进行教学；另一方面，由于教师个人的关注方向、需要、兴趣的不同，培训应开设选修课程，让参加培训教师有更多的选择机会，灵活安排时间。

（二）培训方式

培训方式是达到培训目的的根本途径，根据参加幼儿教师的实际情况，结合培训内容，采取灵活多样的培训方式，让参加培训人员从不同的方式中获得不同的教学体验。

1. 发挥幼儿教师参与培训的主体性

目前，农村幼儿教师培训大多采取集体讲授的形式，忽视教师参与的主体性，教师大多处于被动接受状态，很少有与专家、优秀教师进行讨论、交流的机会。只有改变我们对教师的培训方式，教师才会改变她们对幼儿的教育方式。这就有必要突破原有的培训模式，充分开展参与式培训。参与式要求培训者和学习者共同承担学习任务，共同承担责任，强调的是学而不是教；

它主张以行动促进理念的转变，强调培训活动以教师为中心，融新的理念和知识于培训之中，通常使用的方法有小组研讨、案例分析、课例研究。

2. 采用灵活多样的培训方式

培训方式灵活多样化是实现高质量培训的重要保证。首先，在培训中使用多种培训方式，如专题讲座、案例评析、教学观摩与实践、教学论坛、经验交流、自主研修课题研究、读书指导等方式。其次，培训方式的选择要与培训内容相匹配，要求培训者仔细研究培训内容，选择最适匹配方式或方式组合，使教学成效最大化。最后，灵活安排培训方式，将理论和实践有机结合，如观摩—专家点评—学员总结反思，即先进行观摩，然后专家对其中的教育事件进行点评，从理论的视角对行为现象和存在问题进行分析，最后学员总结反思。也可以实行专家讲座—讨论分享—专家点评的方式，即专家对专题进行理论专题讲座，学员就该方面的存在的问题与看法与专家、学员交流共享，最后专家再此问题进行讨论。

3. 培训方式由群体面向个人——“影子培训”

“影子培训”也称“体验培训”“跟岗培训”，即安排双向指导教师，一方面，跟岗基地学校从职称、教龄、业务能力等方面综合考核，选拔优秀教师作为指导教师，研修学员全程跟踪指导教师的教育教学全过程，“如影随形”地完全融入优秀教师的教学生活，以便于他们更全面、更深入地了解优秀教师的教学理念、教学过程、教学方法。另一方面，选拔优秀的学前教育研究方向的高校教师作为学员理论指导教师，解答其实践困惑，提出新的实践目标要求，加速学员理论和实践的双向内化。

（三）培训特色

1. 课程设置重幼儿教师的需求

针对农村幼儿园存在的课程小学化倾向进行针对性预防，并从幼儿园教师专业标准、幼儿游戏设计、活动区创设等贴近幼儿骨干教师需求的内容设置培训课程，同时设置一定量的选修专题，满足学员不同培训需求。

2. 培训方式注重参与、互动和体验

根据成人学习特点，幼儿教师专业背景、教龄等不同，实施小班教学，组建学习团队，主要采取参与式、小组互动交流、体验式学习等培训方式，注重学员的学习体验和学习收获。

3. **任务驱动贯全程**

研修期间以任务驱动促进学员积极主动学习，结合不同阶段的研修要求，每个阶段都有逻辑联系紧密的任务清单，促进学员积极参与到培训中来，提高培训的实效性。

4. **多轮互动交叉换**

将集中培训和跟岗研修各分为两段，二者交叉轮换进行，即将四个阶段调整为：集中研修+影子实践+集中研修+影子实践+总结反思+跟进研修六个阶段，防止了“培训疲劳”，提高了培训质量和效率。

参考文献

［1］高闰青．“国培计划”置换脱产研修项目培训体系的构建［J］．西北师大学报：社会科学版，2011（3）．

［2］穆徒恒．实施“国培计划”置换脱产研修项目的前期调查研究——以贵州省为例［J］．吉林广播电视大学学报，2011（5）．

［3］卢红博．论农村幼儿教师的专业成长——关于幼儿教师国培计划（2011）实施的思考［J］．继续教育研究，2012（6）．

［4］左瑞红，姜珊珊．农村幼儿园教师的个人培训需求分析——以黑龙江省“幼儿教师国培计划”为例［J］．继续教育研究，2013（7）．

（作者系贵州师范学院教育科学学院教师，贵州教育发展研究中心研究员）

项目来源：贵州省基础教育课程改革研究中心、贵州教育发展研究中心，贵州师范学院2013年“国培计划”专项课题。

【贵州教育史研究】

论石门坎教育繁荣的历史背景及其表现形式

赵　涛　杨显燕

一百年前，英国人伯格理（Rev. Samuel Pollard，1864—1915）来到石门坎，开始兴办贫民教育，创立石门坎光华小学。创制苗文，推广苗汉双语教学。修建足球场、游泳池，重视体育教育，推广农业栽种技术，兴办孤儿院，麻风病院等。从1902年至1949年，石门坎光华小学培养出了几千名小学毕业生，数百名中学生，三十几名大学生，2名医学博士。部分学生成为了新中国的高级干部和县处级干部，为贵州省的社会主义建设建立了人才储备。不管伯格理的主观目的是什么，我们应当看到在当时的时代背景下，主要凭借石门坎当地各族群众自己的力量，伯格理建成了现代化的小学、初级中学，使黔、滇、川3省上万名青少年接受了规范的初等教育，使数万名当地群众完成了扫盲教育，为苗族、彝族培养出一批高级知识分子。石门坎见证了贵州教育历史上的繁荣辉煌。这些成功的教育形式是伯格里教育思想的具体表现，也与当时国际国内历史现状密不可分。

19世纪末，随着西方各国资产阶级革命相继成功和资本主义生产进一步发展，《共产党宣言》指出："不断扩大大产品销路的需要，驱使资产阶级奔走于全球各地。它必须到处落户，到处创业，到处建立联系。""资产阶级，由于开拓了世界市场，使一切国家的生产和消费都成为世界性的了。……物质的生产是如此，精神的生产也是如此。各民族的精神产品成了公共的财产。"英国的大炮轰开了清王朝闭关自守的大门，迫使封闭的清朝与日新月异的世界接触。1887年英国是世界上的殖民强国，它和其他资本主义国家一样，都尚未发展到帝国主义阶段。掌权的资产阶级更加注重利用宗教工具加强统治。当时马克思主义还没有传入中国，中国无产阶级虽已产生，但尚没有壮大到能够登上历史舞台的地步。因此，宣扬来世还可复生的宗教理想的《圣经》就成为了伯格理进入中国传教的敲门砖。西方资产阶级向东方封建帝国侵略扩张为柏格理远渡重洋，深入到中国西南边陲进行宗教传播工作提供了社会动力与物质基础。[1]

20 世纪初的石门坎，据石门坎《溯源碑》记载：“天荒未破，畴咨冒棘披荆，古径云封，遑恤残山剩水。”[2]普通百姓生存环境极度艰难。石门坎的苗族，俗称大花苗，约在宋、元时期辗转迁徙到威宁。他们祖祖辈辈就在封闭落后、交通不便的艰苦环境中刀耕火种，繁衍生息。在经济上苗族人民没有自己的土地、树木、矿产等生产资料，长期过着“柴火当棉袄，蕨根当粮草”的困苦生活，“收获甫毕，盎无余粒，此债未清，又欠彼债，盘剥既久，田地罄尽[3]。”在政治上他们是封建地主、土司的农奴与奴隶，地主和土司可以随意掠夺他们的牲畜、房屋、粮食及生命。文化上，苗民们祖祖辈辈没有受过教育[4]。当地苗族群众政治上受压迫歧视、经济上极端贫困、文化上愚昧落后，宗教信仰上蒙昧盲从。他们所崇拜的万物——山石、草木、野兽和所实行的巫术，未能使他们脱离困顿的生活。觉醒的苗族同胞渴望改变他们悲惨的命运。就在这时，伯格理来到了石门坎。由于石门坎地区距昭通城七十余里，煤藏量大，水源丰富，地势平缓，是连接昭通、彝良、威宁三县苗族地区较适中的地方，也是昭通至镇雄必经的大道。伯格理经过实地考察之后选定石门坎地区建立教会学校。社会环境的历练，苗民自发的强烈渴求，相当便利的地理条件，为伯格理的进一步工作提供了适宜的土壤，也给他在少数民族地区兴办教育提供了内在动力。

毋庸置疑，传播基督教思想是伯格理来到石门坎的主要目的。但面对民风彪悍、受教育程度极其低下的当地民众时，如何将自己的工作开展起来，解决当地群众的教育问题成为摆在伯格理面前一个亟待解决的难题。智慧的伯格理先从帮助创造苗族文字入手，编写扫盲课本，嵌入英语教学，普及科学知识，创办夜校。穿当地人的服装，食当地人的饭菜，尊重当地人的习俗，创办学校和医院，凝聚人心。由于伯格理青年时代在英国受到的公学教育等原因，他在贵州石门坎当地进行了一系列开天辟地、石破天惊的教育教学活动，倡导男女平等，实行男女同校；重视体育教育，强健学生体魄，修建游泳池和足球场；结合当地实际，创立近代贵州农业实用职业教育，推广农业科学栽种技术，提高农业产量；提高生活质量，创办医院，拯救当地百姓性命等。伯格理所作所为，让当地少数民族群众认识了西方文明，看见了生活的希望。客观地说，他在近代中国这样一个政治、经济和文化状况都极其低下的历史时期，尤其在位于中国西南偏僻闭塞的石门坎创造了教育的奇迹。[3] 本文主要从林伯格理教育奇迹的表现形式来系统阐释。

一、在苗族地区创办学校

从 1905 年春开始，伯格理开始筹建学校，并在当年的 11 月建成了石门坎的第一所教堂兼学校——光华小学。此后在伯格理和其助手们的共同努力下，办学规模不断发展壮大，形成了一个以石门坎为中心的教育体系。之后成立的小学均称为“光华小学某分校”。据统计，到 1920 年，在滇东北、黔西北就建成了 34 所小学。到 1949 年时，黔、滇、川交界民族杂居的乡村，已建成了 80 多所中小学，1 所初级中学。当时海内外学者称云、贵、川三省交界的乌蒙山区的石门坎为“西南苗族最高文化区”“文化圣地”。据论述：“他在山里紧张工作的 11 年期间，开办了 23 所学校，现有一千多名学生就读。这组数字令人鼓舞。”[4]

二、倡导教育公平、推行大众教育

伯格理秉持着每个人都有接受教育、学习知识的机会。人人应该受到平等的的教育，不分男女，不论贫富，一切儿童都应该进学校读书的理念[4]。伯格理不仅组织学生在校学习，对于那些没能到学校读书的成年人，伯格理利用苗文推进苗寨的扫盲工作机会，组织开办“平民学校”，让苗族信徒在礼拜堂的晚上分班学习，通读苗文《平民夜读课本》，实现基本扫盲目的。此外，伯格理还举办苗文短训班，培养 400 多名骨干人员，让他们在更大的范围内组织信教群众学习老苗文。当时的石门坎，女孩子进入学校接受教育是闻所未闻的事。伯格理将女孩子也纳入了他的教育对象，开创了贵州近代男女同校的先河。这些开创性的工作，为以后石门坎成为“西南苗族最高文化区”及上万名苗、彝各族群众接受初等教育，并为苗族培养了许多高级知识分子奠定了基础。

三、科学文化知识的引入

过去的石门坎由于落后的政治、经济、文化等原因的制约，生活水平低下。当地各族群众虽然从事艰苦地劳动，仍然无法解决温饱，生活艰难。伯格理初到昭通就“力主输入西方科学和兴办教育”。[5]学校里传授中文、英文、历史、地理、数学、物理、化学、生物、生理、体育、音乐、美术等科学知识，把东西方文化直接传播到苗族地区，促进了苗族文化科学的进步。受伯格理早期英国公学教育的影响，他认为，古典人文课程和宗教课程的学习，让学生形成彬彬有礼的举止、学者的造诣、学识、智力及措辞的机智，以及宽容平和的心态面对生活和他人。

提倡文明习俗。伯格理和他的助手们在苗族地区极力改革由历史原因给群众造成的落后婚俗和生活习惯，提倡合理婚龄和牢固的一夫一妻制、利用餐桌餐具吃饭、洗脸洗澡洗衣服、人畜分屋居住，使用厕所、取消耗财物费时间的多神祭祀、有病求医不请巫师等。创办医院、孤儿院，筹建麻疯病院、救济麻疯病人，推广先进的农业栽种技术和织布技术等。这些具体措施加速了苗区的文明化进程。

四、引入现代体育

石门坎的教育的一大亮点就是闻名遐迩的体育教育。无论是伯格理还是他的继任者，都受到英语公学体育教育的影响，在发展教育、文化、技术、经济的同时，把体育放在很高的位置加以重视。学校除了开设有文艺课、体育课，还开展足球、篮球、乒乓球、排球、游泳、爬山、拔河、田径、骑马、舞蹈、歌舞等多项活动。学校完全按照现代标准设置的运动会，成为石门坎在当时最引人关注的盛事。每年的端午节，石门坎都要举行全民运动会、歌舞会，进行数十个项目的体育比赛。伯格理认为，崇尚体育的目的是培养学生平等竞争的进取心、团队协作的精神和坚忍不拔的毅力，在对学生性格陶冶的同时，达到体育强身的目的。[6]

五、注重高层次人才的培养

伯格理并不仅仅满足于在苗族地区实现扫盲，他更关注于苗族地区文化水平的提升，经济状况的持续改善，因此，他在石门坎地区不但实施了扫盲教育，还将教育提高到为当地社会培养高层次人才的战略高度，这也是伯格理在石门坎地区教育的又一大亮点。伯格理等人坚信，要提高苗族群众的文化水平，增长其知识就应使他们与外界接触，甚至到外国去留学。为此，伯格理和他的同事搭建了一条精英培养的渠道。他们把石门坎光华小学的优秀毕业生，由教会出资送到毗邻的云南昭通、四川华西等国内较为发达地区，甚至英国、日本等国外进行培养。通过这种模式，培养出来很多精英人才。如医学博士吴性纯、张超伦，教育学士朱焕章等。正是这些人才的培养，为伯格理之后的石门坎地区教育的可持续发展奠定了良好的基础。

六、创制苗文、实施双语教学

石门坎地处偏远的山区，苗民与外界接触稀少。由于没有受过教育，加之没有自己的文字，无法有效开展教学。伯格理记述到："每天苗族人前来，我一直在努力学习，试图掌握他们的语言，如果想教他们而又不懂他们的语言，那真是难上加难的事情"[7]。后来，伯格理组织杨雅各、张武、李司特凡在拉丁字母的基础上共同创制了简明易学的老苗文还以此为基础组织编译了一些苗文课本。如《苗族原始读本》，是这一时期伯格理进行平民教育的主要教材。学校还出版了苗文报。苗族人学会了通信、记账，记录民族歌谣、故事和传统知识等。从此，苗族的传说、历史、文化的传承得以书面的形式实现。伯格理和他的助手们合作，用老苗文翻译了《圣经》和赞美诗，旨在通过苗文学习，进行苗语、英语双语教学，教学效果非常显著。苗文的创制，使石门坎学校成为我国民族地区第一所双语学校。从此，学校的教师，无论是汉族人，苗族人、还是英国人，他们都努力学习苗语，课堂上用双语实施各科教学。至今，石门坎当地年长者的英语程度都很高。

七、发展职业教育，造福当地人民

除了讲授现代知识，石门坎教育者们重视在当地开展农业实用技术教育。伯格理得继任者们还建立了手工业和农业实业推广部、毛纺厂、医院、小农场、邮政代办所等，推广科学的农业栽种技术和纺织技术，建立供水系统等。石门坎创新地拓展了教育的功能，造福了当地百姓，它见证了教育改变生活的永恒箴言。

诚然，伯格理来到石门坎传播宗教思想是他的主要目的，这无疑深深打上了中国那个时期半封建半殖民社会受外国列强欺辱的历史烙印。但在石门坎，他入乡随俗，着苗装，学苗语，赢得当地百姓的鼎力支持。他坚定不移、百折不挠、千方百计地帮扶当地百姓和办学精神确实值得我们教育界人士认真学习，追寻他的平等教育思想，学习他的睿智教学方法，更要学习他面对现实、造福百姓的创新教育理念。

十年树木，百年树人。石门坎在较短的时间内就收获了教育的丰硕果实，成为西南苗族最高文化教育中心，实属不易。石门坎的教育繁荣无疑是受益于伯格理丰富的教育思想的指导引领，同时，对我们今天大力发展民族地区教育也同样具有现实的指导意义。

参考文献

［1］朱慧群. 21 世纪中国百部苗学文库：贵州石门坎——开创中国近代民族教育之先河［M］. 北京：中国文史出版社，2006.

［2］母进炎. 中西文化的交汇点上［J］. 毕节高等专科学校学报，1999（1）.

［3］董丛林. 龙与上帝［M］. 北京：生活·读书·新知三联书店，1992.

［4］沈红. 石门坎文化百年兴衰［M］. 北京：万卷出版公司，2005.

［5］王树德. 石门坎与花苗［J］. 东人达，译. 贵州文史丛刊，1998.

［6］GLENNERSLER H，PRYKE R. Public Schools［M］. London：Fabian Society，1964.

［7］甘铎理. 伯格理日记［M］. 东人达，译. 昆明：云南民族出版社，2003.

（赵涛系贵州师范学院外国语学院教授、贵州教育发展研究中心研究员，杨显燕系贵阳女子职业学校教师）

项目来源：贵州威宁“中国石门坎”伯格理教育思想研究。

清代黔东南苗疆学校教育类型及其影响研究

马国君　李红香

清代黔东南苗疆腹地大致在黎平府以西，都匀府以东，镇远府以南，庆远府以北等广大地区，范围包括今榕江、从江、三都、丹寨、雷山、台江、剑河等地，面积达2万平方千米。清雍正以前，这一地区为接触汉文化不多的“生苗”地。后鉴于西南局势变化，雍正帝在此推行了开辟苗疆军事行动，并置“苗疆六厅”，为巩固统治，避免冲突，朝廷在此推行教化为先，学校为本之内地传统教育机制，对推动当地的经济文化的发展，社会的稳定发挥了积极作用。

查阅学界研究成果，目前，对此题域有所涉及者主要有：《黔东南苗族侗族自治州·教育志》《贵州古代教育史》《贵州教育史》《贵州：教育发展的轨迹》《论清代贵州义学的发展》《清代黔东南民族地区的苗疆义学》，等等。为了深入这一问题的研究，本文拟从黔东南苗疆学校教育类型与特点，学校教育对其影响诸方面加以说明，以求教学界方家。

一、黔东南苗疆学校教育类型、特点

雍正朝开辟黔东南苗疆后，为巩固其成果，避免雍乾苗民大起义等类似事件的产生，贵州地方官吏拟建构一文化对话机制，以缓和民族之间的矛盾，这就是在苗疆建立内地学校教育机制，拟通过推行儒学教化之策，以达文化认同。鄂尔泰、张广泗上《设立苗疆义学疏》云，贵州“上下两游新疆绵延二三千里，人户不下数十万”，“于抚导绥戢之余，必当诱植彼之秀异者，教以服习礼义，庶几循次淘淑，而后可渐臻一道同风之效”。进又云，“训诲新附苗人子弟，实为振励苗疆之要务”。杨名时在《绥定苗疆方略》中亦云，“驭夷之道，贵在羁縻，服贰之方，务彰诚信，止戈所以为武，惟德足以感人”等。材料中“上下两游新附苗疆”，“苗疆”等，即指雍正朝新开辟的黔东南苗疆。“德”，即“德化”，但要推行德化的方式就是推行学校教育。康熙初年，贵州巡抚田雯上疏云，贵州苗疆“穷荒固陋，必祟文治而后可以正人心，变风俗”等。故清代，朝廷在黔东南苗疆建立了各类地方官学教育，类型主要有书院、厅学、义学、社学、私塾等，现即以此为序，展开述之。

（一）书院

书院起于唐代，盛于宋代，是古代中国的内地传统教育模式之一。雍正朝黔东南“苗疆六厅”[①] 设置后，书院在此也随之建立。乾隆五十六年，朝廷就在清江厅建有柳川书院，该书院位处清江厅厅治所在地，为清江通判胡章建所建。古州厅建有榕城书院、龙岗书院、文峰书院等，其中榕城书院位于古州厅城，为贵东道于克襄重建。龙岗书院于光绪三年系贵东兵备道易佩绅等建。此外，台拱厅有台阳书院、拱辰书院、莲花书院等。八寨厅有龙泉书院，丹江厅有鸡窗书院（后改为义学）、丹阳书院等。光绪三十三年，三都厅还创办了合江书院（一年后停办）等。

书院是中国古代官学的重要机构，“苗疆六厅”书院全系官办，设有山长，山长由学识渊博、品行端正，具有礼教的人担任。下设斋长、课长和儒师。斋长负责学规制度的制定和管教。课长、儒师传授《四书》《五经》要义，习作八股文及诗词歌赋，并谈论时政。“苗疆六厅”书院的建立，有利于传播内地儒家文化，对于推动当地的文化发展，培养苗疆官学人才发挥了积极作用。

（二）厅学

清代在新开辟苗疆，置“六厅”后，就学校教育类型言，还有厅学，查阅典籍后发现，“苗疆六厅”的厅学教育不甚发达，而且厅学建立的时间都较晚。如道光十三年朝廷置古州厅学（位处今榕江县），道光十八年置八寨厅学（位处今八寨县）等，其他四厅目前还没有发现相关厅学教育的记载，还有待学界进一步发掘。厅学教育是“苗疆六厅”学校教育的类型之一，但与义学、书院诸类学校教育相较，发展甚为薄弱，影响也小。

---

① 黔东南苗疆六厅，即雍正朝开辟苗疆进程中设置的古州厅（今榕江）、都江厅（今三都）、八寨厅（今丹寨）、丹江厅（今剑河）、清江厅（今雷山）、台拱厅（今台江）等。

（三）义学

从历史资料来看，“苗疆六厅”的主要教育类型是义学。义学一般是指私人捐资，或用祠堂、庙宇等公产创办，吸收贫民子弟入学的学校。如前文言，由于清廷经营未善，诱发了多次黔东南苗民起义，最终使统治者改变了以往的单纯军事统治政策，提出了设立苗疆义学，以达教化，以变苗俗之目的。鄂尔泰、张广泗等言，在“新开苗疆“设立义学，以教化苗民子弟，进而以“振励苗疆之要务”。① 鄂尔泰、张广泗与贵州学政晏斯盛等联名，奏请在古州等地广设义学，以化导苗族。这样苗疆义学在苗疆开辟之初就得以迅速发展，如雍正七年，朝廷在古州厅设义学2所。八年，在大小丹江、八寨等地各设义学1所。十一月又于车江章鲁办义学。次年，朝廷于古州置日月、章鲁、车寨三处各设义学1所。雍正八年置柳霁义学。雍正九年，都江厅有义学1所，永从县下江厅共有义学16所。十一、十二年于乐乡寨、麻蜡子、朗洞等处捐设义学6所等。② 据统计雍正七年开辟苗疆后，清政府为了加强统治，在台拱、丹江、八寨、古州、清江等厅，兴办义学50余所。

乾隆元年，朝廷又置清江义学，台拱义学1所。同知十一年，在都江厅之厅城（上江）、来牛、坝辉、甲找等地建义学12所。十二年，在八寨城乡置义学11所。光绪初年，苗疆义学发展较快，“至义学一项，除台拱、丹江、都江、八寨、下江五厅原设六十九馆。此外，如古州、松桃、清江三厅，新旧共设六十六馆”。这样使得黔东南苗疆义学数量和规模达到了历史最高水平，足见其影响之大。

而关于义学的教学目的、内容和管理方法，张广泗认为，苗疆生苗“声教不通，宜设义学以渐化导”，进而又言，“训课此等苗人，非同内地俊秀，要在开其知识，使渐院礼法”。为了教化少数民族，张广泗要求每处义学都必须首先学习《圣谕广训》，教师逐条讲解，令义学学生熟读牢记，然后再学经书。如果苗民子弟中，能勤勉学习，日有领悟，则令各地方官随时检查，及时嘉赏，以示鼓励。俟数年以后，苗民子弟中有学习进步者，即由地方官中送学政考试。并从中酌取1~2名，以化苗众，达到陶以文教，消其悍顽之目

① 张广泗．设立苗疆义学疏//乾隆，《贵州通志》卷三十五《艺文志·疏》．

② 《黔南识略》卷二十二《古州同知》：182.

的。［清］徐家干言，在苗疆地“置馆，延师设教，牖以诗书，导以礼仪，使之日染月化，则数十百年后习俗混同，斯乱机遮遄已矣”。此外，苗疆义学除了课程授课外，农历每月初一、十五，学生还需集体听馆师宣读《圣谕广训》，参与举行祭祀孔子的活动，学习三跪九叩礼仪等。由此可知，义学在“苗疆六厅”的规模建立，目的就是传播内地传统文化，训谕世人守法和应有的德行、道理，对于增进了解，文化认同，缓和民族矛盾发挥了积极作用。

（四）社学

雍正朝开辟苗疆后，清廷还积极在此兴建社学。社学是清政府的基层官学，带有普及教育性质，办学形式甚为灵活，适合贵州发展山区教育的要求。乾隆登基后，就积极主张发展社学，以化导苗民子弟。乾隆五年，朝廷准在“永从县属之丙妹，开泰县属之朗洞，镇远县后之台拱设社学一所”。民国《贵州通志·学校志四》载：乾隆五年议准“贵州除古州、八寨、威远、水丰、册亨、罗斜等六处，当设立社师。其大小丹江、清江等处应速设立外，所有都江、三脚屯、丙妹、朗洞、台拱、柳霁等处应各设社学一所”。其中，“丙妹、朗洞、台拱、都江、三脚屯、丙妹、朗洞、台拱、柳霁”地当“苗疆六厅”之古州厅、台拱厅、都江厅境内。此外，社学在都江通判亦有设置。

但此类学校到乾隆十年后，温福出任贵州布政使其间，借口苗疆各民族居民不堪教化，要求清廷查禁贵州社学。乾隆十六年，清政府议准温福的奏疏，裁革贵州社学，导致“苗疆六厅”社学衰亡。加之此类教育多在城市，乡民居住较远，难以到学，故读书应试者甚少。《黔南识略》卷九《都江厅》载，都江厅“社学虽设，读书应试者亦尚无多”，等等。

（五）私塾

私塾[①]是我国近代学制建立以前进行基础教育的重要办学形式，从府、

① 清代今黔东南的私塾形式主要有五种，即（1）家馆：由巨家富室，为了培养教育自己的子弟，专门聘请有儒学功底的知识分子来家施教；（2）众馆：由村寨民众推选头人担任学东，召集有子弟读书的家长议定馆规，按蒙童和开讲学生程度高低集资办学，由学东主持馆规，配合塾师施教；（3）义馆：由宗族中的族长利用公产举办，付给塾师报酬，专供家族子弟入学，义馆带施舍性质，多数是贫寒子弟上这类学校；（4）家学，代代相授，父子相传；（5）寺院教育，寺院的历代禅师为门徒拜佛念经，以寺院为教育场所，组织徒弟学经习文，开展佛教的教学活动，以培养门徒和圣童，把佛学教义向社会传播。

州、县城到边远农村都有私塾设置，有的地方普及程度还相当高。就“苗疆六厅”而言，据《黔东南州志·教育志》载，雍正朝开辟苗疆后，“在台拱、丹江、八寨、古州、清江等发展私塾教育”。嘉庆年间，清江厅圭从私塾开办，培养了张氏秀才、举人数世。光绪中年，清江八十溪私塾开办，聘请名师教学，培养了出建国联军第十一军长李世荣等人，这些人就曾发蒙于该私塾，并读完了《四书》《五经》。

私塾由于是蒙养教育，故教师较重视总结教学经验，体察儿童特点，探求教育规律，编写的启蒙教材形式活泼、句式整齐、脍炙人口。识字课本有《百家性》《三字经》《千字文》《弟子规》等。有了一定识字基础后，才开始学习《四书》《五经》和有关的诗文选集。私塾的教学特别注意读书、写字和作文训练。读书又分教书、背书、理书三个环节，读过的书要求全部背诵。在私塾阶段，一般还要求两年读经，三年开讲，五年吟诗作。童生读完《四书》《五经》及诸子百家范文，经过开讲习作后，参加府州县的科举考试，取得生员资格，方可进入书院和府县儒学继续深造。足见私塾作为初等教育的主要形式，“限制条件不多，民众需求使之容易植根基层”，故私塾教育为发展地方教育，培育学术人才作出了积极贡献。

（六）其他

雍正朝开辟黔东南苗疆的目的就是为了维护西南边疆的稳定，故该区域稳定与否直接关乎西南政局。因此，为朝廷重视。但苗族内部社会传统文化与内地的文化差异甚大，一旦操之未当，必会引起苗民反抗。清代，黔东南的雍乾苗民起义、咸同苗民起义就是典型，面对这一情形，一些地方大员提出了加强少数民族头人的教育。如乾隆年间，方显多次上奏朝廷，积极要求朝廷从当地的苗族头人中，遴选一些有能力的和有威望者任命为土官，并就近到官府衙门学习，然后将学习内容在地方层层传达，这对于政府决策畅达，加强沟通，稳定苗疆发挥了积极作用。据《方显奏请于苗疆编立保甲折》记载：“查群苗野性，向无统属，凡有蠢动，寨中即有一二知事，苗头欲行禁止，奈平素无权，群苗罔遵约束，今若就其求抚时，即于各寨编立烟户册，每十人为一甲，择一老成者为甲长，给以委牌。每十甲为一保，择一强干者为保长，给以委牌。凡遇朔望，令保长赴就近地方官衙门听讲上谕，通事、番译，仍量赏盐烟，以示奖励。并令保长回寨，督率甲长，家户谕晓。如此庶群苗各遵约束，而日渐月摩，不出数年，其野性可以渐驯，教化亦可以渐孚矣！”[①]《张广泗奏革除苗疆派累厘定屯堡章程折》亦载，“查苗疆初辟，言语不通，路径不熟，文武衙门各就近选取谙晓苗语，熟悉路径之人”，赴衙门听谕，并“委设通事，令其招徕苗民，宣布化导等事”。[②] 方显、张广泗等人的主张，实际上是据于苗疆实情而奏，也是方显等封疆大吏长期经营苗疆的经验总结。据记载，朝廷对这些地方头人的教育内容大都是清朝法令、儒家传统文化等，故不但能保证法令的畅通，而且还能化解矛盾，形成了文化认同，对于苗疆稳定发挥了积极作用。民国《贵州通志》“土司土民志”记载：清雍正年间，就苗民之随征有功卓著劳绩者，给以世袭土职，并加以训导，“数十年来，各处苗民皆安心俯首，贴然翕服，非复从前之蠢而思动，叛服无常”，“往时虐政减除殆尽” 等。

二、学校教育对黔东南苗疆的影响

从上可见，苗疆的学校教育是以传统儒家思想为主导，在价值体系的构建、思想道德的规范，逐渐建立了以“大传统”文化价值背景下的“苗疆六厅”民间文化价值的“小传统”。“苗疆六厅”生息的主要是百越族系和苗瑶族系民族，就文化构成言，与内地文化相差甚远。清开辟黔东南苗疆后，为了巩固其统治，雍正帝及其后继者特别重视学校教育，希望通过教化以达到“振兴苗疆”，由于政府的积极推崇，故收到良好效果，大致体现如下：

（一）加深了了解，缓和了矛盾

如前言，“苗疆六厅”民族文化与内地文化观念相去甚远，如果没有文化间的互动，冲突就难以避免，影响社会稳定。湖南道员陈宝箴在《代办苗疆善后事宜》云，“欲永绝苗患，必先化苗为汉，除令剃发缴械外，欲令其习礼教，知正朔，先自读书能汉语始”；如“募能通汉苗语言而知书考数十人为教习，或一大寨或数小寨设一义学”；“使苗子弟入学读书习汉语，年长者农隙时亦令学汉语。”同治十一年，清廷正式下达办理下游苗疆善后事宜的“上

---

① 方显．乾隆元年正月十二日方显奏请于苗疆编立保甲折［M］//清代前期苗民起义档案史料汇编（上）．北京：光明日报出版社，1987：132.

② 张广泗．乾隆三年七月二十八日张广泗奏革苗疆派累厘定屯堡章程折［M］//清代前期苗民起义档案史料汇编（上）．北京：光明日报出版社，1987：240.

谕”，说“贵州苗族不明礼教，不知文告，轻骄剽悍，睹斗尚强，是当有以训之”。贵州巡抚林肇元亦云，“贵州军兴多年，苗疆初定，应办善后备事，如苗弃、义学、屯卫三项为风俗、防御他关，均属当时急务”等。鉴于上文所言，由于清政府在新开辟的“苗疆六厅”后到清末，都积极推行内地传统教育，使之向化，习俗渐易夷风。①

乾隆年间，《黔南识略》卷八《都匀府》记载，台拱地区“内辖既久，蛮俗渐更。今男子多有汉装者”。《黔南识略》卷十二《镇远府》记载，清江厅洞苗“习华风，编姓氏，妇女有改汉装者”。《黔南识略》卷十三《台拱同知》记载，境内紫姜苗“男女装束与汉人同……男人多力善斗，近来间从戎立功，而亦渐读书，若初见，不知为苗类也”等。

值得关注的是，“苗疆六厅”的礼俗进一步与内地接近。民国年间，《台拱县文献纪要·苗蛮》记载，镇远府辖台拱厅，自雍正开辟后，风俗习尚濡染华风，“多有读书明理者”。光绪《古州厅志》卷六《典礼志》中的“通礼”就涉及“颁诏礼、授时礼、庆贺礼、迎春礼、行香礼、救护礼、祈祷礼、上任礼、学校师生相见礼、受业弟子见师长礼、士人敌体相见之礼、卑幼见有服尊亲之礼。”“家礼”中有冠礼（择宾、告祖、行加冠礼、行醮礼、行命字礼、笄礼）、婚礼（纳彩、亲迎、谒舅姑、婿见妇父母）、祭礼（祭仪、祀土神、墓祭、祭土地、清明节、中元节）、丧礼、服制等，各种礼制中又有多层次的复杂内容，完全把内地盛行的儒家礼制移搬过来，以期对当地民族起到教化及促进作用。

需要注意的是清朝的法令，经过长期内地学校教育，在此也得到了认同，如在清江厅境内的黑生苗，经过长期的教育，到嘉庆时期，“今亦守法矣”。清江厅、台拱厅的黑脚苗“近亦畏法”等。台拱厅之清江仲家“皆守法矣”。以上材料中的“法”即清朝制定的各类法令制度。与此同时，在清水江流域各类买卖契约中，还存有诸多清代“红契”②，“红契”乃加盖了官府印鉴的契约，足可反映出清代政府法令在处理地方事务中已为苗疆各族居民所认同。

---

① 《黔南识略》卷九《都江通判》.

② “红契”是相对“白契”而言，通常是指加盖了官府印鉴的契约。“白契”是指仅有双方商定，中人作保的民间契约。

（二）推动了内地文化之发展，培养了大批人才

“苗疆六厅”在雍正朝开辟前，社会传统教育主要为“讲约教育”，受内地文化教育影响甚小。就是六厅邻近的文斗寨苗族，在万历年间，当地的苗族也“只知开坎砌田，挖山栽杉，不肯迎师就读，搬子求名，问之四礼，皆昧然罔觉”。材料中的“不肯迎师就读”，指的是没有接受内地儒学教育。“四礼”，即冠婚丧祭等。贵州八寨，在雍正朝开辟前，“所属苗人，不知读书为何事”，开辟之初，“无一人入场应试”。嘉庆年间，《古州杂记》亦载，古州在开辟前“苗人素不识字”等。

清廷设置“苗疆六厅”后，在此大兴内地学校教育，促进了当地的文化的发展，培养了大批人才。乾隆年间，《贵州通志》卷七《地理志·风俗》记载，古州厅设置前，“苗人素不识字……今则附郭苗民，悉敦弦诵，数年来，入郡庠者接踵而起，且有举孝廉者一人。”乾隆年间，《黔南识略》卷二十一《黎平府》记载，古州厅“苗民读书者甚众”。嘉庆年间，林溥《古州杂记》载，厅内“苗民无土司管辖。花衣苗近习汉俗，悉以耕凿诵读为事。”《黎平府志》卷二下《风俗》记载，丹江等处紫姜苗“读书应试，见之多不视为苗者”等。雍正置清江厅后，兴学凡 160 余年间，厅内参加科举考试，“加额进取”为文秀才者就有王香秋、陶玉美、梁玉仁、李莲芳、何明超等人。光绪年间，《古州厅志》卷九《人物志》载，“古州新辟，设车寨义学，月寨义学”后，历多年教育，厅附郭“苗人多能通汉语，悉敦弦调，数年来入郡痒者接踵而起，且有举孝廉一人。”到道光年间，考中进士 1 名，举人 5 名。清江厅邓磨土司子弟杨澜等人经过科举考试，并考中了举人和进士。八寨厅考中进士 1 名等。

此外，地方私塾的发展，还造就了一大批地方乡贤。《三都县志》载，三都烂土的石水馆私塾办学四十余年，启蒙诸多地方名士。普屯的杨步坛私塾，由于教学有方，远近慕名而来求学拜读者颇多。八寨厅义学建立后，出现了莫嘉泽、张德音、莫让三等“学问精纯”，且教授乡里“颇得苗民欢”的学者。《榕江县志》载，榕江县车寨侗族人杨廷芳，自幼勤奋读书。道光二十三年乡试中举，二十五年郑珍任古州训导主讲榕城书院时，廷芳曾从学于郑珍。尔后，杨廷劳笃志经史，性静逸，寡交游，矢志私塾蒙馆，教书育人，一生在古州、铜仁教书为业。留有《鸿嗽遇音》《异言》等。

（三）推动了地方文化的保护

随着内地学校教育在“苗疆六厅”的开展，习汉字的读书人越来越多，一些懂汉文的乡老、歌师把一些石契、口契，甚至少数民族的习惯法诸多内容，用汉字记少数民族语音方式记录下来，这就是汉字文书了。20 世纪 90 年代，中央民族大学在广西融水县收集到一份汉字记侗音《栽岩规例》抄本。该抄本是流传在融水苗族自治县安太乡一带的有关侗族苗族栽岩的手抄本，该文本对融水地区（包括贵州从江县毗邻地区）苗族侗族历史上的栽岩活动及岩规内容作了详细系统的记录。此外与之有关的岩规古本《祖公入境》也是汉字记侗音抄本等。据贵州民族大学龙耀宏教授的调查研究表明，以上诸抄本是现今唯一能见到的汉语记侗音的文本之一。《栽岩规例》古抄本记录时间为同治末年或光绪初年，记录人名潘顺昌，侗族，系贵州黎平县潘老寨人，幼时接受过私塾教育，读过《三字经》《幼学琼林》《增广贤文》诸蒙学读本，懂得汉语，用汉字记录下当时在民间就已经流行的侗族《栽岩规例》等，为后人留下了一份珍贵的地方文化遗产。

需要注意的是，我们在清水江文书研究过程中也发现了诸多用汉语记苗音的地名和人名。查阅张应强教授所编《清水江文书》（第一辑，共 13 册），其中涉及的苗语地名很多，如“穷助”“党周”“党纣”“兄培早”“陪纣”等。据我们的翻译合作者姜绍烈老人介绍，“穷”意为“牢笼”，“助”指代老虎，即“用来关锁老虎的牢笼”，之所以要取这样的地名，原因在于这一地带虎患频繁，意在告诫当地乡民不要冒然接近这一区域。此外，林业契约中的“助”“周”“早”“纣”等都可以指代“老虎”。“党周”，即老虎活动的地方；“兄培早”，即老虎鬼作祟的地方。再如“乌慢”“污漫”等，“乌/污”指代河流，“慢/漫”指代“豺狼”，因而“乌慢”或“污漫”这一地名含意是豺狼出没的河流①。“污晚祯尧”，译为长满梨子树且有豺狼出没的河边等。以上诸汉语记苗语地名不仅见于清水江苗族乡民所藏林契中，在现代出版的地图还仍用这一名字。通过以上汉语记苗语地名，我们可以想象清水江中游地区森林之茂密。据我们的被调查人言，书写清水江文书者大都为上过当地

---

① 文中苗语地名为笔者与杨庭硕教授于 2014 年 8 月 11 日至 19 日在锦屏县加池寨的苗语地名调查，被调查人为姜绍烈、姜志茂等人，通过此次田野调查进一步证实了历史上清水江流域野兽之多，森林之茂密。

的私塾，受过严格的内地教育，故对汉语苗语侗语都很熟悉。值得注意的是，我们在锦屏县做调查时，就发现有一距今百余年的私塾，这些私塾培养诸多地方人才，很多都成了清水江文书的著名写手。

从上可见，随着苗疆教育的发展，人才的培养，不仅加强了苗疆与内地的联系，促进了当地的经济文化的发展，对于民族地区的社会稳定，中华民族的文化认同发挥了积极作用。

三、结论与推演

黔东南苗疆腹地山地纵横，峰峦叠嶂，沟壑河流遍布，加之生息其间的各民族居民的民族文化、经济发展模式与中原甚大，故经营这样的民族地区，宜提倡多规格、多层次、多类型的经营模式，然推行教育，化解矛盾，增进文化认同无疑就是一种最好对话机制。故为防止文化冲突，清代在此设置了书院、厅学诸类型学校教育模式，通过教育，不仅巩固了开辟苗疆的历史成果，而且还有利于内地传统文化在苗疆的传播。经过长期的历史磨合后，这样的学校教育模式还促进了民族间的文化交流，加深了认识，缓解了矛盾，使得苗疆内各族人民的风俗习惯开始向内地主流社会文化靠拢，这样的文化靠拢，对推进当地的文化发展，加深与内地民族的交往，促进文化认同发挥了积极作用。因此，仔细揣摸苗疆内地学校教育推行的历史过程，总结其间的历史经验与教训，对于我国当前建构和谐的民族关系，推进民族教育具有积极意义。

参考文献

［1］马国君．论康乾时期西南边政的决策调整——以“驱准保藏”之战为转折点［J］．贵州民族研究，2010（1）．

［2］贵州省文艺研究馆．贵州通志·前事志（第三册）［M］．贵阳：贵州人民出版社，1991.

［3］张羽琼．贵州古代教育史［M］．贵阳：贵州教育出版社，2003.

［4］孔令中．贵州教育史［M］．贵阳：贵州教育出版社，2004.

［5］黔东南苗族侗族自治州州志·教育志［M］．贵阳：贵州人民出版社，1994.

［6］张羽琼，等．贵州：教育发展的轨迹［M］．贵阳：贵州人民出版

社，2009.

［7］贵州省台江县老纂委员会．台江县志［M］．贵阳：贵州人民出版社，1994：585.

［8］徐家干．苗疆闻见录［M］．吴一文，点校．贵阳：贵州人民出版社，1997.

［9］范连生．清代黔东南民族地区的苗疆义学［J］．教育论坛，2013（3）．

［10］佚名．黔东南州志·教育志［M］．贵阳：贵州人民出版社，1994.

［11］佚名．黔东南苗族侗族自治州州志·教育志［M］．贵阳：贵州人民出版社，1994.

［12］贾永坤．论黔东南地区私学教育发展的特点及其影响［J］．濮阳职业技术学院学报，2010（6）．

［13］刘锋．百苗图疏证［M］．北京：民族出版社，2004.

［14］龙耀宏．“栽岩”及《栽岩规例》研究［J］．贵州民族学院学报：哲学社会科学版，2012（3）．

［15］李红香．湘黔桂毗连地带历史时期的“契”与文书的关联性研究［J］．贵州大学学报：社会科学版，2014（3）．

［16］张应强，等．清水江文书（第一辑②）［M］．南宁：广西师范大学出版社，2007.

［17］古永继，等．清代外来移民对黔东南苗疆习俗变化的影响．西南边疆民族研究（第十五辑）［M］．昆明：云南大学出版社，2014.

［18］佚名．三都水族自治县志［M］．贵阳：贵州民族出版社，1992.

（作者马国君系贵州大学中国文化书院教授、贵州教育发展研究中心兼职研究员，作者李红香系贵州大学大数据与信息工程学院讲师）

项目来源：国家重大招标课题“中国苗族古经采集整理与研究”（课题号：13&ZD137），贵州省教育厅基地课题《〈嘉庆重修一统志·贵州统部〉整理与研究》（课题号：JD2013003）。

中国近代教育的探路者——严修

司霖霞　代惠丽

严修，字范孙，1860 年生于直隶（天津）。清末曾任翰林院编修、贵州学政、学部左侍郎。他用一生的精力，探索教育改革，把旧私塾改造为新学校，成为中国近代新式“私学”教育的探路者和奠基人。

一、奏准“经济”特科，主张培养实用人才

严修自幼就精通儒家经典。1894 年出任贵州学政，也正是中日战争中国败衄的一年。次年中日马关条约签订，满清政府丧权辱国，更使莽莽神州濒临危疑震撼之秋。严修在贵州听到这些消息，深感“厝火积薪，危若燕幕，感时纡轸，如何可言!”认识到“承敝易变，事有必然”，而自己却是“明知救时才俊，必不出于八股试帖之中，而较短絜长，执以进退。虽职思当然，不自觉其兴味之索然矣!”“朝廷当旁求俊乂之时，学臣有教育人才之责。一筹莫展，负疚滋深!”，因而下决心要“研精课实，以应当事之求”了。

当时，严修受张之洞“经世致用”之学影响很大。严修已痛切地认识到“科举法之弊，人才之衰，至今斯极！若一无变通，似于作育之道亦有未尽”。“近来时局日异月新，泰西诸学，俱为当务之急。”“不此之务，势将不拯!”对昧于时势的陈言积习，必须彻底予以扭转。他也意识到了：“迩日当轴颇务改絃，意者机殆将转乎?”

在这种形势下，严修的思想发生了突破性的变化。他认为，旧的教育体制口不离诗书，所习非所用，所用非所习，言行不一，学用脱节，主张废除科举制度，培养对社会有用的实用人才。1897 年，严修向朝廷递送《奏请设经济专科折》。他在奏折中写道：“词科之目，稽古为荣。而目前所需，则尤以变今为切要。或周知天下郡国利病，或熟谙中外交涉事件，或算学律学擅绝专门，或格致制造能创新法，或勘游历之险，或工测绘之长，统立经济之

专名，以别旧时之科举。标准一立，趋向自专，庶几百才绝艺，咸入彀中，得一人即获一人之用。”

严修奏准开设经济特科之举在他的一生历史中，乃至在中国近代教育发展史上，都占有重要地位。《奏请设经济专科折》被梁启超称作戊戌维新“变化之原点”，废科举制的先声。它不仅切中了科举制度的积弊和要害，打破了通过八股取士的唯一渠道，也为当时学习西方文明和有维新思想与技能仁人志士跻身政治舞台，开辟了一条通道。

二、创建南开私学，落实教育救国的理念

1900 年义和团运动爆发，八国联军入侵天津。他亲眼看到当时地方糜烂、生灵涂炭的惨景，使严修深受震动。此时，他觉察到，时艰势危，当务之急，不仅在于人才的培养与选拔，则应在于民智的启迪与开通。要达此目的，仅靠对旧式儒学和科举制的修修补补是行不通的。必需重新另起炉灶，在传统儒学基础上，认真学习西方资本主义文化科学，采用适合的教育制度、教学内容和方法，创办新式学校，普及国民教育，提高国民的文化知识水平，即变养士教育为公民教育。严修从一个儒学教育的改良派转变为一个教育救国的先行者。

1902 年秋天，严修东游日本，考察日本学校制度、办学理念和办学设施。

从 1902 年 7 月到翌年 9 月共在神户、东京待了一年零三个月。他们参观了日本的大学、小学、幼稚园、职业高中、特殊教育学校、同文书院等。访问了近卫公爵、大隈伯爵和嘉纳治五郎等教育家。严修每到一处，看得都非常用心和仔细，并随时做了记录，深入探讨日本人学习西方资本主义，实行文化改革的经验，特别是在教育思想方面，他所受的启发很大。他很欣赏日人福士所说的“宜采东西文明利器，开我富强”那句话。他对日本前首相大隈重信所说“取人文明，则己之文明自进”，深感“其言简括得体”。他认识到要使中国富强，就必须从普及教育入手；而兴办教育，首先要建立新式学校。因此，当他东游归来，就立即以极大的热情与精力，投入新式教育的开拓与兴办。

严修首先在自己家中办起了严氏女塾，聘来日本人川本教日语、音乐，山口教手工艺，野崎教织布。还设有算术、缝纫各课。同时，在女塾首先宣传推行放足，严修亲撰《放足歌》。《大公报》称严氏女学为“女学振兴之起

点”，为中国近代女性解放提供了契机。与此同时，严修与林墨青、王寅皆集议，创办了民立第一小学堂。

1903 年，严修又与林墨青共同敦促邑绅卞、张两家筹设民立第二小学。天津知府凌福彭、知县唐则瑀约请严修出来，主持创办了官立小学三处。1904 年，在严修的努力推动下，天津除陆续设立了官立小学多处外，又筹设了工艺学堂一所和专为贫寒子弟而设的半日学堂九所。因成绩斐然而得到了直隶总督袁世凯的重视，于是袁世凯力邀严修出任直隶省学校司督办一职。

1904 年 3 月下旬严修赴保定就职，但要求就职前先赴日本考察，遂于 1904 年 4 月间再次东渡，张伯苓偕行。此次赴日，严修主要是参观日本各类学校的规制、设备及课程编制；则重考察了解各学科的教学内容、教学方法及教育行政管理。1904 年 6 月，严修考察归来，更加坚定了“兴学为地方要政，实与钱谷、刑名并重”的理念。不久，学校司改称学务处。次年移学务处于天津分科办事。在一年多的期间内，严修锐意兴学的抱负和才略得到一定的发展和发挥。

1910 年，年已 50 岁的严修弄懂了李鸿章针对做惯了官的人为什么不能做事的问题。李鸿章说，连官都不会做，还能做什么事！袁世凯掌权后，先后以度支（财政）大臣、直隶总督、教育总长等要职，频频请严修出仕襄助，却均被严修婉拒。严修决定将自己的全部精力都投入到创办新式私学当中。并于 1915 年，与张伯苓先后走访参观国内的一些著名大学和相关高等教育机构，为筹建南开大学积极做准备。1916 年，严修、张伯苓开办了南开学校的专门部和高等师范班，因师资匮乏，经费短缺，高等师范班只办了一届。这是南开办大学的滥觞，也是南开最为艰难的一步。为了办大学，严修决定到大洋彼岸取经问道，学习和借鉴美国的办学经验、教育思想。

三、1919 年创办南开大学

1918 年 5 月，严修、范源濂一行来到纽约，与已在美国的张伯苓会合，这是一次有目的的教育考察，目的是为归来后创办南开大学作准备。因而他们的重点是参观学校和访问教育界知名人士。他们参观加拿大的温哥华大学，美国的西雅图大学，芝加哥的高等院校和大学，还有纽约的林肯学校、工业学校、孟禄师范科、哥伦比亚大学和几所中小学，勃提摩的复式小学、中学，访问了华盛顿的参议院、教育局，并深入了解各处的办学情况。在纽约期间，张伯苓深入哥伦比亚大学师范学院研究教育，每日往学校听讲两次，晚上回来，就为严修复述大意，使严修也学习到了一些教育理论知识。如果有时间严修有时也亲自到大学听讲教育课，学习教育理论。

严修、张伯苓等通过对美国的知名名大学，特别是美国著名私立大学的办学思想、办学理念、办学体制和管理方式等方面作了深入细致的考察和研究，在思想上为南开大学的创办作了充分的准备。同时严修、张伯苓在美国还广泛接触了许多中国留学生，为未来的南开大学物色教师，解决师资匮乏问题。

1918 年年底，严修、张伯苓经日本回到了天津。他们对创办大学充满了信心和勇气。张伯苓在南开师生为他们举行的欢迎集会上说："这次我与严范孙先生和范源濂先生先后游美，很有收益。一年多来，考察他们的国情及人民的精神，遂知教育是一国之根本。并且一国的人才全由大学产生而来。现在我国教育不兴，人才缺乏，不禁使人感而思奋，要立即创办大学。"

1919 年年初，严修偕张伯苓为筹办南开大学，不辞劳瘁地南北奔波，又派孙凤藻代表他遍访各省军政长官及教育当局请求鼎助。结果，据严氏日记及南开学校文献所载，募得款项为数不少，1919 年梁士诒、周自齐、曹汝霖认捐 40 万元，黎元洪认捐 1 万元；1920 年陈光远认捐 1 万元，蔡成勋认捐 5000 元，1921 年李纯弟李馨根据李纯遗嘱捐赠 50 万元；1922 年徐世昌认捐 8 万元，1923 年靳云鹏认捐 1 万元。此外，还有李组绅捐助的矿科常年经费与袁述之捐助的建筑资金，严修自己捐赠购书价款 2000 美元，捐地约值 1.8 万元。南开学校自开办到 1927 年止，共获得捐款 120 万元，对南开扩建发展起到了决定性的作用，而严修出力和出钱为最多。

1919 年秋，严修、张伯苓的努力终于结出了硕果——私立南开大学诞生。9 月 7 日、8 日两日，学校举行了招生考试。周恩来、马骏等 96 名学生成为南开大学第一届学生。其中，理科 19 人，文科 49 人，商科 28 人。另有 14 名各科教员。9 月 25 日，南开大学举行了具有历史意义的开学典礼。张伯苓称严修为南开的"校父"，并说："个人真万幸，遇到严先生，在严先生指导下作事"，"我们学校真幸会由严先生发起"。严修先生无愧为南开的"校父"的光荣称号，这不仅由于他以自己的家馆为胚胎，在本宅偏院办起了私立中学堂——敬业中学堂，为南开学校奠立了初基，更重要的是，南开系列学校从大学、中学、女中、小学这整个学系体制的构建，无不倾注着严修的全部心血和精力，特别是南开的早期初创阶段，如果没有像严修这样享有较高的道德声望而又懂教育的人出来号召主持，南北奔走，运筹帷幄，是很难有如此成就的。

严修、张伯苓广纳社会力量创建了全新教育模式南开系列学校，是中国人以自己的力量发展教育的最成功范例，给世人、给时代树立了一个先进的民办教育的典范。严修的办学经验，不但对早期我国新教育制度的推行，起到了非常重要作用，而且对我国现行的教育体制的改革也有一定的启示。

四、现实意义

严修以自己是一名中国学者的身份，通中西之学，通古今之变，以解决中国问题为教育目标，培养解决中国问题的、以爱国主义教育和素质教育为核心的、具有“允公允能”的人才，从而挽救国家危亡和实现国家的富强和独立。他的“教育救国”思想与办学理念历久而弥新，成为中国教育史上宝贵的财富，对今天的教育改革仍有着极为重要的现实意义。

当前，正值《国家中长期教育纲要与发展规划》正式颁布，中国的教育改革向纵深推进。虽然没有了百年前“教育救国”的那种危机感，但是社会对教育的满意度和期望值并不高，教师与公务员相比，社会精英所向往的职业是后者。现在中国的家庭，只要条件允许都会送孩子到国外去，说明他们对目前国内的学校教育不满意。我们的教育正在失去社会的支持。

我国是世界上受教育人口最多，科技人员的数量与美国相比不相上下，但国人却从未折得过诺贝尔奖的桂冠。究其原因，忽视个性、扼杀创造是我国传统教育方式的痼疾。这个问题不解决，我国难以在残酷的国际竞争中取胜。

我国20世纪的“教育救国”，是废科举、兴西学，是解决人才救国的问题，历史证明，教育的确救了中国。但是，当时所引进的西方教育制度，除了少数先进分子如蔡元培（倡导思想解放、学术自由）、张伯苓（校训“允公允能、日新月异”）、陶行知（“教育的目的在于创造”）等较好地接受了西方现代教育思想外，封建的传统教育思想仍根深蒂固，也就是说当时引进西方教育，进行教育改革之时就缺少了除旧布新“脱胎换骨”的重要环节。新中国成立后，教育由政府统一管理，管理方式加强了，但传统的封建教育思想和人才观并没有进行彻底的清除或清除不够。因而，难以培养出大批杰出的创新人才。

面对 21 世纪的竞争，我国的教育改革必须从清除传统的教育思想和人才观入手，弘扬严修、张伯苓的“允公允能、日新月异”的爱国主义精神，推进教育改革，彻底变革传统的教育方式。

第一，必须彻底变革教育思想。教育关乎一个国家的兴亡、民族的兴衰。只有变革传统的封建教育思想，使我国固有的传统教育方式彻底的“脱胎换骨”，教育才会有“创新”，才有培养出创新人才的可能。否则，无论教育的规模如何扩大，对科技的投入如何加大，国家的综合实力都是难以得到提高，难以跻身世界强国之列。库姆斯（Coombs）说：“教育改革要适应技术变革非常迅速的时代。发展中国家仅仅从先进国家引进技术是不够的，至为重要的是培养出自己的技术创新人才。”当今世界“国与国之间的竞争，归根结底是人才的竞争，是创新能力的竞争。一个民族如果不能创新，只是步人后尘，势必受制于人”。

第二，教育要有危机感。因为我国 20 世纪初的民族危机，严修提出了“教育救国”。当年，温家宝总理一再提问：新中国成立 60 年过去了，“为什么我们的大学培养不出像钱学森、李四光、钱三强那样的杰出人才?”这就是中国教育的现代危机。要培养出杰出人才必须彻底改革现有的教育体制，办好教育，让每一个人的创造力都得到自由发展。因为“每个人的自由发展，是一切人的自由发展的条件”。没有个人自由发展的环境，就没有独立思维，就不会有创新，更谈不上杰出人才的涌现。而办好教育的前提是“要尊重学校的办学自主权，教育事业还是应该由懂教育的人办”。

第三，关注农村普及教育。世界许多国家走进现代化，都经历了由农业国家向工业国家转变的历史。而这一转变都是从普及教育入手的，而且多是先从普及农村教育入手的。现在还没有发现哪一个发达国家不经过普及农村教育而建成现代化国家的先例。我国是农业大国，农村人口所占的比重较大，农村人口受教育水平的高低，关系到全民族素质的高低问题，关系到综合国力的提升和国家的现代化。因为当今世界，人才和人的素质建设，在综合国力竞争中越来越具有决定性的意义。

第四，教育是百年大计，需要几代人的默默奉献，任何急功近利的短期行为不但会阻碍教育的发展，甚至可能还会遗患无穷。1986 年开始的美国“2061 计划”，着眼于七八十年以后（2061 年是哈雷彗星再次接近地球的时候）美国公民的素质；张伯苓献身“教育救国”，半个世纪以后其弟子周恩来、朱光亚、周光召、吴阶平、邹家骅……成为栋梁之材，大面积收获已是身后的事。

第五，教育要具有国际视野。严修具有深厚的中国文化底蕴，为了办学，多次到日本、欧美进行考察学习，汲取西方先进文化的营养，学习西方先进的教育理论，形成了他办学的国际视野。严修的办学经验告诉我们：中西会通，把中国文化的根和国际文化的视野有机的结合在一起，教育才会具有国际竞争力。

当前的国际竞争，尽管形式多样，矛盾错综复杂，实质是以经济和科技实力为基础的综合国力的竞争，从一定意义上说，是人才的竞争，也是民族素质的竞争。也就是教育的竞争。邓小平说：“我们国家，国力的强弱，经济发展后劲的大小，越来越取决于劳动者的素质，取决于知识分子的数量和质量。”因此，治本之道，教育改革必须从基础教育抓起，彻底改变中国传统的教育思想和教育方式，提高民族的整体素质。可见，研究严修创办南开私学的历史经验，应是当前教育改革与发展的深沉呼唤。

参考文献

［1］梁吉生．张伯苓与南开［M］．太原：山西大学出版社，1995.

［2］王文俊，等．张伯苓言论选集［M］．天津：南开大学出版社，1984.

［3］周贝隆．百年回首 试论教育救国［J］．教育发展研究，1999（4）：37－40.

［4］司霖霞，梁茂林．严修与天津南开私立学校的设立［J］．贵州社会科学，2012（11）：134－136.

［5］司霖霞，梁茂林．严修在辛亥革命前教育转型中的实践活动［J］．生活教育，2012（4）：31－35.

［6］何幼兰．“新学入黔”的先驱者——严修［J］．贵州文史丛刊，2003（6）：75－77.

（作者司霖霞系贵州师范学院历史与社会学院教授、贵州教育发展研究中心研究员，作者代惠丽系贵阳二中教师）

近代学人杨守敬的学术成就探讨

杜　景

不知是否由于时代的造就，近代文人的多才多艺远非今人所能比，这一点上熟知近代史的人都了解，本文主人公杨守敬就是其中代表，他以黎公莼斋随员的身份驻日为我们所认识，细翻他的生平介绍可知，其精舆地，是杰出的地理学家；善书法，是蜚声中外的书法家；通训诂，是造诣极深的金石文字学家；喜收藏，是近代著名的藏书家；精版本，是卓越的版本目录学家；工方志，是世所公认的方志学家。一人身兼数家，非常人所能比，这么一个智商颇高之人，在人生经历中虽也有经商和入仕的简短时段，但终不为他所喜，毅然选择做学问之路，成为一代名垂青史的大学者。

杨守敬于道光十九年（1839 年）出生于湖北宜昌宜都市陆城镇的一个商人家庭，5 岁时就和祖父在店中“数钱”；11 岁时受祖父之命辍读习商，做祖父店中的伙计，白天在店中经营，夜晚灯下诵书；14 岁时弃商从学，读书实乃他的天性所喜，当然也为学而优则仕，拜学过几位老师，其中荆州江陵人朱景云对他影响最大，“朱氏功书善文，精力绝人，教授严厉”，在朱氏的教诲下，他不仅书法大有进展，为日后成为一代书法家打下坚实的基础，而且还了解了不少“国朝诸儒之学”的知识。

日后虽然满腹经纶，可是科场始终不利，在会试中场场败北。好在京师浓厚的文化氛围使他受到了熏染，他认识到“都中为人文渊薮，乐与赏奇析疑，为学问进步”，开始“智识日开”，这成为他日后学术生涯的重要转折点。在京师，他结识了京官邓承修和潘存，受二人影响，他频繁前往厂肆，购买了大量的碑版、古籍，并且做了抄集整理工作，还亲自墨拓碑文，为他日后在书法和金石学方面的成就奠定了基础。

从 30 岁开始，他的学术成果不断涌现，首先表现在书法创作上。

一、书法成就

杨守敬在书法创作上有很深的造诣，五体皆善，但成就最高的是行楷书，受唐人影响较深，行书颇有颜真卿面貌，同时对汉魏六朝碑版下了很深的功夫，30 岁左右就写出了在中国书法研究史上具有开创性作用的两部著作：《激素飞清阁评碑记》和《激素飞清阁评帖记》，把自秦汉到隋唐以来具有代表性的 384 种碑帖做了系统深入的点评，由此论述了这 1500 年间中国书法艺术的发展轨迹。光绪三年（1877 年），38 岁的他与潘存合作完成了《楷法溯源》十四卷和一卷目录，其中收录了风格不同的法帖 82 本和自汉到唐的 642 块碑刻，所以他笔下流露出的是碑帖结合的感觉，在碑帖并举的理论和实践上具有开启之功。

书法创作讲究笔锋，历代书家主张“笔笔中锋”，但是杨守敬却认为“中锋最宜善体会，非锋在画中之谓也。八面出锋，始谓之中锋。……惟中，故能八面出锋。若非中，则仅一二面矣。”他重视侧锋，“试观二王，有一笔不侧锋乎，惟侧锋而后有开合，有阴阳，有转折，有轻重，有起收，有停顿，古人所贵能用笔者以此”，所以他以侧锋楷笔写出了刚柔相济，碑帖并举的各种书体，既有金石碑碣的古朴苍劲、刀劈斧削的特征，又有法帖秀逸、英姿飒爽的优长，“熔汉铸唐”“独拔艺林”，被世人所推崇，而且由于他身为驻日使馆一等秘书的身份，与日本学者有过多的交游，他所带去的 1 万多件六朝碑版拓本风靡一时，对日本书法界产生了极大的震动。因此，也在有意无意间点化了日本书道，使日本书道发生了有类于政治上“明治维新”的变革，从沿袭上千年的崇尚帖学、追求行草的传统窠臼中解脱出来，走上近代化的道路，因此他被誉为“近代日本书道之祖”。1992 年 8 月，日本书坛领袖、日本书论研究会会长、京都教育大学教授、书学书道史学会副理事长杉村邦彦在杨守敬纪念馆举办的中日联展揭幕式上满怀深情地致辞：“中国和日本有史以来有着悠久的文化交流，在日本，对于中国优秀的文化，作为楷模学习，从而形成了自己独特的文化。杨守敬，诚为大家所周知，他于明治十三年（1880 年）应清廷驻日公使何如璋的延聘来到日本，直到明治十七年（1884 年）归国为止，在这四年的驻日期间，与日本朝野名士亲密过从，在学问、书法等诸领域给予极大的感化。此时，正值日本明治维新之际，正处于走向世界的跃进之中，新兴的意志正在炽热的燃烧，当时日本的近代书道界，由杨守敬所带来的北碑书法吗，作为新兴潮流不可遏止，基于这种意义，杨守敬是日本近代书道的恩人，即使日本的书家，也无不仰其高名，并且从内心尊敬他。”

二、金石成就

杨守敬在金石学方面成就颇多，从同治九年（1870 年）其 31 岁编写金石学著作《望堂金石》开始，之后 30 年中，有《学书迩言》《中国碑碣书谈》《译注邻苏老人书论集》（上下）、《壬癸金石跋附丁戊金石跋、己庚金石跋》《金石图考校补》《三续寰宇访碑录》《寰宇贞石图》（国内第一部照相制版的碑刻图集）、《高句丽好太王碑》《荥阳郑氏碑》等金石学著作达 29 种之多，虽非清末金石学界领军人物，可也却是独辟蹊径、自成一家。

在《激素飞清阁评碑记》自序中，他认为，“金石文字，以考证文字为主，玩其书法次之”，以金石裨史，是他一贯提倡的治学方法，也就是文字来纠失学之错讹，补史学之遗漏。因此，“每有所得，必为之考证。”

比如他将《桑乾镇印》与《隋书》《北齐书》《水经注》等相关材料比较映证，提出北魏有“桑乾郡”而《魏书》却脱漏此郡，补缺《魏书·地形志》之遗漏。根据《东魏蔡俊碑跋》结合《魏书·地形志》和《隋书·地理志》的有关记载，认为《北齐书》和《北史》中的“蔡俊传”中的“扬州刺史”为校书错讹，应为“阳州刺史”；同时，他利用金石学文字来考释历史中的官制、年代、文物典章制度、地方建制等，比如根据《齐乞伏保达墓志》及《阳瑾碑》考释了“镇将”“行台”之官在隋和隋以前的设置情况。在《齐乞伏保达墓志跋》云：“保达所历之官，并与史合。又云：‘诏赠太将军、颍川太守、齐昌镇将。’《隋志》于后齐不载镇将之官，至隋始著之，当以齐时无常制之故，亦犹‘行台’置于魏、齐，而隋代及著其秩。”又《阳瑾碑跋》：“考‘行台’置于魏、齐间，其父为幽州道行台侍郎，而不著其朝代。”

三、访书藏书

光绪六年（1880 年）四月，41 岁的杨守敬应驻日公使何如璋的邀请，携家眷渡海到日本使馆充当随员，当时日本正值明治维新之后，整个社会上掀起了崇尚西学、蔑弃汉学的风潮，所以很多“故家旧藏，几于论斤估值”，这一千载难逢的机遇让杨守敬很好地把握住了。这时他以英语通译的身份受事，其实他根本不懂英语，因此这个职务对于他来说只是一个闲散职务，只拿俸禄，无事可做，所以他有大量的时间日日游逛于东京的书肆，搜购了不少中土稀见的甚至久已失传的珍本秘籍，其中包括六朝及唐抄本以及宋元版古籍。他在给朋友的信中谈道“日本古籍甚多，所见有唐人写本玉篇，又有释慧琳一切经音义，隋杜台卿玉烛宝典，皆抄本，其余秘笈尚多。隋唐以下金石文字，亦美不胜收。彼国自撰之书，与中土可互证者尤多”。不到一年，就已搜得藏书三万余卷，随着访书的深入，他开始从“茫然无津涯，未知佚而存者为何本”的盲目状态转向有意识的结交日本藏书家，利用自己收藏的众多汉魏六朝碑版，与日本收藏家交换其手中更为珍贵的古籍版本。其中森立之最有代表性，他们二人多次交流，彼此虽然语言不通，但是以笔代言，就古书的搜寻、交易、抄录、校勘和刻印进行了交流，并留下了一部珍贵的笔谈录《清客笔话》，原本现藏于日本庆应义塾大学斯道文库。他从森立之处得到了森立之摹写的善本书影数册，后来在其启发下刊刻了《留真谱》。这部书共12 册，影刊了 430 种善本的篇页，是为我国版本学“书影”专书的开始，开创了“古籍版本学上有划时代意义的书影先河”。

他在书肆中还访得了森立之与涩江全善等人合著的《经籍访古志》，这是一本日藏汉籍善本的解题目录，为访书提供了诸多线索。他“按目索之，其能购者，不惜重值，遂以十得八九”，并据此草拟成《日本访书缘起条例》，为下一阶段继续的访书做了准备。光绪七年（1881 年），新任驻日公使黎庶昌来到东京，看到杨守敬撰写的《日本访书缘起条例》，“则大为感动，遂有刻《古逸丛书》之志，”这在《清史稿・黎庶昌传》中有记载：“中国古籍，经戎烬后多散佚，日藩族弃藏富，庶昌择其足翼经史者，刊《古逸丛书》二十六种。”这项工作从光绪八年（1882 年）开始历时两年，耗资三年薪酬，上万两白银，在光绪十年（1884 年）完工，共 200 卷，其所选书籍囊括四部古逸典籍的代表，在版本选择上既有唐朝写本，也有宋元精刻本，甚至包括日本翻刻本、影抄摹本及高丽本等，版刻过程追求精美工艺，整个过程主要由杨守敬负责，黎庶昌说过“校雠之繁而委积于一人”，此人就是杨守敬，黎公也是爱好古书之人，对于所求之书籍、版本、刻工、印刷都有自己的要求，并且撰写《叙目》，讲清版本源流、质量、校勘异同以及在中国的存佚情况等，在书后题跋，在杨守敬的大力协助下，成书后的《古逸丛书》刻印精湛，不仅让日本人深表钦佩，传回国内，也受到诸多赞美，“几与宋椠元刊等视”。

黎公与守敬虽同爱书，但彼此所喜又有不同，所以在成书的过程中二人有些异议，守敬也表达过自己的不满，“黎公本文章之士，于古书源流不甚了然”，“所刻之书，不尽要典，……颇为遗恨。就黎公做主，何能尽如我意”，不过他也对黎公刻印之认真态度颇为赞赏，“今星使黎公访得原刊本上木，一点一画，模范逼真，居然六朝旧格，非显有讹误，不敢校改”。

回顾自己在日本的访书刻书，杨守敬曾十分自豪的对日本朋友说过：“余官贵国四年，无涓滴补国。唯为黎公网络古书，刻《古逸丛书》二十六种，购得隋唐逸书百余箧。此外参考古书，撰《日本访书录》二十卷。此皆宋元诸儒所未梦见，故虽囊橐索然不少悔。”在书籍搜罗上花费了巨额的资金，注定了他晚年生活的寒素和拮据，但是他终不为悔。

作为一个终身以学术追求为念的学人，杨守敬的一生取得了诸多成就，可以算得上晚清乾嘉学派的突出代表，这样的学问人生，相信对于当今的学界人士是有很大的启示的。

参考文献

［1］郗志群．杨守敬传略［J］．首都师范大学学报，1999（4）．

［2］杨守敬．邻苏老人年谱［M］．台北：文海出版社，1996.

［3］杨守敬．三续寰宇访碑录序［M］//杨守敬文集．武汉：湖北人民出版社，1988.

［4］郗志群．杨守敬《望堂金石》版本述略［J］．当代图书馆，1994（1）．

［5］杨守敬．晦明轩稿［M］//杨守敬文集（第五册）．武汉：湖北人民出版社，1988.

［6］郑务本．杨守敬［M］．北京：中国文联出版社，1999.

［7］杨守敬．壬癸金石跋序［M］//杨守敬文集．武汉：湖北人民出版社，1988.

［8］邹华清．论杨守敬在金石学方面的主要成就［J］．孝感师专学报，1998（3）．

［9］邹华清．杨守敬以金石裨史述论［J］．江汉论坛，2003（5）．

［10］杨守敬．日本访书志；续修四库全书·史部·目录类［M］．上海：古籍出版社，2001.

［11］吴天任．杨惺吾先生年谱［M］．台北：艺文印书馆，1974.

［12］杨申清．明清著名藏书家［M］．北京：北京图书馆出版社，2002.

［13］杨宇敬．古逸丛书·覆正平本论语集解［M］//杨守敬文集．武汉：湖北人民出版社，1988.

［14］黎庶昌．古逸丛书序［M］．光绪中遵义黎氏日本东京使署影刻本．

［15］黎庶昌．丛书集成初编目录·古逸丛书提要［M］．北京：中华书局，1983.

（作者系贵州师范学院历史与社会学院副教授，贵州教育发展研究中心研究员）

白铁肩妇女教育活动述论

张大伟

一、白铁肩其人概述

白铁肩（1871—1936），本姓罗，名光懿，号凤卿，贵阳人。其父曾在贵州学政衙门为官，卸职后设官教书以度晚年。当时因受“女子无才便是德”的封建思想的影响，妇女没有受教育的机会和权利。而罗光懿的父亲见她聪明好学，便让她跟在私塾念书，除了读《三字经》《千字文》《四书》《五经》外，父亲还让她念《烈女传》之类的“圣人之学”。此外，还让她习书法，学针线女红[1]。总之，她的父亲是希望把她培养成“上得厅堂，下得厨房”的、知书达理的书宦人家的大家闺秀。

1890 年，19 岁的罗光懿遵照“父母之命，媒妁之言”，与父亲所办的私塾的同学白士艺成婚。在以男子为中心的封建社会，妇女居于从属地位，按旧习，女子出嫁后，女子须从夫姓，即名白罗光懿。家学渊源、博览群书的光懿，后取名人杨继盛的“铁肩担道义，棘手著文章”之意，把自己的名字改叫“铁肩”。至此之后，人们都叫她白铁肩而不知道她原名叫罗光懿。此次改名，表达出她决心改造社会、永担道义的壮志。

罗光懿婚后家庭生活并不美满，虽与其夫白士艺是私塾同学，但两人并没有感情基础，特别是在 1903 年，其夫白士艺中举后，长期在外为官，旅居在外，对家中妻女老母更少有音信和照顾，后来白士艺竟以无子为由（两人婚后育有一女白嘉福），在南京另娶一妾，不再回家，这样照料父母及幼女的责任就落在了白铁肩一个人身上。开始，白铁肩感到命运的不公，但经过深思之后，认识到这种男女不平等的原因，妇女备受束缚的旧俗和遭遇的根源，是女子不能自食其力，依靠男子生活的结果，使她对封建礼教深恶痛绝，同时也深刻认识到妇女解放的重要性。因此，她没有怨天尤人，而是进一步把自己的命运和当时的反清革命结合起来。她深感妇女要求得解放，首先要学习文化，而后才能自主，决心靠自己的知识和双手，做一名独立自强、自食其力的新女性，并带动其他女性寻求自身的解放之路。此后，白铁肩广泛参与社会活动，为妇女争取自由平等的权利。1936 年 6 月，白铁肩因积劳成疾而逝世，享年 65 岁。

二、白铁肩的教育活动

白铁肩的青年时代，是帝国主义列强加紧对中国蚕食、鲸吞和掠夺的时代，人民生活在水深火热之中，民族矛盾、阶级矛盾异常尖锐。当时，中国社会的一些有识之士都在积极探索救国图强的道路，“实业救国”“科学救国”“教育救国”等观点的呼声很高。白铁肩出身书香门第之家，从小就接受了完善的家庭教育，饱读诗书，具有爱国爱民的胸怀。“由于家庭比较开明，她不仅自己接受了新学，而且还获准在家里开馆授课。她认为‘女子无才便是德’的封建礼教，是使女子处于依附男子、受轻视、被虐待的要害。因此，她笃信‘教育救国’，立志要为受尽苦难的姊妹们开辟一条自立、自主的道路。”[2]

1. 开办光懿女子小学堂

“青年时代的白铁肩和许多热血分子一样，关心国家和民族的命运，经常与有同样爱国热忱的女友谭佛侠、黄烈诚、杨镜如等谈论诗文，议论时事并积极接触新思想。”[3]他们辗转借到一些宣传西方资产阶级的政治学说，如严复根据达尔文的《进化论》译改的《天演论》和其翻译的《群学肄言》，也有康有为、梁启超在湖南办的《时务报》，以及秋瑾女士在上海创办的《白话报》等进步书籍及报刊，这些书报打开了她们的眼界，使她们初步受到民主思想的熏陶，受到很大的启发。通过对进步书籍及报刊的接触，她十分钦佩“鉴湖女侠”秋瑾敢于冲破封建婚姻的樊笼，投身革命的气魄。她清醒地认识到，女性未接受教育，思想尚未觉醒，经济不能独立，是女性甘心依附于男子、安于现状被受压迫的根源。女性要解放就要接受教育，她决心以秋瑾女侠为榜样，为争取妇女权利做点实事，唤起妇女的解放意识。于是，她萌生出在家自办私塾的念头。一来可以把自己所学的知识传授给其他女子，再者又可以得到学生的学费以补贴家用，并实现自身的自立、自主。

开始白铁肩仅仅是在家招收学生，收授 10 余名女生，办起私塾。过了几年，她认为有必要让更多的女孩学习知识，接受教育，扩大女私塾规模，招收更多的女学生。她的想法得到了女友谭佛侠、黄烈诚等人的支持，但由于没有办学资金，她们遇到了办学难题。但是，她们并没有就此却步，而是纷纷卖掉自己的嫁妆和首饰，作为办学资金。1907 年，随着招收的女生增多，“家塾的房子不足以充当教室，她们就到双槐树（今护国路）租了几间民房。延请黄烈诚、谭佛侠、杨镜如、董德莹、吴裕如担任教师。”[3]根据这几位好友的意见，学校以白铁肩的原名“光懿”命名为“私立光懿女子小学堂”。白铁肩将其所创办的学校以她的原名来命名，目的在于呼吁女性的觉醒和争取女性受教育的权利，也标志着受浓厚封建传统礼教占统治地位的贵州的妇女解放向前迈进一步。这一空前的壮举，对妇女的觉醒是一巨大的进步，具有很大的现实意义。

光懿女子小学堂第一期，共有 50 多人，分为三个班：一个预备班，一个一年级，一个复式班。“学校还按正规小学规格，开设了国文、算术、修身、格致、习字、音乐、体操、图画、手工、史地等课程。”[3]针对学生不同年龄阶段的要求开设的这些课程，采取了不同的智育、体育、德育方法，以规范学生日常行为，重视学生体育锻炼，提高学生艺术修养和知识的协调发展，培养学生的全面发展。白铁肩的这种经世致用的教育方法，全面发展的培养人才思想，具有积极的现实意义。

光懿女校开办后，白铁肩的工作更加繁重，既要当校长，处理校内各种日常事务，又要给学生教授知识。为了节省开支，自己还要充当学校的勤杂工，维护学校的卫生。更为重要的是，还要与那些持有浓厚封建礼教思想，反对女孩上学读书识字的封建势力作斗争，亲自上门给那些家长做工作，让他们送自己的女儿上学识字。

创校不久，白铁肩受到了一个极大的打击，她的好友之一谭佛侠的婆婆反对媳妇在外授课，认为女人就应该在家相夫教子、侍奉公婆，不准她在外露脸，认为她去授课丢了他们的面子，借口女子办学“有伤风化”，于是把她囚禁在家中。迫于封建淫威，失去自由，陷入绝望的谭佛侠自缢于家中。消息传来，白铁肩悲恸欲绝。“白铁肩先生痛女友死于非命，忿礼教之残酷杀人，乃决定在光懿女校为谭佛侠举行追悼会，邀请社会各界人士参加。”[4]在追悼会中，白铁肩慷慨陈词，声泪俱下，重申妇女有受教育的权利，痛斥“吃人的”封建礼教，在场的人无不为之动容。这次追悼会，唤起不少妇女的觉悟，会后，送女孩来上学的人就渐渐变多了。

1909 年春，光懿女校学生已增到百人以上，原来租用的几间民房已不足以容纳这么多人，于是白铁肩便四处奔波，寻找更大的校址。终于觅得六座碑晋禄寺作为校址，但是这座寺庙的和尚在一部分士绅的支持下不肯让出，白铁肩去勘察校址时几乎挨了寺庙老和尚的打。于是她求助于贵州自治学社，最终在各方妥协下，于 1910 年秋才将“光懿女子小学堂”的校牌在新校址门口挂出，并贴出招生广告，这时报名的人增多，加上原来在双槐树民房的三个班的学生已达两百余人，共办了 5 个班，为光懿女校以后的发展奠定了基础。

1927 年，56 岁的白铁肩感到体力不支，将学校校长通过民主选举，让她培养的学生继任。光懿女子小学学生人数达到最盛时，有师生 500 余人，二十几个班。1939 年，由于抗日战争的爆发，教育局下令光懿女校迁移市郊，由于继任者没有注意办好迁返手续，晋禄寺校址被军队占用，收不回来，光懿女子小学停办。从光懿女子小学堂创立到停办，它为贵州妇女能够接受一定程度的教育作了巨大的贡献。

2. 培养女子教育师资

白铁肩办女校十几年来，感到自己的能力和精力有限，认为只有培养一支师资队伍，才能吸收更多的女孩子上学读书。而这时，省立女子师范还在筹办中。白铁肩高瞻远瞩，1915 年，在光懿女子小学的基础上，从第一期高小毕业学生当中，挑选那些优秀的学生，创办了女子师范讲习班。

白铁肩认为，要培养一批出色的教师队伍，就要先有更好的老师进行教导。所以，在师资队伍建设上，她始终认为良师是教学的基础力量，数次提到良师及教职员工阵容整齐的重要性。为了聘请名师，白铁肩制定了“惟才是聘、诚聘”的聘师原则，多次不辞辛劳、屈膝以求，在她的努力下，聘请贵阳当时知名人士老教师康敬山、杨云卿、萧润生、胡寿山等具有专业知识的老师来担任教学，教授理化、语文、教育学、训育学。规定学生两年后毕业，即充当实习教师。对于部分不能继续升学的学生，她为她们开设了工艺学习班，特聘请技工教授她们操作缝纫机、绣花机，使她们走出校园后有一技之长。

师范讲习班总共办了两期，培养了师资 60 余人，为贵州的妇女就业和妇女解放闯出了一条路子。1920 年，官办的省立女子师范成立，白铁肩认为女子师范已有官方负责，以后女子教师后继有人，她开设的女子师范讲习班再无兴办的必要，于是就中止办女子师范讲习班。

在白铁肩办的两期女子师范讲习班中，能力较强的有杨竹芬、尹素坚、韦简叔、冷体勤、孙瑶姑，以及自己的女儿白嘉福等二十余人。白铁肩经常去听这些见习老师的课，并言传身教，以自己的教学经历来启发她们，并告诉她们："要当一个好老师，首先要热爱学生，关心学生，学生才会尊重你，相信你，这样你的课她们才能接受，你讲的话她们才听得进去。对差生、习惯不好的学生，不能歧视和厌烦，要更加关心热爱她，才能改变她的缺点。"[5]她的教学经验对于如何当好一个优秀的、称职的老师，在今天仍然具有重要的现实意义和价值。

3. 教育妇女不要缠足

晚清时期，资产阶级把不缠足和强种保国、挽救民族危亡联系起来，激发了人们的爱国热忱和参与不缠足活动的积极性。随着资产阶级的进步书刊和书籍传入贵州，资产阶级倡导不缠足的"天足运动"也随之传入贵州这个偏远落后的地方。

辛亥革命成功后，白铁肩开始倡议组织"天足会"。"白铁肩自己是小脚，深知缠足对妇女的摧残和痛苦。"[6]但当时社会对于缠足之害还认识不足，人们仍然沉浸在缠足的"良好传统"之中，一般家长深恐自己的女儿是"大脚板丫头"找不到婆家。尽管当时已有先进分子组织"天足运动会"，开展天足运动，但收效不大。白铁肩经常向学生和学生家长宣传，现身说法地说明缠足之害，并以身作则不给自己的女儿白嘉福缠足，一些亲友和学生都听她的话不缠足了。她所推动的天足运动，"得到省城的达德、复旦、贞静、蕴贞、育英、崇德和淑慎等女校师生的响应。"[7]天足运动在贵阳得到迅速发展，使妇女们免于缠足之苦，这是妇女解放斗争的一大胜利。

4. 通过教育进行幼女救护工作

清末的贵州，有权有钱有势的大富人家，生活优越，达官显贵仆婢成群，而且有蓄婢虐婢的风气。而穷苦人家生活却异常艰难，不得已出卖自己的女儿给那些有权势的人家当奴婢。那些权势之家，对奴婢稍有不如意，就拳打脚踢，甚至用炮烙残害婢女。那些不堪忍受虐待的婢女，多乘机逃跑，但被抓回去之后，又被打得死去活来。鉴于这些可怜的婢女的悲惨境遇，"贵州巡警署在自治社钟昌祚和周培艺两同志的策动下，创办了幼女救护所，收容逃婢，自治社委托白铁肩主持幼女救护所的工作。”[6]该所同设在光懿女子小学堂所在的双槐树林家巷，以便白铁肩从事幼女救护工作，收容人数最多时达到百余人。

白铁肩认为，只有让她们掌握一技之长才能获得独立。她给予这些可怜的女孩以极大的关怀和同情，不但按规定的给养使他们获得温饱的生活，而且教他们读书、习字、珠算、缝纫、烹饪，用办学的精神和方式训练她们，让他们以后有自食其力的能力。这在一定程度上，实现了女性的解放。

终其一生，白铁肩生活在近代社会的大背景下，受西方妇女解放思想的影响，加上个人遭受旧礼教的迫害，她推己及人，把自己一生献给了妇女解放事业。其中，妇女教育是她解放妇女的一个重要途径，通过教育，让她们拥有了自食其力的能力，得以摆脱男权主义的危害。白铁肩在我国妇女解放运动史上应该占有一席之地。

参考文献

[1] 贵阳市政协文史和学习委员会．贵阳历史人物丛书·文化教育卷[M]．贵阳：贵州人民出版社，2003.

[2] 贵阳市政协文史和学习委员会．贵阳文史资料选辑（第2辑）[M]．贵阳：贵阳市政协文史和学习委员会，1981.

[3] 贵阳市政协文史资料委员会．贵州文史资料选辑（总第46辑）[M]．贵阳：贵阳市政协文史和学习委员会，1984.

[4] 贵州省政协文史资料研究委员会．贵阳文史资料选辑（第17辑）[M]．贵阳：贵阳市政协文史和学习委员会，1984.

[5] 何静梧，龙尚学．贵州人物续[M]．贵阳：贵州教育出版社，1996.

[6] 贵州省政协文史资料会．文史资料存稿选编（第2卷）[M]．贵阳：贵州人民出版社，2006.

[7] 尹克恂．述往思故录[M]．贵阳：贵阳市中共党史会编，1993.

（作者系贵州师范学院历史与社会学院副教授，贵州教育发展研究中心研究员）

王阳明与贵州书院教育

张　磊

明代的大哲学家王阳明先生曾在贵州贬谪过三年，对贵州书院教育的发展作出了巨大的贡献。王阳明（1427—1529），名守仁，原名王云，字伯安，谥文成，浙江余姚人，自称阳明子，世称“阳明先生”。

正德元年（1506年）冬，时任兵部主事的王守仁因开罪宦官刘瑾，被廷杖四十、下诏狱。正德二年（1507年）三月被列为奸党而谪戍贵州。他于正德三年（1508年）春来到贵州龙场（今修文县城）任驿丞，直至正德五年（1510年）初升任庐陵知县离开。王守仁在贵州的三个年头中，其职务是龙场驿丞，职责是“典邮传迎送之事”。[1] 王阳明为了教化民众，改变贵州当时落后的教育面貌，于龙场驿创建龙冈书院聚徒讲学，阐释其思想学说，他对学生提出了“立志”“勤学”“改过”“责善”四条规定，体现了现代教育的基本精神。尤其是他强调“求古圣贤之心以蓄其德”是为了“达诸用”，强调理论和实践结合，对于贵州学子“学以致用”的思想影响甚巨。随后贵州提学副使毛科、席书相继聘讲文明书院。由此可见，王阳明对明代贵州书院教育的发展所作出了突出的贡献，具体而言，王阳明创建龙冈书院、主讲文明书院，对明代贵州书院教育的贡献主要表现在三个方面：

一、开创建书院教育的良好风气

贵州古代书院教育最早见于唐末绥阳县的儒溪书院，宋代绍兴年间有沿河县的銮塘书院，元代有教授何成禄在贵阳兴建的文明书院，另有鳌山书院和鳌溪书院（在今镇宁县）。此外，贵州学者对明代贵州书院的研究统计表明，在王阳明创建龙冈书院以前，明代贵州书院仅有4所，即新添都指挥使叶凤邕创建于贵定的魁山书院、兴隆卫人周英创建于黄平的草庭书院、程番知府王藻创建于惠水的中锋书院，另有贵州提学副使蒋信在贵阳创建的文明书院。正德三年秋，王阳明在龙场创建龙冈书院聚徒讲学，从正德四年（1509 年）起应邀到贵阳主讲文明书院，至正德五年初王阳明离开贵州后，贵州书院的创建和复兴如雨后春笋，几乎覆盖全省各地，《中国书院史》统计明代贵州有书院 28 所[2]，孔令中主编《贵州教育史》统计有书院 27 所[3]，张羽琼著《贵州古代教育史》统计有书院 38 所[4]。上述资料数据虽不一致，但都同时说明了一个情况，那就是明代贵州书院教育在王阳明来贵州之后，有了较快程度的发展，若以王阳明在 1508 年创建龙冈书院划分，此前 140 年间（1368—1507 年）贵州书院教育发展非常缓慢，仅有 4 所；此后 136 年间（1508—1644 年），贵州的书院教育发展非常迅速，接近 40 所，书院数量约相当于此前的十倍。当然，明代中后期贵州书院迅速发展并不完全是王阳明一个人的功劳，还有其他方面的原因，包括社会政治、经济、文化、教育发展，官学教育的僵化以及人们意识形态和思想领域变化所起到的共同推动作用。但针对贵州而言，王阳明谪戍贵州创建龙冈书院、主讲文明书院之后，其对贵州书院教育的推动作用是毋庸置疑的，因为明代中后期贵州创建的书院中，多为王阳明嫡传弟子或再传弟子以及王学思想的继承者创建的，有些书院在教学或管理上或多或少与王阳明及其弟子有一定关系。

王阳明的嫡传弟子创建的书院主要有贵州提刑巡按使王杏创建的阳明书院和贵州提学副使蒋信创建正学书院和文明书院。王杏作为王阳明的私塾弟子，于嘉靖十四年（1535 年）在贵阳创建了阳明书院，王杏创建阳明书院的目的在于训迪黔中学子崇祀王阳明，故以“阳明书院”命名，并请王阳明弟子马廷锡主讲。王杏作为贵州按察使，他在任期间非常关心贵州教育，因其特殊的地位和身份而创建阳明书院，在贵州省内起到了很好的示范作用。蒋信也是王阳明的嫡传弟子，在龙场为阳明祠置田，在贵阳以王学之名建正学书院和文明书院。由此可见，蒋信建书院的目的就是为了纪念王阳明，并以官员身份号召贵州士子学习王阳明，其所产生的作用和影响与王杏创建阳明书院不相上下。

王阳明再传弟子创建的书院，最有影响的是明隆庆年间孙应鳌创建于清平（今凯里炉山）学孔书院。孙应鳌，字山甫，号淮海，明贵州清平人，嘉靖三十二年（1553 年）进士，官至南工部尚书。孙应鳌入仕为官，与王阳明弟子蒋道林、罗念庵、胡鲁山、邹颖泉、罗近溪、赵大洲、耿在伦、耿楚侗等切磋学问，相互启发。故其思想深受阳明心学影响，他在万历五年（1577 年）因病辞官，在清平创建学孔精舍，授徒讲学，师承王学。

王门弟子或再传弟子参与书院管理或在其中讲学的书院主要有：文明书院，为仁书院，鹤楼书院，南皋书院。文明书院是席书任贵州提学副使，聘王阳明主讲文明书院；为仁书院是思南知府田稔所建，李渭讲学于思南为仁书院，李渭是蒋信门生，蒋信任贵州提学副使期间，李渭前往拜谒，虚心学习，得王学真传。江右王学大师邹元标谪戍贵州都匀，主讲鹤楼书院，其弟子陈尚象、吴铤请提学徐秉正建南皋书院，以纪念其师邹元标。

除此之外，还有一些与王阳明本人及其弟子事迹有关系的书院，如月潭书院、中峰书院、兴文书院、花竹书院、铜江书院、大中书院等共计 13 所，约占明代贵州书院总数的 1/3。这些书院都以王阳明为宗师开展书院教育教学活动，也在一定程度上反映了王阳明谪戍贵州期间，对贵州书院教育的建设和发展影响深远。

二、王阳明在黔期间培育大批英才

《明史》载“守仁弟子盈天下”[5]。王阳明一生从政、治军、从教，其弟子遍布全国各地，黄宗羲将王阳明的众多弟子按人文地理划分为浙中、江右、南中、楚中、北方、闽粤、泰州七大系统，就贵州而言，许多学者将贵州王门及其弟子统称为“黔中王门”，这些师从王阳明学说的士子又可分为嫡传与再传弟子。贵州省社科院李迎喜先生在其“黔中王门系统考”中，将王守仁在贵州的弟子划分为王门第一代、第二代、第三代和第四代。王门弟子中比较著名的第一代有：蒋信、席书、王杏、胡尧时、刘秉鉴、冀元亨、陈宗鲁、汤伯元、叶子苍、钱凤翔等；第二代弟子包括李渭、马廷锡、徐樾等；第三代弟子有孙应鳌、邹元标等；第四代弟子有陈尚象、余显凤、吴铤、艾友芝、艾友兰、艾友芸等[6]。王阳明在贵州亲自教过的学生，见于记载者仅有张时裕、向子佩、叶子苍、汪原铭、汤伯元、陈宗鲁、李惟善、陈良丞、詹良丞、王世丞、陈寿宁、袁邦彦、高鸣凤、何廷远、李良丞等 20 人，外省籍有蒋信、冀元亨等数人”[7]。这些人都是王阳明在贵州谪戍期间的嫡传弟子，虽然师从王阳明的时间长短不一，但毫无疑问都受到王阳明的影响，他们所取得的成就都应当与王阳明的教诲有一定的关系。

王阳明嫡传弟子中影响比较大的有：席书、冀元亨、向荣、陈文学、汤伯元等。王阳明在贵州的嫡传弟子中，官位最高、在政治仕途上最有建树的当属席书。据《明史》载："席书，字文同，遂宁人。弘治三年进士……武宗时，历……贵州提学副使。时王守仁谪龙场驿丞，书择州县子弟，延守仁教之，士始知学。……书以议礼受帝知，倚为亲臣。……加太子太保，……进少保。……诏加武英殿大学士，赐第京师，……赠太傅，谥文襄，……书遇事敢为，性颇偏愎。……书……在官颇有所建树，……时论为优"[8]。席书任职贵州提学副使期间，聘王阳明主讲文明书院，率诸生聆听王阳明讲课，并向王阳明请教心性之说而结成师生关系，深受王阳明的教诲和影响。冀元亨也是王阳明的嫡传弟子，与席书一样在朝廷做官，同为王阳明的外省籍嫡传弟子，其始终跟随王阳明，患难与共，笃信阳明心学。贵州省籍少数民族弟子中，最著名的是贵州宣慰使安贵荣。安贵荣作为世袭土司，曾向王阳明请教减驿、奏功等事，王阳明站在维护明王朝统治稳定的立场致书安贵荣晓谕厉害，因而两者之间形成了师生关系。清代《大定府志·水西安氏本末》载："自洪武以来，安氏世为宣慰使，管水西夷族四十八部，……贵荣渐骄蹇不受节制，即听调从征，非邀重赏不赴，且藐视官军，……正德初……加贵州布政司参政，……乞减龙场驿，……时王守仁……贻书止之，事遂寝。……乖西苗阿贾阿札作乱，……守仁亦贻书陈利害……乃复出兵"[9]。明代贵州土司对中央王朝的政令时有不听，影响到了明朝统治的稳定和地区的安全，王阳明从大局出发规劝安贵荣，客观上有利于地区统治秩序的稳定。陈文学是贵阳人，王守仁在龙场时，他由贵阳负笈求学，以后又随王守仁到贵阳受教，后举于乡，累官至陕西耀州知府，著有《耀归存稿》《馀生续稿》《贤移录》等篇。王守仁非常器重陈文学的才识，他在《赠陈宗鲁》一诗中有："学文须学古，脱俗去陈言。……子才良可讲，望汝师圣贤"等名言[10]。汤伯元，也是贵阳人，是王阳明谪戍贵州期间著名弟子之一。王守仁谪戍龙场，汤伯元前往师事之，郭子章《黔记》中说"宗鲁得文成之和，并擅辞章；伯元得文成之正，具有吏治"。正德十一年（1516 年），汤伯元与陈宗鲁一起同举于乡，正德十六年（1521 年）举进士，历南京户部郎中和广东潮州知府，官品正四，著有《遗老贤录》《续录》等篇传世。

三、书院教育管理模式的建立

王阳明谪戍贵州期间从事书院教育，其在龙场所作《教条示龙场诸生》中提出“立志”“勤学”“改过”“责善”四个方面的内容，这是王阳明关于书院教育教学管理目的的具体体现。何谓“立志”，就是要学生立下圣贤之志，他说“志不立，天下无可成之事，虽百工技艺，未有不本于志者……故立志而圣，则圣矣，立志而贤，则贤矣”。而“勤学”“改过”“责善”则是达到“圣贤之志”的前提基础和必备条件。因为“已立志为君子，自当从事于学。……笃志力行，勤学好问……表里一致……可以知所以从事于学矣”，而“过者，自大贤所不免，然不害其卒为大贤者，为其能改也。故不贵于无过，而贵于能改过”；“责善”乃是“朋友之道，……须忠告而善道之，悉其忠爱，致于婉曲…凡攻我之失者，皆我师也…使吾而是也，因得以明其是，吾而为非也，因得以去其非，盖教学相长也”。

在教学方法上，王阳明也提出了切合实际的方法。《修文县志》中对王阳明的教育思想和方法总结为“立志圣贤，教育德为先；有教无类，勤奋为上；学贵自得，独立思考；因势利导，潜移默化；循序渐进，量力而行；因材施教，发展学生个性；教学相长，师身垂范；学行结合，着实躬行”这八个方面。

在教学素材上，所用教材都由自己编订，这些教材多是根据王阳明所思所想和“龙场悟道”所得，将自己平时所学所思记诵成篇，并在教学和生活中撰写了大量的诗文。《王阳明在黔诗文注释》共收录了王阳明贵州期间所写的诗 129 首、文 26 篇，这些诗文涉及赴谪、悟道、讲学、生计、事农和社交等方面，有些诗文就是直接用于书院教学工作。

从以上几个方面我们可以看出王阳明在书院的教育教学中，有明确的目的性，采用了灵活多样的教学方法，并结合了自身及当地的实际情况编修教学素材以方便用于书院教学，体现了其在书院教育教学以及管理模式上的成熟性，对此后书院教育教学的发展提供了很好的借鉴。

四、黔中王学的奠定

王阳明在贵州贬谪三年的时间里，创建了龙岗书院、受席书之聘又在文明书院讲学，作为相距不太远的两个书院，共同构筑了明代当时最为活跃的学术思想交流中心。王阳明通过这两个书院将自己“龙场悟道”所思所想运用于书院的教学实际之中，龙岗书院和文明书院无疑为王阳明传播自己的学术思想提供了最为恰当的学术平台，这个平台的构筑也为两个书院的弟子提供了相互切磋、感悟师说、阐释师说的机会。正是在这样的氛围下，黔中王学的雏形初露端倪，王阳明离开贵州后，其嫡传弟子、再传弟子在贵州通过各种方式对王学思想进行研究、继承、发扬，使王学思想进一步发芽生根，并从贵阳传播开来，推展至黔南、黔东南、黔西南、黔北、黔东北等处，从而使王学思想在贵州逐步形成具有特殊的地缘、特殊的学者群体、特殊的时代背景、特殊的思想理念和价值取向的学说，即黔中王学。

由此可见，黔中王学的形成绝不是一个人的事情，而是一群人，这是一群或亲耳聆听过王阳明教诲，或根本未曾谋面，但他们都或直接或间接的接触到王学思想，并接受了王学思想，并为王学思想在黔中大地上的生根与发扬作出了贡献，正是在这样的人文和社会基础上，才能有黔中王学。

王阳明在贵州所从事的书院教育，其影响是多方面的，对政治、经济、军事、民族等都有影响，特别是推动了明代贵州官学教育的发展。王阳明在贵州这块具有独特魅力的土地上，开创了贵州书院教育的新篇章，成为我国古代历史上著名的思想家和教育家，其教育教学思想影响深远。

参考文献

[1] 张廷玉，等．明史·职官四［M］．北京：中华书局，1974.

[2] 李国均．中国书院史［M］．长沙：湖南教育出版社，1994.

[3] 孔令中．贵州教育史［M］．贵阳：贵州教育出版社，2004.

[4] 张羽琼．贵州古代教育史［M］．贵阳：贵州教育出版社，2003.

[5] 张廷玉，等．明史·王守仁传［M］．北京：中华书局，1974.

[6] 王晓欣，李友学．王学之魂［M］．贵阳：贵州民族出版社，2005.

[7] 余怀彦．王阳明与贵州文化［M］．贵阳：贵州教育出版社，1996.

[8] 张廷玉，等．明史·席书传［M］．北京：中华书局，1974.

[9] 黄宅中．大定府志［M］．毕节地方志委员会，点校．北京：中华书局，2000.

［10］吴雁南．王阳明在黔诗文注释［M］．朱五一，注，冯楠，校．贵阳：贵州教育出版社，1996.

［11］修文县地方志编纂委员会．修文县志［M］．北京：方志出版社，1998.

（作者系贵州师范学院历史与社会学院副教授，贵州教育发展研究中心研究员）

项目来源：贵州省高等学校人文学校社会科学研究基地项目“明代治边政策与贵州民族教育发展”（项目编号：11JD096）；贵州师范学院博士项目（项目编号：2010BS01）.

民国贵州方志教育史料奏疏考略

魏郭辉

笔者在整理编纂《民国贵州方志教育史料辑录》一书过程中，发现不少方志文献保留了诸多明清贵州地方官员有关教育文化方面的奏疏，价值颇大，对于了解和研究这一时期贵州教育文化的发展状况具有十分重要的意义。

一、目前辑录整理奏疏概史

根据笔者《民国贵州方志教育史料辑录》一书整理情况来看，明清两朝尤其是明清贵州客籍官员所上朝廷奏疏，对推动贵州教育文化发展、改变贵州当时贫穷落后面貌起到了非常重要的作用，现将有关教育史料奏疏详述如下：

赵端远《民国水城县志稿》收录光绪二年黎培敬《题请拔学添校疏》；拓泽忠、周恭寿修，熊继飞等纂《民国麻江县志》卷八《营建志·学校》载田雯奏疏、王燕《请添设学校疏》；陈绍令等修，李承栋纂《民国黄平县志》卷二十二《艺文》载郭子章《题设新贵黄平等学疏》，田秋《请开贵州乡科疏》《请开贵州乡试科疏》；郭辅相修，王世鑫等纂《民国八寨县志稿》卷廿八《艺文》载田雯《苗疆义学疏》；民国窦全曾修，陈矩纂《民国都匀县志稿》卷十稿《营建志·学校》收录明代田秋《请开贤科以宏文教疏》，王燕《请添设学校疏》，于准《请开苗民上进之途疏》《苗民久入版图，请开上进之途疏》，张广泗《题请设立苗疆义学疏》；李退谷修，朱勋纂《民国瓮安县志》卷十一载王燕《请添设学校以弘教化疏》；杨学溥修，田昌雯纂《普安县志》卷十七《艺文上》收录王燕《请定普安县学额疏》；刘显世，谷正伦修，任可澄，杨恩元纂《民国贵州通志》收录有刘荫枢《请设南笼学疏》、郭子章《题设新贵黄平等学疏》、李时华《增设县学疏》、田雯《请建学疏》、礼部原奏《为遵旨议奏事》、江西巡抚刘坤一《疏》、贵州巡抚黎培敬《疏》、贾克慎《苗疆设学疏》、张广泗《分棚考试疏》、贺长龄《请建考棚疏》、乔用迁《官民捐建考棚请议叙疏》、阎兴邦《请广中额疏》、贺长龄《士民捐建书院疏》、乔用迁《请议官民捐修平远书院、祠宇疏》、张广泗《设立苗疆学疏》、林肇元《下游苗疆应办苗卉、义学各议疏》；光绪三十一年（1905 年）四月林绍年开办蚕桑学堂折、光绪三十一年（1905 年）林绍年选派学生出洋折、光绪三十一年（1905 年）八月林绍年筹办客籍学堂片、并创设营团将弁速成学堂折、光绪三十一年（1905 年）十月林绍年高等学堂设立预备科并派员出洋考察折、光绪三十一年（1905 年）十月林绍年改设师范传习所片、光绪三十一年（1905 年）十二月林绍年黔省秋冬两季咨送学生出洋片、学部具奏贵州通省公立中学堂甲班学生毕业请奖折、巡抚王学益《请增解额疏》、林乔相《请广额疏》、刘荫枢《请增闱额疏》、王承祐《贵州会试分卷事例疏》。

二、奏疏所奏内容

从以上所辑录的奏疏来看，依据其内容大致可分四类：

1. 添设学校，扩充学额

明清两代，贵州偏处西南一隅，交通甚为不便。长期以来，教育文化较西南诸省落后，而落后根源在于学校数量太少，学额录取人数不多。有鉴于此，明清以来，历任贵州巡抚、贵州学政都将其视为己任。

自永乐时期建贵州为行省后，贵州从此摆脱长期属于羁縻府州的状况，从而在真正意义上纳入朝廷版图及管辖之下，因而其受到汉文化的影响也随之加深，随之扩大，人文风气也大为改变。

嘉靖九年（1530 年），田秋上《请开贵州乡试科疏》，其疏“窃惟国家取士于两京十二省，各设乡试科场以抡选俊才，登之礼部，为之会试。然后进于大廷，命以官职，真得成周乡举里选之遗意，所以人才辈出，视古最盛。唯贵州一省远在西南，未曾设有乡试科场，止附云南布政司科举，盖因永乐年间初设布政司，制度草创，且以远方之民，文教未尽及也。……乞敕该部再加详议，旧额二省共取五十五名，云南三十四名，贵州二十一名。臣请开科之后，二省各于旧额之上，量增数名，以风励远人，使知激劝，则远方幸甚。”正是由于田秋上疏朝廷，嘉靖十四年（1535 年），朝廷正式批准贵州开科。继此之后，明朝嘉靖二十五年（1546 年），贵州巡抚王学益向朝廷上《请增解额疏》，其疏“若果解额未足以尽之者，况湖广五边卫学，先抚按等官题准就试贵州，其中人才亦自不乏，前此中式亦有如钱嘉猷等矣。所据副使徐樾呈乞请增解额，又该布政司等官会议相应，臣待罪远方，不敢避言，伏望伏念边徼人才难成易弃，敕下礼部评议，将贵州嘉靖二十五年（1546年）乡试解额，酌量增加，以励诸士汇征之志，而大皇上作人之功，且使穷荒遐域入而观光者日以多，则其文物之所昭宣，威仪之所感动，将于格顽绥远，亦有助矣。”随后经朝廷获准，以嘉靖二十五年（1546年）丙午科为始，增举人五名，通前共三十名。贵州学额虽亦有增加，但其相比他省仍显不足。万历二十二年（1594年）巡抚林乔相再次上疏，请求为贵州增加解额。《请广额疏》云：“分科之始，贵州生员通省只一千余人，今至七千有余，加以川湖五学本省二学，若犹仍旧贯，甚非所以广搜罗而鼓舞遐方之士也。况云贵人才本不相远，云南四十五名，贵州连外学三十名，多寡悬绝。学校渐增，解额仍旧，每至乡场弃璞遗珠，落卷强半，主司长叹，不忍释手。国家科取贡士，再无别途，皇上兴学右文，千载一遇。伏乞体太祖设科取士之意，累朝久道化成之功，酌云贵多寡之中，参今昔盈虚之数，增新科制举之额，以扬国家文治之盛，使臣等亦得附于以人事君之义，则文风丕振，夷方兴起，暗昧得耀于光明，疏逖免嗟于遗弃。地方幸甚!”万历年间贵州巡抚郭子章就根据当时贵州设学情况，向朝廷《题设新贵、黄平等学疏》“今据司道府会议，黄平等州县乃新造之邦，土著鲜少礼仪，不知新民子弟，目前准其收考文理平通这，止许入学，不许观场，待三十年方许入试。既不失化诲苗方之意又碍月籍中试之例，似应俯从。”郭子章提出增设新贵、黄平县学，很大程度上提升了两地教育文化水平。万历年间李时华上疏朝廷，其《增设县学疏》使得朝廷获准在贵州建立县学，为贵州增建学校及文化教育发展作出了贡献。

清代贵州巡抚刘荫枢重视文化教育，交通运输，教民耕织，创设南笼厅学，兴办苗学，以提高少数民族文化。《请设南笼学疏》云：“题为盛世之文教遐宣，边地之人渐起，请援例设学以光治化，以培士习”。其关注偏僻地区教育文化发展，上疏朝廷，致力教育的精神着实可嘉。《请增闱额疏》云：“查贵州一省，地处极边，数百年来，立学官，设教职，开科取士，与中原一体，然士风不振，求其鸿才博学者，实寥寥无几。……但乡试额数仅得三十名，美不胜收，难以劝举多士。臣查广西、贵州会试同列中右，昨取中四人，贵州独得三名，是贵州人文不下于广西可知，今广西额数较多，贵州额数较少。臣思今岁辛卯科乡试，千万祀之历服，用迓祯祥，正其时也。应请敕部将贵州乡试额数与广西一视同仁，则登进之路既广，鼓舞之念愈切，边方人文将与中原争胜矣。”通过其努力，贵州学额较明代人数有所增加。

康熙年间任贵州巡抚阎兴邦《请广中额疏》“为同文之教泽已久，遐方之人才渐盛，恳请题增乡试中额，以振文运而兴文治事。……似可仰邀圣恩一视同仁，俯照广西解额取中三十名。将仕进之途既宽，诵读之士愈奋，边地文风日益振兴矣。”由此贵州学额有所增加。康熙三十一年（1691 年）王承佑担任会试监试官，榜发后，广西、云南、贵州三省均无一中试。因而向皇帝上疏，极言中试规定之不合理，并历数云贵广西来京路途遥远艰辛，要求朝廷给云、贵、广西等省规定各取几名。其《贵州会试分卷事例疏》有“是南卷之中，两倍于北，而中卷之数又半让于南，此亦人情之不得其平者矣，且滇、黔、粤、蜀，远居天末，近者数千里，远者将万里，每遇公车之年，贫穷居多，艰于资斧，区画借贷，不遗余力，此在家起行之难也。及其在途，驰骋驿路，跋涉间关，经历三月，辛苦备宏，此道路之难也。及其抵家，只身孤影，仆从无人，一切薪水，俱行自给，此旅寓之难也。更苦拮据奔赴，喘息靡宁，席不暇暖，而场期已及，尚焉能温习揣摩如各近省士子优游暇逸，止专一意读书哉。且旧例中卷取中十六名，后因合南、北、中卷较卷，几卷而取一名，是以此科只中八名。八名之中，又苦分《经》《诗》取三卷，《易》《书》各二卷，《春秋》《礼记》各一卷，额数一足，虽美弗收，夫劳逸之情形既甚悬绝，而多寡之数又甚不侔。无怪乎他省之取，青紫易于拾芥，而此数省之望科名，难若登天也。”“臣请敕部酌议，一洗故明之陋习，大沛皇上之新恩，将安、庐、滁、和等州郡应入南卷者，仍归南卷。其中卷或额定四川几名，粤西几名，云南、贵州几名，不与南北一同较卷数日，不必分经，就文而录。如此则额数不致偏枯，士子不独向隅，人人庆登进之有阶，而祝皇仁莫不思报效于罔矣。臣从鼓励人材起见，字稍逾格，如果臣言不谬，伏乞睿鉴施行。”在这些有识之士的急切呼吁下，贵州学额录取人数较往年有所增加。

清代贵州巡抚田雯《请建学校疏》，“按永宁、独山、麻哈三州，贵筑、普定、平越、都匀、镇远、安化、龙泉、铜仁、永从九县，尚未设学校。据该士子纷纷呈禀，荒寒之士，励志芸窗，登进无自。臣偕司道诸臣等议，建学育才，似不可缓。凡一切庀材鸠工，未敢仰希公帑，而题额芹堂，御书首重，前奉颁赐，尚余八幅。理合吁恳睿慈，一视同仁，敕部再颁四幅，以便制匾恭悬。至于额进童生，查贵筑为省会附郭之县，谨拟照大学考取十五名，余则概照小学考取八名。武生贡廪一循定例。而行董率职官，贵筑应请部选训导一员，余俱暂以附近教职兼任，俟人文寖广，另议专官，云云。”田雯在奏疏中提出在贵州未设县的几处地方增设学校以推进贵州教育文化的发展。康熙年间贵州巡抚王燕《请添设学校以弘教化疏》“臣莅任后，据举贡生员周文侯等具呈，请将未设学之州县及有学无官而附设他庠者，援例题请添设。经臣行据署布政司贵州东道参议罗暹、提学道佥事卜景超会详覆，请援滇省和曲、禄劝等州、县建学设官之例添设。等因。前来臣覆加查核，应将附学之清浪卫，设教授一员；又附学之开州、广顺州，并未设学之永宁、独山府、麻哈三州各设学正一员；又附学之普安、余庆、安化三县，并未设学之普定、平越、都匀、镇远、铜仁、龙泉、永从七县各设训导一员。进取文武童生，照小学例，每年考取八名廪贡，循例遵行。庶附学之生童，免裹粮跋涉之苦；无学之州县，有师儒肄业之地。至原未有学宫之州，县则公同捐俸建设，其官员役、俸工，照全书额编支给，汇册报销。从此全黔士子愈感恩踊跃，争自灌磨，仰副圣主储才之盛典，行见人文昭宣，风俗日兴于仁让矣。”通过增设学官促进贵州教育的健康有序发展。光绪二年黎培敬《题请拔学添校疏》，黎培敬曾在同治三年（1864 年）任贵州学政，1867 年起留任学政 6 年，设养正义学一所，贵州文化教育获得发展，文风士气开始振作。六年（1867 年）任满复留，署贵州布政使。光绪元年（1875 年）升贵州巡抚，其《题请拔学添校疏》意在水城厅增设学校，发展教育，对促进地方教育发展功不可没。

2. 增设苗学，增加苗人录取名额

贵州明清以前属于羁縻府州，自明永乐年间设贵州行省，贵州教育文化日益受到朝廷重视，贵州地处西南一隅，少数民族众多，其中苗族数量不少，明清两朝贵州地方官员正是基于此种情况，向朝廷上疏请求设立苗学。如康熙四十三年贵州巡抚于准《苗民久入版图，请开上进之途疏》，“苗民久入版图，苗族宜沾圣化，请开上进之途，以宏文教，以变苗俗。……今贵州苗民输粮贡赋，与汉民连井而居，彼此交易，原非不通声教之野苗可比。臣愚以为，应将土司族属人等，并选苗民之俊秀者，使之入学肄业，一体科举，一体廪贡，以观上国威仪。俾其渐摩礼教，熏陶性情，变化其丑类，彰我朝一统车书之盛。则此进取之法，必须酌定规制。今各府、州、县置立宽厂公所一处，以为义学。将土司承袭子弟，送学肄业，习晓礼义以俟袭替。其余族属人等，并苗民之俊秀子弟愿入学者，令入义学肄业，其教习、塾师，不必另设，即令各府、州、县复社设训导、躬亲教谕。”于准根据当时贵州实际情况提出了让苗人与汉人“一体科举，一体廪贡”的新思想，这在当时是颇具进步意义的。

张广泗，其曾在雍正五年，擢升贵州按察使。六年，率兵赴都匀、黎平、镇远、清平诸地化导群苗，进行剿抚，授巡抚。张广泗在《设立苗疆学疏》:“窃黔省虽属遐边，叨蒙圣朝休养，德泽于兹百年，民物归醇，人文日盛，所以内地熟苗观感兴起，皆知从师受学，出而应试。仰荷圣恩，特设苗籍取进之例。现在每届岁科，于各府、州、县有苗童者，取进生员一二名不等，以示奖拔。”通过增加苗人录取名额，提升地方民族教育水平。道光年间任贵州学政的贾克慎在其《苗疆设学疏》上提出“为苗疆设学初逢贡期，应否考取，遵例请旨事。窃照黎平府属之古州厅，于道光十三年（1823 年）设立苗学，一切悉照仁怀厅之例。”其依据黎平府民族教育实际情况，提出在黎平府设苗学。光绪年间曾任贵州巡抚的林肇元，居黔 20 余年，曾历任贵州粮道、按察使、布政使，后官贵州巡抚。其购书籍训士，并在苗瑶少数民族居住地区兴办义学。在其《下游苗疆应办苗弁、义学各议疏》中提出“臣查贵州军兴多年，苗疆粗定，应办善后各事。如苗弁、义学、屯卫三项，为风俗、学校、防御攸关，均属当时急务。”突出了在苗疆地区兴办教育的重要性。据上可见，重视苗疆地区教育文化的发展一直以来均是当时贵州官员较为关注的问题。

3. 关于建书院，设考棚

明清两代，贵州由于考棚及学校数量稀少的缘故，增设书院和考棚就成为不少贵州官员致力推动地方教育文化的手段。清雍正年间张广泗《分棚考试疏》“疏为公恳详分朋考试以培人才事。该臣看得黔省属在遐边，汉夷杂处。凡僻小郡治不能俱设考棚，所以定有前赴别府合棚就考之例，原属因地权宜也。……各生童公恳设棚，缘由所当，仰恳圣恩准照所请。在于黎平府城另行设棚考试。庶多士益知奋勉，而学校章程亦可归于亘一矣。”通过增加考棚，改善了考试环境，一定程度提高了学子学习的热情。道光年间曾任贵州巡抚的贺长龄在《士民捐建书院疏》中“奏为士民捐建书院事竣，循例恭恳圣恩俯准议叙，以示鼓励。……此项工程，系官民捐办，请免造册报销理合会同云贵总督臣伊里布，恭折具奏并缮捐输姓名、银钱清单，伏乞皇上圣鉴训示。谨奏。”据此可见，当时官民协办教育，共同促进教育有序发展。其所上疏《请建考棚疏》，“请援照黎平府分棚之例，于铜仁设棚，松桃就近合考等情，由司道核议，详请具奏前来。”即根据当时学子考试的实际情况，减少学子考试奔波的辛苦及旅途的劳顿，增设考棚。继任贵州巡抚乔用迁在《官民捐建考棚请议叙疏》中“窃照独山州向建设考棚，童生赴州署应试，地窄人稠，每多拥挤。……再此项工程系官民捐办，请免造册销除，将册结送部外，理合会同督臣程□采恭折具奏。”《请议叙官民捐修平远书院、祠宇疏》“奏为官民捐修书院、祠宇，并捐田收租积储义仓谷石，循例恳恩俯准议叙。……除册结送印并得捐数，姓名及募捐监工、出力绅士，咨部核议外，理合会同督臣林则徐，恭折具奏。”从以上两则奏疏来看，当时官民共同兴办教育之风盛行，这在很大程度上对改变了地方落后教育面貌起着积极作用。直至晚清光绪年间，贵州巡抚林绍年奏请朝廷准贵州开办蚕桑学堂。贵州兴办教育之风都很盛行。

4. 出洋留学

晚清时期，清廷寰宇世界，根据当时国家形势的需要，派遣大批学生远赴海外求学，力图改变朝廷摇摇欲坠的状况。当时任贵州巡抚的是福建闽县人林绍年。其任贵州巡抚时间虽短暂，仅一年零两个月，但几乎每月都有应兴应革的好事实事，尤其大量派遣学生远赴海外留学，以改变贵州落后面貌。有关这一时期贵州留学方面的奏折有光绪三十一年林绍年选派学生出洋折，光绪三十一年十月林绍年高等学堂设立预备科并派员出洋考察折，光绪三十一年十二月林绍年黔省秋冬两季咨送学生出洋片等。派遣大批学生出洋极大地改变了贵州原有落后的面貌，加速了贵州近代化发展的步伐。

三、奏疏价值及其对贵州教育文化的影响

明清以来，贵州教育文化发展较之前朝，变化显著，一时读书之风蔚然成风，科举学子录取人数不少。贵州教育文化出现此种繁盛状况很大程度上与贵州官员对教育文化的推动息息相关，以上所辑录的奏疏正好反映了此种情况，明清贵州官员教育奏疏从一个侧面成为贵州教育渐由落后走向繁盛的缩影，由此可窥见明清贵州教育发展状况。今天，重新审读这些奏疏对于当今贵州教育文化的发展仍然具有十分重要的借鉴与启示意义，回顾600年贵州教育发展轨迹，梳理贵州教育发展脉络，让贵州教育发展更加辉煌灿烂，铭记历史，展望未来。

参考文献

［1］张新民．民国贵州地方志纂修的文化现象探析［J］．中国地方志，2009（2）．

［2］魏郭辉．民国贵州地方志教育史料编纂考述［J］．兰台世界，2013（3）．

［3］史继忠．贵州地方志考略［J］．贵州民族研究，1979（4）．

［4］滕树立．民国时贵州地方志纂修述论［D］．济南：山东大学，2008.

（作者系贵州师范学院历史与社会学院副教授，贵州教育发展研究中心研究员）

项目来源：基地项目《民国贵州府县州志教育史料汇编整理》（项目编号：10ZC052）。

研究生教育建设问题研究

——以贵州师范大学中亚史硕士点为例

黄　红

一、我国硕士教育建设概况

我国自1978年恢复招收研究生、1981年起实施学位制度以来，研究生教育事业取得了显著的成就。经过这些年的发展，我国的研究生教育与学位制度已由初创发展到一定的数量和规模，并进而走向深化改革和提高质量的阶段。在1993年以前，我国的研究生教育属于计划经济体制下的政府管理行为。作为高度集中统一的计划经济的产物，我国这一时期的研究生教育基本上按计划设点、按计划招生、按计划拨款、按计划分配派遣，有着统一的学科目录、统一的培养模式、统一的人才规格、统一的证书文凭，大大小小的事情都由政府一统到底、一管到底、一包到底。1993年起，我国的研究生教育开始由计划经济下的政府直接管理转为市场经济体制下的学校自主行为。1993年2月，中共中央、国务院联合发布《中国教育改革与发展纲要》，提出我国高等教育体制改革的目标和模式是“逐步建立政府宏观管理，学校面向社会自主办学的体制”，高等学校要“建立主动适应经济建设和社会发展需要的自我发展、自我约束的运行机制”。国家教委、国务院学位委员会要转变职能，加强宏观管理和政策指导；各省、自治区、直辖市和中央各部委要规划、管理和推进本地区、本部门的研究生教育和学位工作的改革与发展；研究生培养单位应在国家有关法规和政策规定的职权范围内，充分行使办学自主权。”于是，研究生教育进入一个新的发展时期，各省、自治区、直辖市所属院校以及部属院校都纷纷发展研究生教育。那些没有研究生教育的院校也纷纷申报硕士点的教育，并力求壮大；那些已有硕士点教育而没有博士点教育的院校，一方面积极申报博士点教育，另一方面不断壮大已有的硕士点教育；那些已有硕士和博士研究生教育的院校，也想法设法增加硕士点和博士点并扩大研究生的规模。在这种发展趋势下，至1998年，全国所有省、自治区、直辖市，包括西藏都有了硕士学位授予的院校。至此，我国的研究生教育已粗具规模，不仅研究生教育遍及全国各地，而且各个专业方向基本覆盖，为我国面向新世纪进行高层次人才培养奠定了新的基础。

从2004年起，我国研究生教育开始扩招。由于种种原因，自扩招以来，研究生教育在师资、学生管理、学生就业等方面就出现了一些问题，国家教委也早就认识到了这些问题，也就此进行了一些改革。到目前为止，研究生教育仍处于进一步改革时期。现在，国家严控硕士点和博士点的增加，增列的硕士点或博士点很少，其学科、专业一般也多为经济建设、科技教育和社会发展以及国防建设急需的学科、专业，优先考虑的是社会需要量大、生源充足，而当地授权点偏少的学科、专业。可以说，新增的硕士点或博士点是在兼顾了国家、地区及行业三者的需要的基础上才增加的。现在，国家对于研究生教育是撤销或合并硕士点的多。由于研究生教育扩招，一些硕士点的学科和专业已经远远超过了国家经济社会建设的需求，有的是已经不适应时代的需求，为此，国家教委裁撤了一些硕士点。目前，贵州师范大学历史与政治学院的中亚史硕士点也面临着可能被撤销的命运。

二、贵州师范大学中亚史硕士点教育的历史

就全国而言，贵州师范大学的研究生教育开展是比较早的。1978年国家一开始恢复研究生教育，1980年贵州师范大学的历史系就开始了研究生培养。当时，贵州师范大学历史系只有吴雁南和项英杰两位老师是硕士生导师，其中，吴雁南带的是中国近现代史的硕士生，项英杰带的是世界史的硕士生。刚开始，贵州师范大学还没有硕士授予权，就与武汉大学联合办学，学生由贵州师范大学负责招生、培养，武汉大学派部分老师来授课，学生毕业后发的是武汉大学的硕士文凭。只是当时发的文凭是世界史，还不是叫中亚史。后来，贵州师范大学的中国近现代史获得了硕士授予权，但由于种种原因，中亚史没有获得，中亚史就在中国近现代史里面招生、培养。这种状况一直持续到2000年。这一年，以项英杰的弟子蓝琪教授领衔，成功获得了中亚史的硕士授予权。

贵州师范大学中亚史的硕士点教育是全国的第一个地方中亚史硕士教

育。当时，除了北京的中国社科院俄罗斯东欧中亚研究所以外，全国再也没有叫“中亚史”的硕士点。虽然，以新疆为代表的西北地区也有一些高等院校和科研机构对中亚进行研究，但其硕士点名称不叫中亚史，一般为西域研究或者中国边疆史地研究，也有的混在大的世界史里面，并没有单列出来。在当时，地方上名正言顺叫“中亚史”的硕士点只有贵州师范大学的历史系才有。

而且，贵州师范大学的中亚史硕士点也干出了不错的成绩。在1980—1987年，译了两百多万字，在《中亚史丛刊》上连续发表了7期，为中亚史的研究提供了资料，奠定了基础。1980—1990年，项英杰所带的7位研究生都已经毕业，分别在高校和研究机构工作，项英杰和他的弟子一起撰写了大量的有关突厥人、帖木儿汗国、蒙古人、伊斯兰教苏菲派以及沙俄对中亚的入侵等论文，分别发表在《贵州师范大学学报》《贵州大学学报》《中亚研究》和《西北民族研究》等刊物上。这些论文所涉时间跨度是1500年左右，囊括的地区从我国东北长城脚下起，一直延伸到东欧的匈牙利草原，涉及突厥、蒙古、哈萨克等十多个民族，论述了佛教、景教和伊斯兰教在中亚地区的传播和发展，描述了东西交通和东西方经济、政治、文化的交流。这些论文对中亚史上以往较少涉及的和存有争议的问题进行了探讨和进一步的研究，对中国的中亚研究起到了一定的推动作用。1993年至今，贵州学者在中亚史的研究上进入一个良好的发展阶段，取得了丰硕的成果。贵州申请到国家社科“八五”重点项目《中亚史研究》，在此课题内共撰写著作3部。它们是《中亚——马背上的文化》（1993年10月由浙江人民出版社出版）、《沙俄征服中亚史考叙》（1996年11月由贵州教育出版社出版）、《中亚萨曼王朝史研究》（2000年4月由贵州教育出版社出版）。此外，还有两部中亚史的论著：《唐代丝绸之路与中亚历史地理研究》（西北大学出版社2000年5月版）和《中亚苏非主义史》（中国社会科学出版社2002年9月版，该书是国家“九五”社会科学基金青年项目）。在此期间，贵州中亚史学者还翻译出版了中亚史的几部名著，其中有法国作者格鲁塞的《草原帝国》（商务印书馆1998年版）和波斯史家尼扎姆·莫尔克的《治国策》（2002年云南人民出版社出版）。另外，除了获得一些省内课题外，还获得了3项国家课题，它们是蓝琪的2004年国家社科课题“16—19世纪俄国与中亚的关系”（课题编号为04BSS010）、2008年国家社科课题“中亚史”（课题编号为08BSS009），黄红的2012年国家社科青年项目课题“贵霜帝国历史研究”（课题编号为12CSS002），刘刚的2013年国家社科西部项目“察合台汗国与明朝的关系”。可以说，贵州师范大学的中亚史硕士点为我国的中亚史研究做出了重大贡献。但是目前，该硕士点却面临着可能被撤销的残酷命运。

三、当今贵州师范大学中亚史硕士教育面临的问题

目前，贵州师范大学中亚史硕士点之所以面临着可能被撤销的命运，主要原因有二：一是师资问题，二是学生问题。

师资方面，一是师资严重不足，二是师资结构单一。最初，贵州师范大学的中亚史硕士点只有一位导师，即项英杰教授。1980年，项英杰教授开始招收了两名中亚史硕士研究生，即吴筑星和董兴森。以后分别于1983年和1987年他又招收了两届共5名硕士研究生。在9年的时间内，他共培养了7名中亚史研究人员。其中，由于种种原因，坚持中亚史研究的只有4位，他们是吴筑星、蓝琪、许序雅、张文德。许序雅现在浙江师范大学，张文德现在徐州师范大学，留在贵州的只有吴筑星和蓝琪，而吴筑星是在贵州电大工作，电大是成人高校不是普通高校，所以没有硕士授予权。因此，贵州真正培养中亚史方面人才的只有在贵州师范大学历史与政治学院工作的蓝琪教授。而蓝琪教授今年已满65周岁，马上就要退休，眼看中亚史硕士点就要没有导师了，当然该硕士点也就面临着可能被撤销的命运了。虽然蓝琪教授的一些学生也有几个留在了贵州，但继续从事中亚史研究的也就那么两三个，而且他们都不在贵州师范大学工作，因此，难以承继该工作。加之，中亚史学科建设与当地贵州的经济社会的发展没有直接的推动作用，难以得到当地政府的有力支持。

学生方面，一是优秀生源不足，二是学生就业困难。由于贵州地处西部欠发达地区，每年报考的人数都比较少，在这有限的报考人数中，绝大多数报考的都是中国史方向，世界史方向的人很少，中亚史专业的人几乎没有人报考，每次都是从别的专业调剂过来，因而学生的整体素质和历史专业素质都不太高，优秀生源严重不足。培养出来的学生又面临就业难的问题。这样一来，留在高校和科研机构继续从事中亚史研究的人就极少，一般是从事一些行政事务工作或者是到中学从事历史教学，甚至还有人找不到工作。造成学生就业困难的原因是多方面的，这可能与培养的人才类

型有关。贵州师范大学中亚史硕士点基本上培养的是有关中亚史方面的理论型人才，输送的是教学和科研的人才，但是，随着社会主义现代化建设的发展，社会需求的是运用型文科人才，培养的人才与社会发展需求不相匹配，因而找工作困难。学生找工作困难，可能还跟地域有关。贵州地处我国西南，而研究的中亚紧邻我国西北地区，那里由于跟中亚各国进行各种交流与合作的原因需要大量的懂中亚的人才，而贵州跟西北地区没有什么联系，造成西北地区需要的中亚史人才招不到，而贵州产出的中亚史人才找不到工作单位的局面。

四、解决的途径探讨

其实，由于我国跟中亚地缘政治和经贸方面尤其是能源方面的缘由，我国与中亚各国的关系日益密切，因此，从事中亚研究的前景光明，大有可为。与其他学科专业研究的人和硕士点过多不同，全国研究中亚的高校和科研机构很少，屈指可数，培养的人才也不多，不能满足社会的需要，因而中亚的研究不是缩小、合并、裁撤，而是应该进一步发展壮大。贵州师范大学的中亚史硕士点如何改变可能被撤销的命运并进一步发展，似乎可以从以下方面着手。

对于师资方面，学校应该高度重视并积极解决。学校应该把中亚史当作重点学科来建设。学科建设，特别是重点学科建设，是高等学校的一项基础建设工作，是提高科研、教学水平的一项战略措施，是关系到高等学校兴衰的大事，应始终坚持把重点学科建设工作放在重要的位置，以重点学科建设为龙头，带动教学和科研发展，促进硕士点的建设。同时，学校应采取有效措施，为中亚史学科提供良好的发展条件，使中亚史学科得以发展并逐步形成自己的优势和特色。贵州师范大学的中亚史学科经过两代人 40 多年的努力，具有了较深造诣和较高学术知名度的学科学术带头人，也承担有较高水平的科研项目，并取得了一定数量的较高水平的科研成果，学科在学术界也有广泛的影响等，已是一个发展成熟的学科，如果学校能在政策上给予倾斜以及在人、财、物力上给予一定的支持，中亚史硕士点则会发展得更好。

用各种渠道和方式引进中亚史方面的师资，确保研究生导师数量充足、质量优等，是解决师资问题的一个不错途径。教师作为教育的首要环节，必须在量和质上有充分的保证。建设一支思想素质过硬、专业基础扎实、教学经验丰富、科研成果显著、学术水平高的研究生导师队伍是确保研究生教育可持续发展的迫切要求。导师的研究方向应该相对广泛，才能在研究方法、研究手段和研究内容上给予研究生充分的引导。学校应该本着为研究生夯实基础、拓宽研究思路、引荐研究方法的原则，为研究生教育储备充分的师资力量。在研究生导师师资队伍建设上，应通过人才引进、公开招聘、自身培养、外聘教授等多种途径，引进研究生导师，保障研究生师资储备充足、职称、专业结构合理，从而保证研究生培养质量。如果导师实在不足，可以考虑依托有条件的学校或者科研机构进行联合培养，还可以推行双导师、多导师制，建立导师组和导师合作机制，倡导导师遴选多元化。除了北京的中国社会科学院俄罗斯东欧中亚研究所外，南京大学、暨南大学、新疆大学、西北大学等高等院校和科研机构都有从事中亚研究的人才，其中不乏佼佼者，是可以引进的。

对于学生问题，学校要转变观念，根据国家、地区、行业经济建设和社会发展的需要，在培养学术型人才的同时，更注重应用型人才的培养，使培养出来的学生能满足社会需要，从而提高就业率。对于应用型人才的培养，在课程设置上应强调基础理论与应用并重，教学内容强调理论与实际相结合；在教学方法上应增强能力的培养，这包括加大课堂讨论、开展以实际问题探讨为主的学术讨论、参加导师的应用科研课题的研究和社会调查等，使研究生的能力得到锻炼和提高；在硕士学位论文的选题上引导硕士生优先选择应用性课题作为研究对象，来锻炼和检验硕士生分析现实问题的能力，同时也有助于落实毕业后的工作。

学校还应通过深入开发校内资源、广泛联系校外资源等方式，为研究生创建各种学术交流平台，开发丰富多样的学术活动，激发研究生参与兴趣，提升研究生学术素养。学校培养出来的大多数学生应该在平常的工作态度、学习态度、生活作风、个人道德等方面的表现较好；在专业方面，他们应该思想活跃、知识面广、所掌握的新知识新材料较丰富、外语水平较高，口头和文字表达能力较强；在基础理论深厚、知识面宽广、应变及动手能力强的基础上，能够面对纷呈的实际问题，高屋建瓴，高瞻远瞩、洞察实质地解决这些问题。这样，培养出来的学生就不愁找不到工作。

参考文献

［1］曹健．对地方高校学科建设与研究生培养的思考［J］．教学研究，2005（11）．

［2］曹永亮．谈重点学科建设与研究生培养［J］．教育与现代化，1994（9）．

（作者系贵州师范学院历史与社会学院副教授，贵州教育发展研究中心研究员）

项目来源：贵州省教育厅高校人文社科项目（项目编号：10ZC052）《民国贵州府县州志教育史料汇编整理》。

清末贵州家庭教育特点探析

——以遵义沙滩黎氏家族为例

梁　瑞

人的一生主要受到家庭教育、学校教育和环境教育的影响。在古代，士大夫家族经常设立家塾或私塾以传承家风家学，家庭教育往往占有极为重要的地位。清朝中后期，居住在贵州省遵义县新舟区乐安江畔的黎氏家族，出现了黎安里、黎恂、黎恺、黎兆勋、黎庶昌、黎汝谦等祖孙几代文化名人。受黎家影响，与沙滩有姻亲关系的郑氏、莫氏家族，也出现了郑珍、莫友芝这样的“西南大儒”及宦懋庸等数十位诗文作家、学者。在这一地域性的文人群体中，黎安理（卷498《孝义二》）、莫与俦与莫友芝（卷486《文艺三》）、郑文清妻黎氏（卷508《列女一》）、郑珍（卷482《儒林三》）等人学术事迹，被撰录入《清史稿・列传》。一个黔北偏僻山村，取得如此显著成就，与黎家族的教育思想密切相关。本文拟以黎氏家族教育子弟的过程为例，考察清末贵州家庭教育的特点。

一、建构学习型家庭，营造学习氛围

沙滩黎氏先祖崇儒重教，二世祖黎怀仁“教子孙，家法秩然”，曾立下“在家不可一日不以礼法率弟子，在国不可一日不以忠贞告同僚，在乡不可不以正直表愚俗，在官不可一日不守清、慎、勤三字”的家训，其后世逐渐形成重家教礼法、谦和勤劳、正直进取的良好家风。怀仁五世孙黎安理（字履泰，号静圃，1751—1819），二十九岁中举，任永从县儒学训导、山东长山县知县等职，为官清正。他还勤于治学，著有《锄经堂诗文集》《梦余笔谈》《论语口义》和《自书年谱》。黎安理“对儿孙辈课督很严，教导有方”。在他的细心教育和影响下，其长子黎恂、次子黎恺，孙兆勋、外孙郑珍，在学业上都有所成就，成为晚清黔中文坛中的奇葩。

如果说黎安理是贵州沙滩文化的启蒙者，安理的长子黎恂则是沙滩“耕读为业，诗礼传家”家风的确立者。黎恂（字雪楼，晚号拙望，1785—1863）二十九年便考中进士，先后任浙江桐乡县知县、东川府巧家厅同知等职。1815年在回乡奔丧之际，以养廉白银万两购置古籍秘本返遵义，于沙滩居宅辟“锄经堂”陈列古籍，供族亲弟子攻读，又亲自在黎氏家塾（位于禹门寺振宗堂）执教。进士执教乡里，一时从学如流，沙滩文风蔚然兴起。乡里民谣唱道：“禹门寺，读书堂。孰为师？黎与杨。六十年，前后光。两夫子，泽孔长。”其中，“杨”是指杨开秀，在黎氏私塾执教数年，对黎庶昌等黎家子弟影响较大。而“黎”则是指黎恂，黎恂先后两次辞官归里，赋闲期间皆执教于私塾。子侄、亲戚等数十人（黎恂子兆勋、兆熙、兆祺、兆铨、兆普；黎恺子庶焘、庶蕃、庶昌、庶諴；女婿杨本华、黎兆祺子汝谦、黎庶昌子尹融；郑珍与弟子行、子瑜；莫友芝与弟庭芝、瑶芝、生芝、祥芝；郑珍子知同、郑珍女淑昭等）或直接受业于黎恂或得益于其锄经堂藏书，大多有功名及传世著作。黎恂曾言：“人以进士为读书之终，我以进士为读书之始。”这种以读书为终身立品修性的学习习惯，对于沙滩黎氏后人的影响深远，以至于黎焕颐先生有“无黎恂即无‘沙滩文化’”之感言。

黎恺（1788—1842），字雨耕，静敏好学，工诗词，与兄黎恂并称“黎氏双璧”。道光二年（1822年）中举后，黎恺先后出任大定府（今贵州大方县）学权教授、印江县学训导、开州训导，著有《近溪山房诗钞》《石头山人词钞》《教余教子录》等。黎恺教子有方，庶焘、庶蕃、庶昌年龄虽比黎恂诸子要小，又早年丧父，但在家风的影响下，皆好诗词文章，有文集传世。尤其是黎庶昌（1837—1897），六岁时便失去父爱，在伯父、诸兄及郑珍、莫友芝的熏陶与指导下，能诗善文，一封《上皇帝书》，令清朝政府对黔北廪生刮目相看，加恩擢用。庶昌从此走上仕途，成为晚清著名的外交家与散文作家。

黎氏家族良好的家风，也使沙滩及周边地区习俗淳朴，文风浓郁。郑珍（字子尹，1806—1864）原住在遵义县西乡（今鸭溪乡）天旺里，此地“里氛极恶，博道饰骰，巧讹，反掌谋人鉅产；否则手笼画眉、黄雀语笑，三五闾巷头，涎前后家东西家肥鸡、老酿，醵以食；否则属游墟市，纵酒啖，袒膊、嚣跃，寻干戈。少长成风，厉嚣未绝耳”。为给孩子一个良好的学习环境，郑母决定带领全家搬迁到娘家附近的尧湾居住。郑珍母亲是黎安理的三女，从小受家风影响，嫁到郑家后，用身边生活实例教育孩子，曾言“我一时不作劳，即觉此身无安顿处。想真好学人，亦必舍书即觉心无安顿处，同是一个道理”。郑珍能成为名儒，在很大程度受其母亲教谕分不开的。郑珍在《母教录》称“珍无我母，将无以至今日”。事实也是如此，郑母迁家至沙滩的决定，使郑珍得以在沙滩禹门寺黎家私塾从舅舅黎恂读书，又得以遍览舅家藏书数千卷，“德业”取得很大进步。郑珍回忆此时学业时作诗云：“读书扫俗学，下笔如奔川。谓当立通籍，一快所欲宣。”一种思如泉涌、跃跃欲试的学习品质激励着他不断进取，成为在诗歌、经学、史学、朴学、书画等领域取得巨大成就的西南巨儒。

另外，独山莫友芝（子子偲，号郘亭，1811—1871），11 岁时随父莫与俦至遵义府学。因府学藏书少，友芝以年家子的名义前往沙滩黎氏家塾求教于黎恂。缘此机遇，莫友芝、郑珍及黎兆勋（黎恂长子，字伯庸）同窗攻读，披阅锄经堂中秘籍古书，交流心得。莫友芝在沙滩阅读大量书籍，切磋学问，为日后治学打下坚实基础。

正是黎氏家族重文重教的家风，使晚清的沙滩地区涌现出大量文人骚客和名家大儒，从而被浙江大学誉为贵州文化的“沙滩时期”。

二、重视家庭教育，锻炼学习品质

黎家非常重视孩子的启蒙教育，孩子年满 3 岁，祖、父辈就开始对他们进行引导教育。然后根据传统习惯，在 4 岁 4 个月 4 天时，家长便让孩子到黎氏家塾发蒙读书。这一阶段教育的主要目的是“以礼的法规为核心，在发展语言的基础上发展思维，培养儿童高尚的志趣、良好的习惯，诱发其对诗书的热爱”，教育方式主要是“联系生活实际，教礼貌、讲故事、识图片、念儿歌、背诗词、认单字、数数等”。黎氏这种启蒙教育相当于现代幼儿园教育，且其方法、内容与现代类似。这样，孩子从小就受到较为系统学习习惯的培养，为进入私塾接受学校教育奠定了良好的基础。

即使孩子进入私塾后，黎家仍非常重视家庭教育在孩子成长中的作用。黎恂家教甚严，次子黎兆熙幼时记忆力差，父教经文，反复讲述亦不理解，更不能成诵，常遭鞭打。黎恺为找到正确的教育方法，特著《教余教子录》。此书虽逸，但从黎庶昌兄弟刻苦读书的场景来看，勤奋学习应是其中重要内容。黎庶昌在《仲兄椒园墓志铭》中写道：“（仲兄）与庶昌并案读、属文，必尽夜分。每至月落山寒，窗纸映黄金色，竹露滴沥有声，吟哦未已。”

父亲已逝，兄弟间竟能自相督率，挑灯夜读到深夜，可见黎氏严格的家庭教育对孩子的影响。郑珍《母教录》第二则载："珍幼自馆归，母命种陌豆。有余力，母曰：'盍读书?'以无读处对。母曰：'书何处不可读？或树下或檐角皆可。必须明窗净几，又无一事开得口、用得心，汝无此福，真读书亦不如此'。"

郑家刚迁到乐安里时，黎安理已年过七十，仍隔三差五地到尧湾看望三女一家。有一次，建造厕所的工匠因农忙未盖好屋顶就回家了，黎安理碰巧来到三女家，就主动来帮忙。不到一顿饭的功夫他就编好了茅苫，盖好了厕所。受到父亲以身作则热爱劳动、珍惜时间思想的熏陶，郑母养成了勤劳惜时的习惯。她对孩子提出劳动之余，随处随时都要真读书的要求，也就不难理解了。

除了注重孩子学习习惯的培养，黎氏家族还重视孩子人格品质的培养。黎安理小时候遭继祖母夏氏虐待，只能边纺纱边把书放在膝盖上阅读，一生做过医生、算命、挑脚、小贩、塾师等职业，备尝艰苦。成年后，安理担负起全家负担，中举后为官清正，对母亲、祖父、继祖母极为孝顺。夏氏晚年得怪病，他侍奉汤药数十日，不知疲倦。安理"孝悌"之名远播，其事迹被录入《清史稿·孝义传》。从某种意义来说，黎安理勤奋、好学、孝顺、清正的道德品质为黎氏子孙树立了一座人格精神的丰碑。

黎恂好学如乃父，考上进士后，云："人以进士为读书之终，我却以为读书之始"。这种超脱世俗观念、把读书当作毕生精神追求的价值观，在"学而优则仕"的封建时代，显得尤为可贵。黎恂任官亦不负父亲教诲，在浙江桐乡知县任上，"政声卓异"。黎恂之子黎兆铨，任云南寻甸州知州，招集流亡，开荒垦田，帮助被镇压的起义农民恢复家园。云贵总督岑毓英下令征兵时，每一人随征白银四两。兆铨以民生未安，抗不应征，并向巡抚力陈其弊。他还保护寻甸回民，用全家性命担保回民不会再反叛，婉拒总督坑杀回民的密令。兆铨恤民救民的政治行为，正好体现了黎氏清正爱民的家风。黎恺之子黎庶昌，晚年官任川东兵备道道员兼重庆海关监督，勤于政务，务实守法。他重视教育，用自己的薪俸在重庆开办洋务学堂，聘请饱学且又精通洋务者为教师，为重庆培养了一批新型人才。后来，他又在这些学员中，选取优秀者到英国留学，开创西南地区政府资助出国留学的先河，体现了黎庶昌的开放意识及重视现代学科教育的理念。黎庶昌在重庆还鼓励兴办实业。一方面，他鼓励工商业者扩大本地手工业的生产规模，提高技艺和产品质量，扶持会馆的票号钱庄，加速资金积聚与周转速度；另一方面，鼓励实业家们引进国外先进生产技术，开辟新的工业门类，如采矿、冶金、机械、制革、缫丝、印刷、水电等，给重庆地方工业发展打下坚实的基础。黎庶昌这种、裁汰旧规、重教实干的为官作风，是对先人“清、慎、勤”遗训的继承和发展。

黎安理的勤劳正直的行为还潜移默化地影响了其他家庭成员。第三女出嫁到西乡为郑文清妻，相夫教子，乐于助人，为乡邻所重。《清史稿》卷二百九十五《列女一》为黎氏立传云：“事祖姑及姑能得其欢心。贫，令长子珍就傅，诸子力田，教督之甚肃。”她曾教导孩子云：“坏事总不可做过一次，尽明知道不好，不惟不做，还得劝别人。若做了一次，便觉得如此也不妨，往后越做得有味，直以为好事了，已是不孝不悌、不仁不义，他还说出许多道理、许多缘故来，竟是合该如此底。故凡一切坏事，只是拿定主见，宁忍耐着，莫去试手。语云：‘一回是徒弟，二回是师傅。’为善容易回头，为恶能回头，十未见其一也。”黎氏若非生长在沙滩书香门第，耳濡目染家父所言所为，则不一定能做到能孝顺公婆、慈爱子女，也不会用如此深刻事理来教育孩子要向善求仁。

三、学以致用，撑起生命的风帆

黎家教育孩子的目的与古代其他家族一样，都是为了教会孩子应对科举。科举考试最为重要的是要会做八股文（即时策文）。由于受到文体和字数的限制，文章中用典与对仗容易给考官留下深刻印象。因此，教会孩子习文写诗显得尤为重要。黎恂为使孩子了解诗歌和迅速掌握写诗技巧，特意对传统《千家诗》进行选辑和重新注释，使之易于为孩子所记诵和仿写。黎恂《千家诗注》咸丰二年版自序：“俗本千家诗，传布已久，村塾童子罔不记诵。……作者姓字，亦多桀误……（恂）尝就原诗钞录，备成作者名字里居官爵，洎平生出处大概，欲使初学诵其诗而知其人。诗中人物地名，非注不明者，及其诗经前贤评论，足以长人识见，启人悟机者，并为检阅群书，随手录载四旁，以授儿辈诵读。暇辄与之讲贯。”黎恂所选诗篇注重具有现实主义色彩、与日常生活中审美情趣相一致的诗歌，因而唐代杜甫及宋人程颢、朱熹及苏轼的诗较多，反映了他现实主义情怀及经世致用思想。在黎恂的指导下，孩子很小便会写诗。如黎恂长子黎兆勋九岁便会作诗；黎庶昌随伯父读书，受伯父激赏，赋诗属文，已犁然可诵；郑珍亦云：“（舅）既已诗法授珍辈内外昆弟，而二三幼者，课暇辄拈此令诵之。……思即是粗选，诱之入高明宏达之途者，用意最为切至。”黎氏族人至今仍喜欢吟诗作词，与黎恂慎选教材、传教诗法的务实教育理念密切相关。

黎氏不仅重视基础教育，而且对孩子的兴趣爱好也给予充分尊重，努力做到因材施教，学以致用。黎家祖上专《易》学，黎安理继承家学，研究《易》学，涉猎其他经典，著有《论语口义》《梦余笔谈》等。黎恂则偏离家学，对史学、诗学、宋学用功最深，著有《四书纂义》《蛉石斋诗钞》《蛉石斋文集》《北上纪程》等。尤其是他的诗歌，被评价为“以前贵州诗人，未能或之先也。”黎恂四子皆通诗歌与古文。长子兆勋（字伯庸）喜钻研诗艺，工于诗词。知府平翰及诗家名流王柏心、龚子真、徐华廷、李鸿裔、胡长新等，重其德性、诗艺，与其交往唱和，撰有《侍雪堂诗抄》6 卷、《石镜斋诗略》与《词林心醉》。次子兆熙，潜心于书，好研诗文，著有《野茶冈人学吟》诗集 1 册。三子黎兆祺，府学附生。从长兄兆勋及外兄郑珍学诗，研治宋学，著有《息影山房诗钞》。四子兆铨，虽无诗文传世，亦以才干见称。郑珍受大舅黎恂影响，倾心于宋诗，承继苏轼、黄庭坚豪迈、俊奇之诗风，远学杜甫、韩愈忧国忧民、指陈时弊之情怀，形成奇奥渊懿而又平易隽宏的艺术风格。郑珍的诗主要收集在《巢经巢诗集》中，陈夔龙称此集为“枕中鸿宝”。梁启超认为：“咸同以后，竞宗宋诗，只益生硬，更无余味，其稍可观者，反在生长僻壤之黎简、郑珍辈。”黎恺长子庶焘，也受家风影响，好诗词，悟领诗法精微，写有《琴州词》《筱庭杂文》等。次子黎庶蕃有诗才，又是黔中一流词作者，著有《椒园诗钞》《雪鸿词》。

黎庶昌虽也善于写诗，但他更注重载道济世之文章。他认为“本朝人喜言考据。然其学在今日实已枝搜节解，几无剩义可寻。骛而不已，诚不免于破碎害道之讥。惟独文章一事，余意以为尚留未尽之境以待后人。而因文见道之说，仆尤笃信不惑。”这样，黎庶昌一改黎家重诗词的传统，专攻古文。为达到以文章经国的壮志宏愿，他有选择地阅读古籍。他在《答赵仲莹书》中写道：“然书籍浩博，毕世不能殚其业。若不循持要领而泛泛以求，则恐舍本逐末，遗精得粗……余谓有可读与‘经’等者，于子则取老、庄、荀、周、程、张、朱；于史则取司马、班氏；于集则取《文选》、韩、欧阳。合此十余家之书，穷原竟委，熟读而深思，长吟而咏叹。久之，必有如杜元凯所谓

‘江海之浸，膏泽之润，焕然冰释，怡然理顺’者。”

显然，黎庶昌关注的重点和爱好的文体与伯父、兄长不大相同，他刻苦攻读的是史书与散文，从而为他写出震撼激切的《上皇帝书》及优美紧凑的游记散文，打下了扎实的文学功底。

可见，黎氏在培养后辈时，在诗词文章等各方面都给予指导，打下坚实基础。至于长大后的兴趣爱好，父辈兄长并不干预。这为孩子成长提供了一个广阔的发展空间。

四、鼓励交游，重视社会交际能力的培养

由于古代交通条件的限制及各地教育水平的参差不齐，交往与游学是年轻学者提高学识、结交朋友的重要途径，也是增强社会交往能力的主要方法。贵州地处西南边疆地区，教育水平相对于京城或东部地区也落后些。黎氏家族为弥补区域条件的不足，鼓励子弟相互交流，鼓励他们利用进京赶考等外出机会，结识本地见不到的硕儒大家和官宦名士，以博取名声和铺好仕途条件。

黎氏子弟与亲戚朋友间关系非常融洽，不仅在物质上能够做到互相帮助，而且在学习上也相互切磋，相互学习和激励。黎恂长子黎兆勋与郑珍、莫友芝年龄相仿，三人曾在一起同窗共读，又经常在一起交流诗艺，交往甚密，情同手足。莫友芝本居住于遵义府学，为便于与郑、黎交往，在沙滩附近的青田山营建房舍，以此为修学养身之地。此后，郑、莫、黎三人或座谈于莫友芝青田山庐中，或吟诗于郑珍望山堂美景处，或欢宴于黎兆勋檬村边的江中小舟。莫友芝曾作诗抒写了三人交往时的场景：“望山又何好？十步一流泉。洗耳在枕上，鸣琴在座边。郘亭与檬村，日日来不厌。湖光与山色，处处深杯泛。我歌桃湖深，湖鸟相和鸣。我歌望山幽，山云停不行。”

三位少年不知愁滋味，放舟览胜，偕游唱和，建立起深厚的友谊。后来他们在学术上相互配合，留下数部不朽名著，如郑珍与莫友芝修成的《遵义府志》，被梁启超称为天下第一府志；莫友芝与黎兆勋辑成《黔诗纪略》，为黔中文化繁荣做出了重要贡献。黎庶昌年龄比从兄兆勋及表哥郑珍小三十余岁，入塾就读时，还虚心向长兄与亲友求教。他常常去郑氏望山堂向郑珍请教诗法与古文，以及《说文解字》等小学。莫友芝非常欣赏黎庶昌的聪明才智，从各方面对他进行帮助，还把小妹许配给他。

黎家除引导子弟亲戚间相互学习外，还鼓励他们利用各种外出机会，结交有识之士。郑珍8岁时，父亲郑文清带着他与表兄黎兆勋前往山东长山县探望岳父黎安理。因战乱，三人中途返回。这是郑珍与黎兆勋第一次接触到外面世界。黎氏曾对准备远行的郑珍说："汝贫人子而幼，众人非不得已，必顾惜汝也。汝于贤者，常亲之，事事尽诚实焉。于不贤者，亦常亲之，事事勿沾惹焉。如此则贤者乐教汝，不贤者未从詈骂汝，汝虽远我，不汝虑也。"郑母与人为善的教导，使郑珍处世稳重，得到爱才惜才的平翰（遵义知府）、程春海（湖南学政）等指教和赏识。

黎庶昌考中秀才后，因农民起义省级乡试科考被取消，时间长达15年。遇此情况，黎庶昌无法通过中举走上入仕，不能立业。黎庶昌只好去威宁拜谒威宁知州顾崑扬，谋求职业，与贵西兵备道道员承龄成为忘年交，得其资助以往京城应顺天府乡试。长兄黎庶焘非常支持他，用"伟儒志四海，乡曲焉可程。正如太行马，矫首孙阳鸣"的诗句鼓励他，对弟弟庶昌北上应试充满了期待。分别时，黎庶焘写诗道："勿为重离别，努力事清名"，让他不要受家中事情牵挂。长兄的这种支持，不仅仅是一种精神的鼓励，更是在物质上担负起家的责任，使离家的知识分子在功成名就的期待中能自由前行。郑珍在《送黎莼斋表弟之武昌序》中以"豪杰之士不待文王而兴"的道理激发庶昌奋进精神，同时也告诉他，艰苦的旅途是一次游学的绝好机会。其文云："（此行）水陆不止万里，帆樯轮辙之间，皞然想望孔、孟之所为教，程、朱之所为学，以及屈、宋、杜、李、欧、苏之所以发为文章，必有相遇于心目间。则斯行也诚快。"黎庶昌到达武昌，时任武昌蕃照磨兼盐库大使的从兄黎伯庸（即兆勋），也非常支持他，为他筹措盘缠，留他在武昌多盘桓时日，临近秋闱才送他北上。正因为亲戚朋友的鼓励和资助，黎庶昌虽在京师两次应举不中，却仍能滞留京师，最终以"万言书"获得恩赏入仕。此后，这匹千里马入幕曾国藩、受聘于江苏巡抚丁日昌、拜谒李鸿章、跟随郭嵩焘出使欧洲，结交了许多名家大儒和举足轻重的政治人物，成为清末重要的散文家和外交家。

五、结语

家庭教育在儿童成长时期具有其他教育模式不可替代的作用。家庭中长者的生活方式、教育方式，对子孙后代的人文素质和道德品质的形成产生相当大的影响，尤其是对幼小者的教育作用更为明显，更为直接。郑珍、莫友芝、黎庶昌三人来自不同的家庭，但在家庭生活环境、家庭教育方式等方面有着相似之处，尤其是遵义沙滩良好的文化氛围，对于正处于成长时期的他们产生了积极影响，也为他们在学术上及社会活动取得巨大的成功奠定了坚实的基础。"黔中三君子"的成功，也对当代家庭教育有着重要的启示作用：

第一，家长要做好孩子积极向上道德品质的榜样；第二，营造书香门第的家庭氛围，有利于培养孩子热爱学习、崇尚知识的学习气氛；第三，家庭高尚的精神情趣，有利于培养孩子良好的生活习惯与意志品质。

参考文献

［1］马镛．中国家庭教育史［M］．长沙：湖南教育出版社，1997.

［2］翟博．中国家训经典［M］．海口：海南出版社，2002.

［3］张羽琼．论清末贵州教育改革及其影响［J］．贵州师范大学学报：社会科学版，2003（6）．

［4］黎铎．黎氏家学浇探［J］．贵州文史丛刊，1992（6）．

（作者系贵州师范学院历史与社会学院副教授，贵州教育发展研究中心研究员）

项目来源：贵州"沙滩文化"研究——以教育思想与实践为中心。

《弟子规》及其家庭教育思想

王天桥

《弟子规》是根据《论语·学而》第六条，“子曰：弟子入则孝，出则悌，谨而信，泛爱众，而亲仁，行有余力，则以学文”这句话，作为整篇的纲目来进行开解的。《弟子规》教我们如何做人、处事、待物，以及应有的基本规矩和原则，教我们与人和谐相处，是孝敬，是谨信，是仁爱，它能帮助我们扎下品德的根基。

一、孝悌恭敬之道：家庭教育的根本

古人告诉我们：“百善孝为先”。《论语·学而》中说：“孝弟也者，其为人之本与”，这告诉我们孝敬仁爱是做人的根本。《孝经》也提到：“夫孝，德之本也，教之所由生也。”这告诉我们，人一生最重要的，一定要孝敬父母，友爱兄弟。

家庭教育首先从落实孝道做起。做一个有道德的人的根本是从落实孝道开始，培养一个有道德的子女，对子女进行道德教育离不开孝敬父母的内容，要对子女进行感恩教育，尤其是要让子女体会到父母的生育之恩、养育之恩、教育之恩、培育之恩，这是道德教育的根本和基础。因为百善孝为先，意思是说，有孝道，百善自然就开启了，孝是百善的基础，是根，根深才会叶茂，根深才能经受狂风暴雨的考验，不会连根拔起，根深树才会稳固。因此，在对子女进行道德教育时，首先要做到孝敬父母，对自己的父母要有恭敬之心，从而扩展到对所有人的父母都能生起恭敬心。在家庭中要学会多付出，有责任感，家庭不是谈利益的地方，也不是讲交换的场所，更不是辩论的地方。家庭应该是谈付出的地方，谈责任的场所，是讲亲情的地方。孝敬父母要怎么做，《弟子规》给我们很好的启示，首先与父母的言语应对要做到立即反应，恭敬应答，以免增加父母的烦恼。其次对于父母的教导、责备要恭敬地应对，不能“一言九顶”，顶撞父母，让父母生气。再次要时时观察父母在衣食住行等方面的需要，尽全力满足父母的需求，让父母安心。对于自己的言行举止、一言一行要谨慎，要多为父母考虑，不能增加父母的担忧，更不能让父母蒙羞，时时提醒自己做到身有伤，贻亲忧，德有伤，贻亲羞。作为子女，我们要做到让父母开心、放心、安心，不断在学习、生活、工作中养父母之身、养父母之心、养父母之志。

学习孝道之后，我们还要学习如何友爱兄弟姐妹，敬重长辈，学会兄友弟恭的礼节，具有“四海之内皆兄弟”的胸襟，有蓝天、大海的博大情怀。兄弟姐妹相处融洽，也是让父母开心的事情，是兄道友，弟道恭，兄弟睦，孝在中的最好体现。兄弟姐妹相处，要学会正确对待财物，不能因为财产的纠纷而破坏兄弟姐妹的关系，做到“勿以小嫌疏至亲，勿以新怨忘旧恩。”兄弟姐妹之间要相互关爱，彼此气息相通，因为兄弟姐妹之间有直接的血缘关系，如同树木一样，同根连枝。古人有一首叙述兄弟之情的诗，讲得很有味道。诗中说：兄弟连枝各自荣，些些言语莫伤情；一回相见一回老，能得几时为弟兄。弟兄同居忍便安，莫因毫末起争端；眼前生子又兄弟，留与儿孙做样看。《弟子规》启示我们，要学会尊重长辈，表现在方方面面，日常生活的各个细节中，在称呼上，不能直呼长辈的名字，在长辈的面前要学会谦虚，有礼貌，多向长辈讨教人生经验，多听、多看、少说。在用餐、坐、行走等方面让长辈在先，做到长者先，幼者后，处处考虑长辈的需要，多为长辈着想。作为子女，我们对待生活中的一切长辈，对社会的一切长者、同龄人都要学会互相尊重，互相关怀，互敬互爱，彼此照顾，真正落实事诸父，如事父，事诸兄，如事兄。

二、行为习惯养成：家庭教育的升华

我们知道，一个人有什么样的思想观念，就会有什么样的行为表现，有什么样的行为表现，就会有什么样的行为习惯。家庭中的道德教育应该围绕“培养子女哪些良好的行为习惯、如何培养良好的行为习惯”这一基本问题，着力探讨如何培养子女具备良好的行为习惯和严谨的待人处世态度。

在行为习惯的养成和处世态度的培养方面，《弟子规》启示我们，对于子女而言，要培养他们在饮食起居方面学会珍惜时间、爱惜物品、节约粮食、尊重他人的劳动成果、规范自己的行住坐卧。比如：珍惜每一分、每一秒，珍爱生命，善待自己的衣物，分类摆放，叠放整齐，学会有序管理自己的一切物品，不与人做物质上的攀比，不因为自己条件不具备而无法满足的物质需求而生烦恼，不挑食，行住坐卧方面做到“行如风、坐如钟、站如松、卧如弓”，做事情有规划、有计划、有原则，做到有计划不忙，有原则不乱，使用他人的物品要先请求，征得对方同意方可使用，借他人的东西及时归还，做到用人物，须明求，借人物，及时还等。因为具有这些良好的行为习惯，可以让我们无论走到哪里都会成为受人尊敬、受人欢迎的人，可以帮助提高子女独立管理生活的能力，学会自制。要做到这些，作为父母，我们要适时加以引导，率先垂范，表演给子女看，用无声的语言教会子女独立，教会子女自强，教会子女严谨，教会子女处世。子女有了这些良好的行为习惯有助于培养良好的性格，有助于形成健全的人格，有助于改善自己的人际关系。

在诚实守信方面，《弟子规》给我们更多的启示，作为子女，我们可以从以下几个方面努力做一个诚实守信的人，包括：在言语上做一个守信的人，说话做到凡出言，信为先，“一言既出，驷马难追。”说话不能夸大其词、添油加醋、无中生有，注意说话的方式、说话的态度、说话的动机、把握说话的时机、考虑说话的对象的感受，谨记当说不说，失人；不当说而说，失言。不能整天花工夫在巧言令色、花言巧语上，不干实事。对于别人的请求，要充分考虑自己的能力和水平，不轻易许诺，如果轻易承诺而没有兑现，不仅仅损害自己的信誉，更主要的耽误了别人的事情，拖延了别人的宝贵时间，影响了别人办事的进度。做到不说长道短，谨记人有短，切莫揭。人有私，切莫说。不诋毁他人，不参与“李家长，张家短”的是非评说。看到别人有善的行为，要向他学习，不嫉妒，不打击别人的积极性，看到别人恶的行为，如果不能马上制止，要学会反省，告诫自己千万不能为，不责怪，不批评，做到扬人恶，即是恶。道人善，即是善。对于他人的意见要虚心接受，无论是称赞表扬的，还是批评指责的。要学会适时观照自己的内心，用一颗真诚的心对一切人事物守信，感化我们周围的人事物，净化社会环境，做到“勿以善小而不为，勿以恶小而为之。”作为子女，我们要学会用自己真诚的心感动每一个人，用诚实守信的故事鞭策每一个人，用自己诚实守信的表演带动更多的人做一个诚实守信的人。

三、倡导爱和关怀：家庭教育的延伸

我们知道，每一个人都需要爱护和关怀，每一个人都需要帮助和照顾，每一个人都需要关心和感激。《弟子规》启示我们，要得到这些的前提是每一个人都学会爱护和关怀他人，学会帮助和照顾他人，学会关心和感激他人。“爱”由一个“心”和一个“受”字组成，清清楚楚告诉我们什么是爱？就是用心感受别人的需要。而且要做到爱一切人事物，因为我们都生活在同一块土地上，同一片蓝天下，要时时提升自己的品行、德行、才能，用自己的才能去帮助更多的人，设身处地考虑对方的各种需要，学会换位思考，对于他人的短处和隐私，要学会为对方保密，不揭人短，不说人私，做到凡是人，皆须爱，天同覆，地同载。己有能，勿自私，人所能，勿轻訾，勿谄富，勿骄贫，勿厌故，勿喜新。设身处地考虑对方的各种需要，做到人不闲，勿事搅，人不安，勿话扰，人有短，切莫揭，人有私，切莫说。学会换位思考，做到将加人，先问己，己不欲，即速已，恩欲报，怨欲忘，报怨短，报恩长。要发现并宣传身边的善的事例，引起大家的共鸣，勉励自己学习更多的善举，让更多的人知道可以学习的榜样，对于他人的恶行恶语，不到处说，以免别人在没有判断力的前提下模仿这些恶行恶语。

四、生活在感恩的世界里：家庭教育的归宿

在生活中要学会感恩、感谢、感激，不能以德报怨，学会感恩蓝天、阳光、空气、大地的无私，感恩父母给予生命，感恩父母的养育，感恩老师的辛勤教导和谆谆教诲，感恩朋友的关心和帮助，感恩生命中所有付出的人。对待生活中的一切人，生命中发生的所有事情都要抱持感激之情，要感激赞扬我们的人，更要感激伤害我们的人，因为他磨炼了我们的心志。要感激对我们守信的人，更要感激欺骗我们的人，因为他增长了我们的见识。要感激给我们助力的人，更要感激给我们阻力的人，因为他提升了我们的能力。要感激挽留我们的人，更要感激遗弃我们的人，因为他教导我们应该自立。要感激肯定我们的人，更要感激斥责我们的人，因为他增进我们的智慧。作为子女，学会爱和感恩，就会体会到人生的幸福，就会感化更多的人愿意伸出援助之手，就会营造和谐的良好氛围。

参考文献

［1］蔡礼旭．细讲《弟子规》［M］．北京：华艺出版社，2007.
［2］任登第，牛淑卿．大家都学《弟子规》［M］．北京：世界知识出版

社，2010.

［3］钱文忠．钱文忠解读《弟子规》［M］．北京：中国青年出版社，2010.

（作者系贵州师范学院马列主义教学部副教授，贵州教育发展研究中心研究员）

项目来源：2012年贵州省教育厅高校人文社科研究项目基地项目（项目编号：12JD122）。

【民族教育研究】

从校本教材看贵州民族文化进课堂的教学实践

——以黔东南为例

申满秀

2012年9月底到11月，课题组一行8人分成两个小组对贵州省黔东南、六盘水、毕节等地区开展的民族文化进课堂的教学实践进行实证调查。接受调查的学校共38所，其中，小学8所、中学30所。通过对全省各地具有代表性的地区开展的民族文化进课堂教学实践中校本教材的问卷调查，我们获得了翔实的第一手资料，对贵州民族地区民族文化进课堂的整体情况有了进一步的了解和把握。调查中发现，贵州省黔东南各县开展的民族文化进课堂的教学实践具有典型性，为此本文以黔东南为例剖析贵州民族文化进课堂教学实践在校本教材建设上存在的问题，并提出相应的对策和措施。

一、黔东南民族文化进课堂的背景

黔东南是我贵州民族民间文化资源大州，这里的居民主要以苗族和侗族为主，其次还有瑶族、水族、壮族、畲族等少数民族。各民族在长期生产实践中，积累了丰富的民族文化资源，20世纪80年代，在贵州各地还未普遍开展民族文化进课堂教学实践前，黔东南文化、教育部门就开始将民族文化引入到学校教育的实践中，在侗族较为集中的榕江县车江乡车民小学率先拉开了民族文化进课堂的实践教学，并编写了堪称我省第一部乡土音乐校本教材——《长大要当好歌手》。之后，民族文化进课堂在部分地区继续得到推广。

2002年7月，贵州省委、省政府及相关部门对民族文化进课堂工作给予高度重视，贵州省九届人大会议颁布了《贵州省民族民间文化保护条例》，同年10月，贵州省教育厅、民宗委联合下发了《关于在我省各级各类学校开展民族民间文化教育的实施意见》（以下简称《意见》）。《意见》指出：贵州普通中小学、特别是民族地区中小学应将优秀民族民间文化作为素质教育的内容，将当地各族人民喜爱的民族民间音乐、绘画、文学、传统手工艺制作等引进教学活动中。在省委、省政府及相关部门的大力倡导下，贵州全省各地中小学校徐徐拉开了民族文化进课堂的教学实践工作，黔东南各县中小学校积极响应号召，将民族文化纳入当地中小学校的课堂教学中。

黎平县教育局和黎平县委、县政府对此项工作高度重视，2002年分别制定了《将民族文化纳入课堂教学实施方案》《关于全面实施民族文化进课堂工作的意见》，明确提出了民族民间文化进课堂的工作任务、措施和工作安排。由于政府及相关部门的有效推进，黎平县各中小学在民族文化进课堂的教学实践中取得了较好的成绩，在2004年至2008年的各项比赛中，获得多项比赛大奖（2008年7月在奥地利举办的第五届世界合唱节获得金奖）。

到2009年，黔东南各县中小学校民族文化进课堂的教学实践全面铺开，如锦屏县、天柱县开始把侗族民间歌谣、戏曲、风俗、饮食、民族英雄以及民间工艺制作等引进课堂教学，收到较好的实践效果。

二、民族文化进课堂的教学实践中存在的问题

校本教材作为民族地区开展民族文化进课堂的主要措施和手段是校本课程实施的主要载体，它是实现课程目标的桥梁和纽带，也是民族文化进课堂实施效果评价的重要标尺。黔东南州各县中小学不仅开展民族文化进课堂教学实践活动较早，而且在校本教材的组织编写和使用上也率先进行了探索，并取得了一些成绩。在收集到的10余种校本教材中，具有代表性的校本教材有2002年黎平县编写的《侗族知识简明读本》，2003年由天柱县民族宗教事务局、天柱县教育局、天柱县文体广播电视局编写的小学部和中学部的《乡土音乐教学资料》，2009年锦屏县黄门民族学校组织教师编写的校歌教材《侗家出人才》等。

其他一些学校为配合校本教材的使用也编写了类似的教学补充资料，如天柱县竹溪小学、帮洞小学、坌处小学，从江县高增乡小黄小学、榕江县寨蒿镇太平小学等，均编写了民族音乐补充教材等。从各校编写的校本教材来看，可谓各有特色，丰富多彩，如天柱县小学部和中学部使用的校本教材

《乡土音乐教学资料》，是目前该县各民族中小学均使用的唯一校本教材，该教材所收集的歌曲是从该县 271 首民间音乐中挑选而来，内容以民歌为主，涵盖山歌、儿歌、婚嫁歌、酒歌等多种歌曲形式。在天柱县政府、县教育局的高度重视下，天柱县的民族文化进课堂的实践工作取得了重要成果，如侗歌进课堂，曾获得 2010 年“天柱县首届民族民间民歌大赛合唱第一名”等佳绩。在调研期间，天柱注溪民族小学 30 余名活泼可爱的学生还表演了侗族大歌，孩子们多声部混合演唱，声音如林间百鸟和鸣，如小溪在山间蜿蜒穿行，如天籁之音在云间缭绕。在与多所学校教师、学生交谈及问卷调查中，我们了解到黔东南各县开展的民族文化进课堂的教学实践目前还存在以下问题：

（一）民族文化进课堂开展的学校较多，有校本教材的学校却只在少数

在当地调查了 18 所学校，其中，开展民族文化进课堂教学实践的学校共 13 所，占调查学校总数的 72%，而有校本教材的学校才 5 所，占开展民族文化进课堂教学实践学校总数的 38.5%；无校本教材的学校共 8 所，占开展民族文化进课堂教学实践学校的 61.5%；另还有 5 所学校没有回答问卷。

（二）各校开展的民族文化进课堂使用的校本教材缺乏针对性

校本教材没有根据不同年龄段学生传授适合该年龄段的民族歌曲。仅从收集到的 10 余本教材看，歌曲成人化现象严重，如小学三四年级学生学唱的民族歌曲中包含有相当数量的婚嫁歌、酒歌等不适合该年龄段学生学唱的歌曲，显然他们的校本教材并没有对收集到的民歌进行筛选，而是盲目地全部编进校本教材中。

（三）各地编写的民族文化进课堂的校木教材形式单一

目前，收集到的校本教材的内容基本为民族歌曲，学生了解和掌握本民族文化大多局限于民族音乐、舞蹈方面。对于本民族的历史变迁，传统文化，如蜡染、刺绣、银饰制作等手工艺技术及丰富的文学艺术、审美意识、伦理道德、风俗习惯、宗教信仰等均未纳入校本教材，即使少部分学校开设有蜡染、刺绣、银饰制作等手工技艺类课程，也完全是邀请民间艺人现场随意传授，没有相应的教材作指导。可见贵州民族地区开展的民族文化进课堂的教

学实践具有一定的片面性，且处于初浅层面。如果贵州民族地区开展的民族文化进课堂的教学实践仅仅局限在民族音乐、舞蹈层面，这既难以涵盖各民族丰富的民族文化内容，也不利于全面传承各民族文化。

（四）现有校本教材的编写基本上由某一歌者、艺人编写，缺少专家论证环节

由于目前的校本教材多为个人经验之作，而非集体完成，它缺乏应有的审核和把关，因此现有校本教材很难承担起民族地区民族文化进课堂教学实践的纲领性指导。由于现行民族文化进课堂的校木教材存在不规范、不科学、不系统的问题，使贵州省民族地区开展的民族文化进课堂的教学实践工作不仅推进速度较慢，且难以向纵深发展。

（五）从事民族地区民族文化进课堂课程的教师普遍没有接受过专门的培训

他们对该门课程的讲授存在两种情况，一是在有校本教材的学校，部分教师由于没有参加过培训，他们对现有教材的理解、把握上带有主观性、随意性；二是在没有校本教材的学校，教师的教学大多是请民间艺人任教，如 2013 年 5 月我们到榕江县寨蒿镇太平小学做调查研究时，旁听了一节由当地民间艺人直接讲授的课程，课程内容就是教授学生唱侗族的琵琶歌，该艺人教师走进教室时，手上既无教材，也无教案，直接开口就教唱歌曲。由于无教材、无教案，一节课下来教到哪里就哪里停，具有很强的随意性。此外，对 18 所中小学的 26 位教师进行了问卷调查，有 17 位教师表示，他们承担民族文化进课堂教学工作从未参加过专门培训，占被调查人数的 64.3%，5 人表示参加过专门培训，占被调查人数的 19.2%，3 人未填写问卷。

通过上述问题的调查，反映出贵州省各地在开展民族文化进课堂的教学实践中，最突出的问题集中反映在编写校本教材的问题上。在民族地区开展民族文化进课堂的教学实践中，大部分学校没有编写校本教材，已编写了校本教材的学校也存在教材编写不规范的问题。这些问题的存在，直接影响了贵州省开展的民族文化进课堂教学实践的效果，使开展的此项工作难以达到推广和传承民族文化的最终目的。

三、加强校本教材建设，推动民族文化进课堂教学实践的发展

校本教材是指导贵州民族文化进课堂教学实践的重要环节，校本教材的质量在一定程度上将直接影响民族文化进课堂教学实践的成效，因此具有举足轻重的作用。从对黔东南相关县民族文化进课堂教学实践活动开展情况的调研中反映出来的问题，充分说明贵州省民族文化进课堂教学实践工作虽然已经开展有10余个年头，但由于没有较高质量的校本教材作为指导，因此直接或间接地制约了贵州省民族文化进课堂教学实践从原来的“粗放”状态，向规范、系统、科学的教学过程的迈进。

贵州民族文化进课堂的教学实践应是一个系统工程，理应引起相关部门的高度重视。校本教材作为贵州省民族文化进课堂教学实践工作的蓝本、依托，是检验开展民族文化进课堂教学实践质量高低的标尺之一。虽然目前在黔东南各县有少部分中小学在开展民族文化进课堂的教学实践中编写了自己的校本教材，但如上分析，现有的校本教材也还存在诸多问题。

针对目前黔东南各县民族文化进课堂在校本教材编写上存在的问题，笔者认为，尽快编写统一的校本教材是当下政府、教育主管部门应予高度重视和亟待解决的问题。新编写的校本教材应从以下方面着手：

第一，新编写的校本教材必须对相关民族历史发展概况有一个总体介绍。作为文化传承，少数民族学生只有在了解了本民族历史发展及历史文化全貌的前提下，才能由衷地、更好地、主动地学习本民族传统文化，更好地传承民族文化。

第二，鉴于贵州少数民族文化的丰富性，校本教材至少可分为音乐篇、诗歌篇、神话篇、伦理道德篇、宗教篇、工艺篇、竞技体育篇等几个部分。让民族地区学生全面系统地了解本民族文化，改变过去民族文化进课堂教学实践中只将民族歌曲或舞蹈纳入课堂的局限，及时编写图文并茂的校本教材，使教师有纲可依，学生兴趣盎然。

第三，组成由相关专家、艺人、教师共同参与的校本教材编写小组。在对各地开展的民族文化进课堂教学实践充分调研的基础上，分篇完成编写工作。同时针对不同年龄段学生，有取舍地纳入编写内容。

第四，将民族文化进课堂的学习纳入中考分数计算范围，从教育政策上

提升该门课程的教学地位。

第五，找好教学试点，以点带面逐步推广、完善。民族文化进课堂校本教材的试点选择也非随意之事，应在教育基础较好，已有一定民族文化进课堂教学实践经验的学校率先推行。

第六，由政府相关部门组织协调、投入适当经费对专门从事民族文化进课堂教学实践的教师进行专职培训，并组织相关专家对培训工作进行研究，对校本教材进行研讨，让参加培训教师全面了解、认真解读校本教材，提高贵州省民族文化进课堂教学实践的实效性。

总之，黔东南民族地区开展的民族文化进课堂的教学实践已经取得了较好的效果，如果把黔东南民族地区开展的民族文化进课堂的教学实践按实践探索、提高完善、总结推广三大阶段来推进该项工作的话，那么，可以把黔东南民族地区各县自编的校本教材看作“实践探索”的第一阶段，此阶段的工作为第二阶段校本教材的统一编写做了有益的探索和实践，积累了相应的经验，奠定了良好的基础。由专家、艺人、教师共同组成的教材编写组对校本教材的统一编写是民族文化进课堂教学实践进入“提高完善”第二阶段的标志。第二阶段工作开展的质量至关重要，它将起到承前启后的作用，为民族文化进课堂“总结推广”第三阶段中教学评价体系的建立提供最直接、最重要的依据。

总之，黔东南作为贵州省民族文化资源大州，其率先开展的民族文化进课堂的教学实践经验值得推广，其在校本教材建设上存在的不足值得借鉴，通过校本教材编写工作的分析和总结，必将为贵州省下一步编写出符合本地特色，具有一定质量的校本教材提供有益的理论依据。

参考文献

[1] 谢治菊．重拾精神的家园——贵州乡土教育的探索与实践［M］．成都：西南交通大学出版社，2012.

[2] 李纯，张静．贵州教师多元文化教育态度的调查——基于“民族文化进课堂”的背景［J］．教育学术月刊，2009（11）：65－68.

[3] 谢妮．贵州省民族民间文化教育现状研究［J］．贵州民族研究，2009（3）：141－146.

[4] 吕虹．关于建立贵州多元民族民间文化传承发展机制的思考［J］．

贵州民族研究，2006（1）.

［5］李小勇，谢治菊．贵州省民族民间文化教育师资状况调查及思考［J］．贵州民族大学学报：哲学社会科学版，2012（5）：181－185.

［6］李良品．乌江流域民族文化教育问题研究［J］．黑龙江民族丛刊，2010（3）：182－187.

（作者系贵州师范学院历史与社会学院教授，贵州教育发展研究中心研究员）

项目来源：贵州省教育厅2011年社科基金项目：《贵州少数民族民俗文化与民族教育》（项目编号：11GH037），2012年省长基金项目：《贵州少数民族民俗文化在民族地区基础教育中的实践研究》（黔省专合字〔2012〕78号），2013年教育部荣达教育资助基金项目：《西部民族地区民族文化进课堂教学实践研究——以贵州为例》（项目编号：RDBZ13045）。

贵州民族地区农村寄宿制学校建设现状与理性反思

谢治菊

一、问题的提出

20 世纪 90 年代以来，伴随着计划生育政策的强力推行和落实，我国人口自然增长率得到有效控制，广大地区出现了适龄入学儿童人数下降，特别是人口偏少的农村地区，适龄儿童入学人数持续减少。与此同时，经过 30 多年的改革开放，我国城市化进程的步伐日益加快，农村人口和劳动力大规模向城市转移，农村大批义务教育阶段的儿童外流，加剧了农村学校生源的萎缩。由于生源骤减且分布稀疏，使得农村地区出现了大量的“麻雀学校”“一师一校”，以及复式教学和隔年招生等现象。在这种背景下，原有的村办小学、县乡办中学的学校布局不再适合农村教育实际。为此，自 20 世纪 90 年代中后期开始，我国一些农村地区开始对中小学布局进行适当调整。进入 21 世纪后，国务院颁布了《关于基础教育改革与发展的决定》，要求“因地制宜调整农村义务教育布局，按照小学就近入学、初中相对集中、优化教育资源配置的原则，合理规划和调整学校布局。”自此，以改革农村教育资源配置为契机，以扩大办学规模、提高办学效益为目标的新一轮农村中小学布局结构调整在全国范围内展开，并取得了一定的成绩。但是，“集中资源办学”却又出现了新的“上学难”问题，在这种情况下，既要方便农村孩子上学，又要考虑到办学质量，寄宿制学校就成为当前情况下解决问题的最好选择。

寄宿制中小学是国家在少数民族牧区、边远山区和经济不发达地区设立的，面向农村、牧区、边远山区招收中小学生而建立的办学形式。其实，早在 20 世纪五六十年代就在部分省、自治区开始举办。进入 21 世纪以来，农村寄宿制学校建设工程是国家在实施“贫困地区义务教育工程”和“危房改造工程”的基础上，为实现西部“两基”攻坚计划所采取的一项重大举措。自2002年起，国务院在《关于深化改革加快发展民族教育的决定》中就明确提出要加快“寄宿制”建设步伐，努力改善寄宿制中小学办学和生活条件，实施范围以2002年年底西部地区尚未实现“两基”的地区以及中西部已经实现“两基”但基础仍然薄弱的部分地区。2004—2008年，中央财政共投入资金100亿元，帮助西部地区新建、改扩建一批以农村初中为主的寄宿制学校。

可见，对于农村寄宿制学校，无论是政府还是社会舆论都对其给予了较多的支持与肯定，普遍认为对我国农村基础教育发展具有重大意义。但是，大批农村寄宿制学校建成后，学校的发展却面临办学经费不足、安全隐患大、教师负担加重、教育成本增加、寄宿生自理能力普遍低下等问题。如何在寄宿的情况下解决这些难题，提高农村办学质量成为摆在人们面前的一道难题。为此，学界对此进行了大量的探讨。然而，在诸多的探讨中，人们很少运用实证调查方法对边远贫困地区农村寄宿制学校的教师、学生、家长等多个群体进行系统研究。基于此，我们将目光转向了远离中心城市、地理位置偏僻、交通不便、经济欠发达的贫困地区。

二、贵州民族地区农村寄宿制学校建设现状

前面指出，2004—2008年，中央财政共投入资金100亿元，帮助西部地区新建、改扩建一批以农村初中为主的寄宿制学校。那么，投入这么多资金后，西部贫困地区农村寄宿制学校建设得怎么样？为此，2011年4—7月、2014年7月，笔者采取采取分层随机抽样的方法，分两次对位于贵州黔东南州“两山”腹地的X县、Y县和Z县农村寄宿制中小学建设情况进行了大规模的实证调查与半结构式访谈，调查共涉及12所学校。其中，小学7所，中学5所。调查共回收有效问卷447份，问卷回收率为89.6%。调查结果显示，尽管加大了投入、增加了补贴、修建了校舍、完善了机制，农村寄宿制学校原来存在的资金不足、重视不够等问题得到了缓解，但农村寄宿制学校老的问题没有解决，新的问题又产生了。

（一）教师结构不合理，教师待遇较差

调查表明，“两山”贫困地区的许多学校都没有保育员、生活老师及其他

后勤人员。其中，有心理健康辅导老师和生活指导老师的学校分别只有31.2%和49.5%，尚不足1/3和1/2。更让人忧心的是，这些学校的心理和生活指导老师没有一个是专职的，均是上课老师兼职的。当我们问及老师的确切身份时，仅有13.5%的老师表示他们是一般老师，没有兼任其他任何职务，但分别有40.4%、23.1%和5.7%的老师表示，他们又同时兼任班主任、管理员和心理辅导员等其他职务。在我们的调查中，这种兼职老师的总比例是非兼职老师的5.1倍。可见，寄宿制学校的教师结构极不合理。

由于教师结构不合理，寄宿制学校的许多日常工作难以有效开展，其中最凸显的问题是：一二年级的学生年龄太小，生活无法自理，要求学校增加保育员；学生大量集中在一起居住，要求学校配备保卫、校医等专职人员。然而，“两山”贫困地区农村寄宿制学校都无法配备齐专职的保育员、医疗人员、厨师等后勤人员，因而只能将前者的工作交由课任教师来兼任，使得学生健康和学习质量都无法得到有效保障。调查还发现，由于经费短缺，寄宿制学校老师的待遇较差。从物质待遇来看，“两山”贫困地区寄宿制教师待遇大大低于同类地区平均水平。例如，有71.2%的老师表示，其在学校的住宿环境较差，不仅面积不足10平方米，室内还凌乱地摆放着生活必需品和教学用品，拥挤、嘈杂，硬件设施如网络、闭路电视、热水器等几乎没有。同时，有12.2%老师表示其工资不能足额发放，会被扣掉部分奖金；有49%的老师表示是基本足额发放，奖金、津贴或加班费不能按时兑现；有38.8%的老师表示工资能够完全足额发放，略超过调查人数的1/3。

此外，老师们的培训权、参与权和知情权也存在相当程度的缺失。数据显示，82.7%的老师表示没有接受过寄宿制学校方面的培训教育，是接受过培训的老师的4.8倍；40.4%的老师表示其没有参加过学校的制度制定，比参与过的老师低19.2%；25%的老师表示起没有参与过教职工代表大会，59.6%的老师表示参加过，是没参加的2.4倍，有15.4%的老师提出，该校不设置职工代表大会。可见，无论从物质还是精神来看，寄宿制学校老师的待遇都比较差，知情权、参与权和培训权都得不到保障。

（二）部分学生的成绩变差

进入寄宿制学校就读，不仅能节省孩子花在路上的时间，还能缓解农村孩子回家后无人辅导功课的尴尬局面。因此就理论而言，进入寄宿制学校后学生的成绩应高于其原来所在学校的成绩。但在调查中却发现，无论从纵向还是横向的对比来看，部分寄宿学生的成绩都不尽如人意。就纵向而言，我们对学生上寄宿制前后的成绩做了一个对比。结果表明，尽管有40%左右的学生表示其上寄宿制学校后成绩提升了不少，但仍有25.6%从其他学校转到寄宿制学校的学生和24.4%一直就读于寄宿制的学生表示，学校变成寄宿制后他们的成绩却下降了。就横向而言，在班级的尖子生中，寄宿制学生的比例偏低。

正如某小学余主任所担忧的："学校变成寄宿制后，学生亲情的缺失会影响到他/她们的成绩。总体来说，寄宿生的成绩要差一些，多数处在中等偏下的水平。比如，班上共有44个学生，其中16个是寄宿生，在这次期末考试成绩中，前15名中只有3个是寄宿生。"访谈时，我们进一步发现了造成这一现象的原因：一是部分寄宿生年龄小，不适应寄宿制生活；二是由于经费问题，宿管人员大多聘请当地农户，存在素质不高、人手少的问题，不能给学生有效的安全感，进而影响学生的心理和学习；三是全能教师现象比较普遍。寄宿制学校师资不足，老师又当先生又当家长，工作压力极大，因而在对待后进学生这一问题难以全身心的扶助。

（三）后勤管理问题突出，校园基础设施极不完善

学校后勤管理问题主要包括宿舍、食堂、澡堂、图书馆、运动场存在的问题。其中，有64.1%的同学表示他们所在学校没有澡堂，63.2%的学生表示宿舍没有卫生间，90.6%的同学表示没有图书室，68.3%的同学表示没有专门的体育场地，具体表现为：

第一，学生宿舍空间小，数量严重不足，且条件差。33.8%的学生表示自己的寝室住有16位以上的同学，32.7%的学生表示自己的寝室住有8～16位同学，而表示寝室只住有8位以下同学的比率仅为25.4%，不到1/3。在雷山县某小学调研时发现，由于宿舍少，普遍存在2位同学共用一张0.8米宽的床的情况。这样，不到20平方米的宿舍要住50余位同学，条件极为艰苦。同时，由于宿舍数量偏少，普遍存在男女混住同一栋楼的情况，其格局是要么楼上住男生楼下住女生，要么就在一栋楼的同一层楼分布着不同的男女寝室。而在这些宿舍中，除每列床位前有一张同学们放饭盅的破烂桌子外，其余没有任何摆放学习和生活用品的设施。在宿舍的门口，是散着臭味的仅有4

个水龙头的洗碗槽。据该校的老师介绍，这个槽除供寄宿生洗漱外，还用于同学们洗衣服和打扫卫生时洗拖把。由于宿舍设施过于简陋，当被问及该校学生在宿舍可能会闹哪些矛盾时，该校宿舍管理员说："一是摆放东西的储物柜太少，有的学生会因此发生争吵；二是离厕所太远，夜里学生上厕所需要有人陪，很不方便；三是没有专门洗衣服和晾晒衣服的地方，部分学生也会因此而打架。"

第二，学生食堂工作人员严重不足，对学生的态度较差，卫生状况堪忧。在调查中发现，无论是300多人的大寄宿制学校还是100余人的小寄宿制学校，其食堂工作人员均为2~3名。并且，这些人员大多为校长和老师们的亲戚，尽管有健康证，但上岗前并没有经过正规的健康体检。由于食堂工作人员少且工作量大，给学生带来两个明显的负面影响：一是他们对学生的态度较差。调查显示，仅有16.5%的学生表示食堂工作人员对学生的态度是和蔼可亲的，而高达83.6%的学生则表示他们对学生的态度是一般甚至凶巴巴的，这一比率是前者的5.1倍。二是食堂的卫生状况令人堪忧。仅有22.1%的学生表示学生食堂的卫生状况是"卫生"，而有高达78%的学生表示卫生状况是"一般"或"脏乱差"，是认为"卫生"的同学的3.5倍。在对8.7%明确表示该校食堂的卫生是"脏乱差"的学生进行访谈时发现，他们认为的脏乱差表现在食堂工作人员不讲卫生、随地乱吐痰，食堂的蒸煮器皿清洗不干净，食堂的饭菜不卫生，食堂的通道和打饭窗口较脏等。

第三，澡堂极度短缺。在调查中发现，65.5%以上的农村寄宿制中小学没有澡堂，大多学生只能每周回家时洗澡。在冬季和春秋季，这一问题的安全隐患并不突出；但在夏季，同学们忍受不了这种状况，往往会下河洗澡或私自回家，这就存在极大的安全隐患。同时，即使有34.5%的学生表示其所在的学校有澡堂，但澡堂的设备也极其简陋，淋浴喷头很少。×县某小学办公室主任反映，该校去年才修建了澡堂，但该澡堂只有两个淋浴喷头，这对全校200余名寄宿生来说，只是杯水车薪。不仅如此，由于经费紧张，该校只有一个澡堂，只好男女混用，即周一、周三、周五男生用；周二、周四女生用。该县教育局工作人员表示，该县没有一所学校的"两堂"（食堂、澡堂）达到了国家标准。

第四，学校的厕所数量较少，条件简陋，且体育场地狭小甚至缺失。在调查中发现，有55.3%的学生表示住宿的地方没有厕所，即使有厕所，也是一层楼或二层楼公用的厕所。同时，40.3%的同学表示自己所在的学校没有体育场地；而在55.7%表示有体育场地的学校中，体育场地又面临狭小、设施不全等诟病。难怪有多位同学多次提出建议，希望上级部门能够扩建体育场，完善体育设施。

（四）留守儿童亲情教育缺失，学生的心理状况令人堪忧

留守儿童，是指父母双方或一方外出到城市打工，而自己留在农村生活的孩子们。他们一般与自己的父亲或母亲中的一人，或者与上辈亲人，甚至父母亲的其他亲戚、朋友一起生活。两山地区留守儿童比率高，这是不争的事实。例如，Y县教育局的最新数据表明，全县共有小学生13678人，初中生6976人。其中，寄宿小学生有3763人，寄宿初中生为5695人；留守儿童小学生为4214人，初中生为2017人，留守儿童的比例已达30.2%，远远高于省内和其他地区的平均水平。在抽样调查的394位学生中，仅有36.5%的学生表示父母均未外出务工，即只有1/3的学生能够在父母身边，享受到完整的亲情。而接近2/3的学生在很小的时候便缺少父爱或母爱。

进一步调查发现，学生与父母的联系情况是：7.4%的学生从不与父母联系，47.6%的学生很少与父母联系，45%的学生经常与父母联系；31.1%的学生会主动联系父母，51.6%的学生与父母双方都是主动联系的，17.3%的学生表示是父母主动联系他们。至于学生与家长联系时的谈话内容，67.6%的学生表示会告诉家长其在学校的生活情况，15.9%的学生会向父母要钱，仅有6.6%和9.9%的学生会向父母拉家常和倾诉内心的烦恼。这些数据表明，寄宿制学校学生家长不懂亲情教育，与孩子主动联系的较少。即使联系，也主要谈孩子的生活学生等话题，很少关心孩子的心理问题和烦恼，这在一定程度上会导致学生感情冷漠，不受管束，失去情感上的寄托。再加上原有的家访制度已无法有效发挥作用，新的家访制度尚未确立，因而家长无法及时了解孩子的学习进展情况，习惯于将管理孩子的责任全部推给学校，增加了学校的负担。

托尼·布什（Tony Bush）指出，如果没有家长的合作与理解，你是很难对儿童进行成功的教育的[1]。家长对孩子在寄宿制学校的情况不甚关心，不仅亲情缺失，还会引发学生的心理问题，具体表现在：一是学生到一个自己完全陌生的环境中去寄宿，往往表现出焦虑、无所适从和紧张。在外来的234

位学生中，有56%的寄宿生认为自己被别人当成了外人，在新的环境中没有归宿感，比认为没有的学生比例高12个百分点。二是本地学生对外来学生有排斥心理，会厌恶或瞧不起外来的学生。例如，对于调查的本地160位学生而言，48.8%的学生表示喜欢从其他学校转来的学生，但是，仍有高达41.8%的学生认为他们对外来学生的感情说不清楚，更有9.4%的学生明确表示厌恶外来的同学。正是由于寄宿生对学校的归宿感产生了摇摆，因而有高达33.8%的学生明确表示当有人嘲笑他时，他们会感到自卑，更有9%的学生明确表示他们会使用暴力还击对方。可见，离开家庭的亲情和关爱，同学们在集体住宿过程中所产生的心理问题更得不到及时、有效的缓解，已经给他们的心理成长造成不利影响，并产生情感、性格缺陷等心理问题。

三、对贵州民族地区农村寄宿制学校建设的理性反思

毫无疑问，农村寄宿制学校在化解农村教育难题与发展困境、提升农村教育质量中发挥了积极的作用。但是，“两山”贵州民族地区的农村寄宿制学校建设的实践却又表明其面临诸多困境。为什么会存在这些困境呢？

第一，贫困少数民族山区农村在自然环境、经济水平等方面的特殊性增加了家庭负担。由于集中资源办学后使得学生上学的路途更加遥远，从家中到学校路途步行危险，加上夏天毒蛇毒虫较多，冬天常有凝冻，有的山区时常发生山洪和泥石流，不少山区学生必须涉水过河，这直接催生了家长的“陪读”心理，加重了家庭的经济负担。

第二，“只有做寄宿制的学校，没有做寄宿制的钱”。投入不足、经费短缺是农村教育发展中面临的最大问题。农村实行税费改革后，各地取消了教育附加费和教育集资，导致原有的教育经费来源渠道没有了；而新的教育经费转移支付机制尚未完善，这使原有的教育经费短缺的矛盾进一步凸显，使得原本经费不足的农村教育更加缺乏资金[2]。再加上寄宿制学校的建造具有典型的一体化特征，即必须建设一系列的食堂、澡堂、宿舍、医护室、小卖店、操场等配套实施，因而需要相当大的财政投入才能使之完善，而边远少数民族山区落后的经济水平使得这一问题变得困难重重。

第三，贫困山区农村学校教师流失现象比较严重，教师队伍不稳定，师资难以保障。除了普通学校正常的教学管理外，寄宿制学校还增加了学生在校住宿、就餐、就医、日常生活、课外学习以及每周上放学中的交通安全等

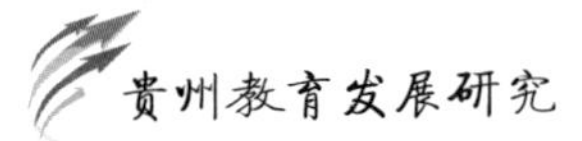

各项额外工作，这无疑加大了学校的管理难度和责任，因而对学校的师资提出了新的要求。然而，受各方面因素的限制，学校的师资力量仍然和过去一样薄弱，令人堪忧。调查显示，“两山”地区农村寄宿制学校基本都没有保育员、生活老师及其他后勤人员。其中，有心理健康辅导老师和生活指导老师的学校分别只有 31.2% 和 49.5% 。更让人忧心的是，这些学校的心理和生活指导老师没有一个是专职的，均是上课老师兼职的。因此，当我们问及老师的确切身份时，仅有 13.5% 的老师表示他们是一般老师，没有兼任其他任何职务，但分别有 40.4% 、23.1% 和 5.7% 的老师表示，他们又同时兼任班主任、管理员和心理辅导员等其他职务，这种兼职老师的总比例是非兼职老师的 5.1 倍。

第四，寄宿制学校的全面建成使农村基础薄弱寄宿制学校的发展更加艰难。边远少数民族山区在撤并一些学校和教学点，普遍实行寄宿制后，实际上已成为一种教育不公行为，因为这在一定程度上剥夺了学生的选择权。即“要么你选择就读寄宿制学校，要不你就无学可上，其结果是经济条件较好的农民家庭宁愿多掏些钱为自己的孩子选择乡镇或县城更好的寄宿制学校，而经济条件较差的家庭只能让孩子被动入学。长此以往，农村基础薄弱寄宿制学校的生源必将逐步减少，成为新的‘麻雀学校’”。[3]

第五，贫困地区农村寄宿制未能正确地处理好集中与分散的关系。农村寄宿制学校的优势较多，上面已多次提及。但是，由于一些地方和学校追求过分的集中，就产生了学校规模过大、住宿学生过多，从而导致寄宿生被过度强制管理、寄宿生学习和生活状况不良及心理问题突出、学校管理难度大、教师工作负担重等一系列问题。可见，集中资源后的学校是否一定要办成寄宿制学校还不能一概而论。因为集中办学和分散办学是一种辩证的关系，二者各有利弊，如果过分偏向一边，在实践中走向极端，出现无法克服的矛盾和问题。

为此，我们特提出以下建议：第一，建立健全农村寄宿制学校的多元投入机制，除政府外，还应倡议企业捐助和社会力量的投入。第二，加强师资队伍建设，包括：提高寄宿制学校师资队伍的整体素质；放开寄宿制学校的编制，增加保育师资；配备专职心理教师和生活老师，加强对寄宿学生的心理干预；提高教师待遇，增强教师的责任感。第三，提高学生餐费补助标准，制定学生车费补贴政策，以减缓寄宿制家庭的经济压力。值得一提的是，该补贴不能搞一刀切，而应根据学生离家路程的远近按比例发放。第四，寄宿制学校要科学规划、合理布局，不仅应与地区发展和人口发展趋势相结合，同区划调整相结合，更要具有可操作性，在办学规模上不要搞一刀切。例如，对于交通不便的边远村寨学生上寄宿制学校的问题，应因地制宜，慎重对待，把农村寄宿制学校和村小教学点（主要教 1－2 年级）等各种办学形式结合起来，走多样办学的路子；对少数民族聚居地，由于人口稀少，居住分散，在校生人数应适当放宽，对学校的校舍建设也要从实际出发，做好长远的规划，按照当地人口发展的趋势，该撤并的予以撤并，暂不宜撤并的应逐步压缩办学规模，适当时候再考虑撤并，尽量避免教育资源的浪费[4]。此外，还要充分挖掘现有资源的潜力，尽可能少建新点、易地新建和扩建学校，应在整合资源的基础上控制寄宿制学校的规模。如果非要新建，也应按当地农村经济发展规划和农村总体规划的要求，集合人口密度、学生来源、交通条件、地理环境等综合条件确定寄宿制的选址。选址时还应避开地震断裂带、滑坡体、山区和丘陵的阴坡面、泥石流和洪水沟口等不良自然地段。第五，要适当加大投入，完善寄宿制学校的基础设施建设。包括建立规范的澡堂、厕所、宿舍和食堂；同时，考虑到孩子的课外活动比较单一，应充分利用资源，修建适合学校规模的操场和运动场所。此外，还应重视图书室对孩子的影响，增加图书室的图书资源，延长图书室的开放时间，引导学生正确地对待图书阅读。

参考文献

[1] 托尼·布什．当代西方教育管理模式［M］．南京：南京师范大学出版社，1998.

[2]［3］张红伟．农村寄宿制学校建设问题研究［D］．武汉：华中师范大学，2010.

[4] 肖长谦，张斌．国贫县农村寄宿制学校建设的考察与思考［J］．民族论坛，2006（2）.

（作者系贵州民族大学教授、贵州教育发展研究中心兼职研究员）

项目来源：2014 年贵州省教育规划项目《贵州民族地区农村寄宿制学校建设研究》（项目编号：2014B165）。

民族地区高等教育公平的现状及对策探析

梁中美

一、教育公平阐释

教育公平，是指每个社会成员在享受公共教育资源时受到公正和平等的对待，包括教育权利公平、教育机会公平、教育过程公平和教育质量公平等内容。教育公平的理念是政治、经济领域的自由、平等权利在教育领域的延伸。因此，对于教育公平的理解，需要多维度地阐释，才能全面把握教育公平的丰富内涵。

首先，从法学上理解教育公平的概念。“教育公平”属于人权范畴。从全球教育史来看，古希腊哲人柏拉图最早提出教育公平思想，亚里士多德则首先提出通过法律保证自由公民的教育权利。随着西方在近代建立宪政体制后，法、美、意等国先后将公民受教育权通过宪法加以确认，并且还通过相关的法律条款强调入学机会平等，保障学生待遇与成就机会的平等。1948 年联合国通过《世界人权宣言》，将教育权确定为基本人权。

其次，从伦理学上进行解释。伦理学中，公平就是公正、正义。罗尔斯认为社会公平主要有两个基本原则：第一是平等原则，每个人都有平等地接受各种教育的自由权利和机会，强调的是教育面前人人平等。第二是差异原则，也叫社会补偿原则，即对于处于那些自然与社会条件都不占优势的人，社会是要对他们进行补偿的。

最后，在经济学的范畴中思考，教育公平就属于教育资源的公平分配。它有以下原则：一是均等原则，即在同一学区内的学校和学生获得的教育资源要平等；二是财政中立原则，即该学区的富裕程度与学生获得的公共教育经费无关；三是特殊补偿原则，对偏远地区、生活贫困、身心存在障碍等被视为弱势群体的学生，要加大关注力度，并在经费上给予财政拨款。

二、民族地区教育公平的成就

教育公平价值第一次进入我国官方文本是2001年颁布的《全国教育事业第十个五年计划》，该计划首次将教育公平作为教育改革与发展的“指导思想和基本原则”。2010年国家公布的《国家中长期教育改革和发展规划纲要（2010—2020年）》明确指出：把促进公平作为国家基本教育政策。

我国是个多民族的国家，民族地区的教育公平问题关乎国家稳定和民族团结，也是实现民族地区发展的重要战略。我国中西部各省有很多少数民族聚居的区域，这些区域近几年一直在实施教育公平的政策方针。现举两例说明：

湖北省的教育在全国来说是较为发达的，其西部的恩施土家族苗族自治州有着非常丰富的民族地域资源。该地区依托已有资源，在高校中设置民族特色的研究机构，使高校研究与当地发展有机结合起来。恩施享有“世界硒都”“华中药库”“鄂西林海”的美誉，硒资源和植物多样性是其显著特色。为了促进恩施的发展，湖北民族学院建立了湖北省重点实验室——生物资源保护与利用实验室，该实验室于2005年成立，是与湖北省中小企业共性技术特色生物资源研发利用推广中心、湖北民族学院生物技术研究所、湖北民族学院分析测试中心四体合一的省级科研及科技服务平台基地。通过科研平台和开放课题等形式与校内相关二级学院和校外大专院校、科研院所紧密联合，实验室主要采用现代生物技术、工程技术等科学手段对经济植物、药用植物、乡土植物等种质资源收集保存、生理生化特性、生物多样性保护、生物资源的可持续性利用研究；天然产物及其中间体化合物的开发，特色资源加工及功能食品的开发；富硒植物的生理生化特性，天然硒化合物功能评价、硒资源开发和硒的环境释放及安全性研究。实验室取得国家发明专利4项，近10项科研成果应用于生产，取得数亿元的经济效益，为武陵地区的经济发展和社会进步及西部大开发的顺利进行做出了显著的成绩。

贵州是一个多民族的省份，世居少数民族有17个；人口超过10万的少数民族有9个；2008年年末，少数民族人口占全省总人口的38.9%，民族自治地方占全省总面积的55.5%。所以，发展民族教育事业尤为重要。

贵州民族学院在促进民族地区教育公平上也具有明显的优势。它立足贵州、服务民族地区、服务少数民族，在58年办学实践中培养了近5万名各类专业人才，80%以上服务本地民族地区，从整体上提高了贵州少数民族人口文化素质，直接或间接地为贵州民族文化保护、传承、传播和发展提供一支强大的人才队伍。这一人才队伍打造出了具有鲜明特色的民族地域文化研究机构，先后成立了贵州民族文化艺术研究院、贵州民族经济研究院、西南夜郎文化研究院、西南傩文化研究院、水书文化研究院、贵州世居民族研究中心等研究机构，并与贵州省八个省级民族研究学会合作，让他们挂靠贵州民族学院，增强研究实力。长期以来，这些研究院所深入民族地区村寨，在抢救和保护民族文化资源方面取得了丰硕成果。此外贵州民族学院还是贵州少数民族双语教学基地，培养了基础教育的双语师资，这成为贵州传承发展民族文化的高地。

三、民族地区高等教育公平缺失

不过除了成绩而外，还应全方位地视角看待我国高校教育公平的问题。我国西部是少数民族聚居的区域，其人口比例占较大比重，所以西部地域的环境劣势与民族地区发展的滞后有着深切的联系。因此，造成民族地区高校办学条件差，人才流失较为严重，大部分省份的高等教育入学率低于全国平均水平。除四川、重庆、陕西三省高等教育发展相对较好外，其他省份的高校教育公平始终是一道难以逾越的屏障，具体表现为：

1. 地区公平缺失

我国高考招生实行的是分省定额、划线录取的方法，这种招生制度虽然具备了分数面前人人平等的形式平等，但是由于我国高等院校的布局严重失衡，特别是重点院校的分布过于集中在少数地区。据统计，西部高校入围全国高校综合排名前50名的为数较少，2006年8所、2007年9所、2008年8所、2009年9所。并且集中在陕西、四川、重庆、甘肃四省。此外，2003年教育部副部长吴启迪宣布我国高等教育已步入大众化阶段时，称北京市的毛入学率达49%，即为平均数15%的3倍多，而云南省2002—2003学年初教育事业统计公报显示，该省2002年的毛入学率仅8.64%。两个数字一对比，发现两个地区的入学率相差5倍还多。以中国政法大学2006年高考招生为例。该校在河南、四川、山东的人口大省招生人数分别为92名、60名、92名，而在不足河南总人口1/8的北京招生人数却高达185名。高等教育机会不公平。

2. **阶层公平缺失**

改革开放以来，我国面临的一个新的现实是很多阶层分化出来。阶层除了所从事工作性质的差异外，另一个重要的差异就是收入差异。在市场经济条件下，这种收入差异逐渐演变为身份差异。民族地区多数学生家庭收入不高，这些家庭在社会阶层中身份较低，是典型的弱势群体。我国高校于1997年并轨招生后，高等教育个人成本分担比例大大提高。目前，我国高等教育的个人成本分担比例为20%～30%，且各高校的学费、住宿费标准是针对全国高考生基本统一的。但是民族地区高考生中家庭经济贫困者所占比例高，致使一些优秀的考生被迫放弃学费和生活费较高的重点大学、热门专业，而选择学费较低或者免交学费的师范、农林、地矿、军事院校等专业；选择离家较近、生活费用低的本省或邻省地方性一般院校。“教育部门在办学条件、教育经费、师资配备等资源配置上，实行城乡不同标准。有限的教育经费主要集中于城市，原本更需要扶持的农村教育得到的资源远远少于城市。世界各国的倾斜政策都是向弱势地区、弱势人群倾斜，只有中国相反，明确地向城市倾斜。造成“双低”，即身份低（出生在西部地区）、收入低的家庭子女无法实现就读名牌大学的梦想，从而导致实质性的不公平。

3. **配置公平缺失**

学校的软硬件环境，政府或社会的投入以及教师队伍建设等是教育过程公平的保障。

经济落后导致高等教育经费投入不足。民族地区高校社会竞争力弱，尤其是地方性一般院校，长期以来存在着国家经费投入少、学费低、自筹经费难、社会捐助少、还贷能力差等特点。再加上民族地区地方政府财政收入水平不高，即便地方政府高等教育经费投入占财政支出的比例较全国均值高，但由于财政收入少而引起的财政支出绝对值较小，导致西部高校受拨的生均预算内高等教育事业费与东部重点院校相差较大。

此外，经济低导致高校“魅力”指数低。地区的发展除地域基因的差异外，人的因素应是终极诉求。但由于工作环境、工资待遇、前途发展等原因，民族地区高校长期以来缺少高层次人才。一方面是“不愿意来”。尽管一些高校开出较优厚条件引进“三高”（高学历、高职称、高水平）教师，但由于人文生态环境较恶劣，很难获得。同时本地区的优秀毕业学生也不愿意待在家乡，而是到东部等发达地区就业；另一方面是“很想出去”。民族地区高校自己培养的优秀教师，在晋升教授等高级职称或取得博士学位后，也纷纷调动到东部地区的高校，甚至出国。正如学者张玉林指出的：“在经济和社会的不平等急剧扩大的过程中，教育并没有发挥缩小这种不平等的作用，反而因为其自身的不平等而成为扩大整个社会经济不平等的动力机制。”

四、解决民族地区高等教育公平缺失的对策

探究教育不公平问题的根源，主要是教育体制的缺失。一方面，我国对教育投入的总量不足，1993 年 2 月中共中央、国务院联合发布的《中国教育改革和发展纲要》明确规定“国家财政性教育经费支出占国民生产总值即 GDP 的比例，21 世纪达到 4%”。但是到 2006 年，我国财政性教育经费支出占 GDP 的比重达到 3.0%，低于世界平均水平 1.6%。相比之下，美国的这一比重在各年都超过了 5%，印度、韩国等发展中国家的比重也皆高于中国。这反映出与其他国家相比，我国在教育上的投入仍然不够。这在一定程度上反映了政府对于教育的重视程度；同时，教育经费的分配不合理，等级化学校制度也是在政府或明或暗的倡导和支持下才得以存在并发展。

鉴于教育公平对国家综合实力的重要意义，结合目前民族地区高等教育的现状，提出以下建议：

1. 实现教育正义——政府是第一责任人

政府教育公平的理念对于教育公平的落实具有重要的现实意义。政府作为公共利益的代表者，也是公共物品的提供者。追求社会公平，需要政府通过制定公共政策来保证。因此，政府的公共政策必须以社会公平为取向，要让更多的人分享到发展的好处和成果，这应该成为政府公共政策制定的出发点，也应该贯穿于整个公共政策执行的过程中。保障教育的公平，首先受教育权即是人权；其次要“坚持教育的优先发展”；最后，要坚持教育的均衡发展。“教育正义是教育制度和教育行动的底线伦理，国家、政府和教育本身的教育行动必须首先追求教育正义，必须实现和保证教育制度的正义性。”只有在“教育正义”的理念指引下，才能使政府职能由“经济建设型”向“公共服务型”的转变，才有可能为民众提供无歧视的、充足的、优质的教育服务。

2. 完善教育立法工作

要从法律上保障民族地区学生接受教育的公平性，《中华人民共和国教育

法》第九条规定："公民依法享有接受高等教育的权利。公民不分民族、种族、性别、职业、财产状况、宗教信仰等，依法享有平等的受教育机会。"在《教育法》颁布之后，很多省市都根据自身情况制定了相关《少数民族教育条例》，2011 年"两会"期间，来自贵州的人大代表高万能便第一次提出了关于制定《中华人民共和国少数民族教育法》的建议。制定相应的法律，运用法律的形式来确保中央和地方各级政府加大对民族地区的综合资源投入，解决制约民族教育事业发展中的重大问题，确保教育资源的供给和筹资渠道的畅通，从而促进民族地区学生受教育权利、机会和过程的平等。

3. **改革高考录取制度**

随着经济的发展和社会的复杂化，高考录取制度所产生出来的问题越来越多。政府应该努力促使高考的"相对的机会均等"和"相对的分数平等"的相互平衡和有机结合，相对的机会均等是教育公平的核心。高等教育机会均等原则，就是不管个人的出身、民族等，都要为那些有着相类似的潜能和才干的人，提供相类似的初始资源和发展机会。并试图通过提供一种较为公平的社会环境，降低社会性因素对人的发展的影响，达到缩小社会初始资本和初始地位对人的发展的制约。

总之，教育公平是全球瞩目的焦点问题，任何国家的政府和公民均不可小视。中共"十八大"报告亦提出要"大力促进教育公平，合理配置教育资源，重点向农村、边远、贫困、民族地区倾斜"的方针。教育公平是社会正义的重要组成，是政治正义的重要体现。

参考文献

[1] 中共贵州省委教育工作委员会，贵州省教育．贵州省情教程［M］．北京：清华大学出版社，2009.

[2] 李兴琼，秦福利．西部地区高等教育公平问题探析［J］．教育与教学研究，2001（2）．

[3] 杨东平．中国教育公平的理想与现实［M］．北京：北京大学出版社，2006.

[4] 张玉林．不平等的扩张及其动力［J］．二十一世纪，2005（5）．

[5] 周芊．我国财政性教育经费支出的现状分析［J］．文化经济，2010（7）．

［6］刘倩．简析社会公平与政府责任［J］．法制与经济，2008（10）．

［7］金生鈜．教育正义与教育改革的转向［J］．当代教育科学，2004（20）．

（作者系贵州师范学院历史与社会学院副教授，贵州教育发展研究中心研究员）

贵州侗族地区双语教学现状分析

吴靖霞

语言是人类的交际工具，是区别不同民族的主要特征之一。研究民族间的语言及其相关领域关系，特别是教育领域，对于处理好民族间相互关系，建立平等和谐的民族关系，促进各民族共同发展繁荣具有十分重要的意义。双语教育研究是研究双语双文化教育（包括多语多文化教育）现象及其规律的一门跨文化、跨学科的综合性、边缘性学科领域。它不仅是民族教育学的一门分支学科，同时也是民族语言学的一门分支学科[1]。双语教育的研究和实践，不但体现国家对各民族共同发展的关心和对多元文化的重视，对我国多民族教育体系的顺利运行也提供了理论和实践依据。

一、双语教学概况

关于双语教学的概念，国内外虽然没有统一的定义，概念相差不大，但归结起来不外乎是指在一定的教育阶段，同时进行母语和第二语言的教育，使受教育者学会使用两种语言。并且，从各种发表的研究文章来看，双语教育和双语教学没有严格的界限。在我们国家，"双语教育是指我国有自己民族语言文字的少数民族学生，在基础教育或义务教育阶段中享有本族语文和汉语文两种语言文字的教育权利，因此在学校中并列实行本族语文和汉语文教学的教育体制，这种教育体制叫双语教育。"[2]双语教育包含双语言教育和双语文教育，有广义双语教育和狭义双语教育之分。广义的双语教育，是指在学校教学中引用或开设第二语言课程；狭义的双语教育，是指在学校教学过程中使用第二语言进行教育，以解决由于语言障碍产生的语言隔阂问题。

双语教育的概念最早来自美国，美国在独立战争及之后的几十年间，由于移民和土著民族的文化差异，使得不同文化背景的学生的英语水平参差不齐，从而导致受教育的权利和程度的不同，进而影响整个教育的发展。为此，美国国会于1968年就通过了《双语教育计划原则草案》等有关双语教育的法案，从法律的角度解决了不同文化背景学生共同受教育的问题，促进了不同文化背景下的不同人群的共同发展。而最为成功开展双语教育的是加拿大。加拿大是个以英语为主法语为辅的国家，使用英语的人数约为80%，使用法语的人数约为20%。1971年，加拿大联邦政府颁布了“两种官方语言框架内的多元文化政策”，该政策不仅有利于法语教育的发展，也激励所有少数民族保留、继承和传播他们的民族语言和文化传统。为了弥合不同语言差异带来的障碍，在主要使用法语的魁北克省圣兰伯特开展沉浸式双语教学，取得了较好的效果，并成为世界范围内进行双语教育的成功范例。

贵州是个多民族省份，全省有49个民族，其中包括汉族在内的世居民族18个，少数民族人口占总人口比例的36.11%，居全国第三位。由于民族成分众多，贵州文化的多样性十分明显，主要表现在各民族的语言、风俗习惯、宗教信仰等方面，其中以语言的差异最为明显。世居于贵州的少数民族中大多都有自己的语言。由于历史原因，贵州大部分少数民族群众现在仍居住在交通闭塞、经济发展滞后、教育水平落后的边远山区，日常交流主要通过本民族语言进行，有相当一部分少数民族群众听不懂普通话甚至当地汉语，严重的语言障碍给少数民族群众接受先进技术技能、学习知识造成很大影响。针对多民族多语言以及多文种的情况，20世纪80年代，贵州省民族事务委员会依据政策会同贵州省教育行政主管部门在全省少数民族地区推行双语教育，主要是双语文教育。但由于教育部门的观念问题，双语文教育推行遇到的阻力比较大，推行工作难以为继，特别是进入21世纪以后更是如此。因此，目前在贵州进行的双语教育实际上就是狭义的双语教育，即用第二语言进行辅助教学的双语教育。这里所说的第二语言，就是指当地的少数民族所使用的母语双语言教育，是一种早就存在的自发现象，是边远少数民族地区教育过程中一种自发采取并且行之有效的教学手段。双语教育在贵州教育中的地位是不可抹杀的，特别是双语文教育，对帮助不通汉语的少数民族人群更好地学习先进知识作用巨大，对推动少数民族地区教育功不可没。下面仅就侗族地区双语教学来作一些分析。

二、侗语概述和侗文创制

侗族是我国五十六个民族之一，据2010年全国第六次人口普查，全国侗族人口为287.99多万人。侗族主要生活于贵州、湖南、广西、湖北等省区，呈大杂居、小聚居的居住格局，其中，贵州有143.19万多人。由于居住格局的原因以及受汉文化影响的程度差异，侗语分为南、北两个方言，体现在词汇、语音和声调方面的差异。目前，仍使用本民族语言的侗族人口约占总人口的百分之七十几，主要集中在贵州、湖南、广西三省区比邻地区，其中，使用南部方言居多，文化也保存完好。

侗族自古有自己的语言，但却没有自己的文字。为体现各民族平等和共同发展，党中央在《关于第二个五年计划的建议的报告》中明确指出："对于那些还没有文字或文字尚不完善的少数民族，应该积极帮助他们创造和改革自己的民族文字。"根据1951年2月5日政务院批复的《关于民族事务的几项决定》中关于帮助尚无文字的民族创立文字的指示精神，中央民委组织中国科学院和中央民族学院等单位有关人员组成民族语言第一工作队侗语工作组于1956年年底至1957年春到贵州、湖南、广西等侗族地区进行社会调查，在科学调查的基础上设计了以拉丁字母为基础的拼音文字，规定侗语以贵州省榕江县车江章鲁侗话为标准音，整个语音体系共有32个声母、64个韵母，用9个拉丁字母来代表不同的声调以区别不同的词义。之后，贵州省人民委员会于1958年8月18日在贵阳召开了侗族语言文字科学讨论会，来自湖南、广西、贵州及中国科学院的与会专家学者及代表经过讨论，会议通过了《侗文方案》（草案）。同年12月31日，《侗文方案》（草案）经国家民委批准实验推行。从此，经过科学设计的侗族文字系统正式诞生。尽管整个文字系统设计方案为草案，但侗文的创制为侗族人民群众学习新知识、传播本民族文化打下了重要基础。侗文自20世纪50年代后期创制以来，首先进入大学课堂，成为民族高等院校的一门专业课，继而普及于侗族民间，对普及侗族地区基础教育和学习先进文化起了很大作用。

三、侗文的社会功能

1. 侗文的教育作用

侗文自创制以后，首先是在中央民族学院用于专业教学和侗族干部的培训。之后，国家为了扫除侗族等民族地区的文盲现象，提高民族地区群众的文化素质，在少数民族地区推行民族文字，至此，侗族地区学习侗文的热潮高涨，特别是在民间的夜校，学习侗文成为正规学校之外另外学习文化的另一种选择，特别是对扫除农村青壮年文盲方面作用巨大。根据黔东南苗族侗族自治州民族宗教事务委员会统计，1982 年以来，该州通过采取在州府集中培训、部分县连片培训、各县自己培训等方式，先后开办了侗文师资培训班 98 期，培训“双语文”教师和扫盲教师 1100 多人次，至 1995 年年底，全州先后共开办侗文扫盲班、提高班和写作班 857 个，学习对象基本上是文化基础薄弱甚至没有文化的农村青壮年和中老年人，学员 29989 人，脱盲率为 82. 9% 。[3] 同时，由于国家的重视及党的民族政策的惠及，侗文正式进入了课堂，成为小学的一门正式课程。主要是在侗族人口相对较多的黔东南地区的天柱、黎平、榕江、从江等县侗族学生人数较多、汉语水平较低的乡村小学，成为帮助当地侗族学生学习汉语的一门辅助课程。1982 年，榕江车江、锦屏黄门两所民族学校首先开办了第一期侗汉双语教学实验班，收到良好效果。1983 年以后，双语教学在全州铺开，仅 1987 年，全州就有 54 所学校 71 个班开展了侗汉双语教学，学生 2227 人。截至 1995 年年底，全州先后共在 103 所学校 522 个班开展了侗汉双语文教学，学生 17992 人。[4] 侗汉双语文教学在侗族地区的开展，极大地促进了侗族地区教育的发展，特别是汉语水平比较低的侗族农村地区，作用尤其明显。

2. 侗文的传承功能

侗文经过 20 世纪 80 年代轰轰烈烈的推广后，侗族地区农村群众通过培训学习，掌握了侗文的拼读和书写方法。由于学习者本身就懂得侗语，因此，掌握和使用侗文就很快捷、方便。在新中国成立前，侗族由于有语言无文字，其文化的延续完全靠口传心授，从生活技能的掌握、生活用品的建造到故事歌谣的传承乃至乡规民约的建立莫不是如此。从明清时期汉文化传入侗族地区以后，对侗族文化产生了一定的影响，侗族中的知识分子如歌师、祭师就用汉字记侗音的方式来记录本民族的故事、歌谣和祭词，为侗族文化的传承起了一定的补充作用。但汉字记侗音有其本身的缺点，由于汉语和侗语是两种不同的语言，语音不能完全代替，所以记录的东西会出现和尚写字和尚认的现象，就是谁记录的东西只有他自己才能完全弄懂，换一个人来读或认就似是而非了，这使得在文化传承过程中难免有错漏甚至失传的情况发生。自从侗文在侗族地区推行以来，侗族群众学会了侗文，用侗文记录和整理了大量的文化资料，如侗族传统戏剧《珠郎娘美》《金汉列美》等剧目以及大量的侗族传统文学资料，为侗族文化的挖掘、整理、保护和传承起了巨大的作用。

四、侗族地区双语教学的现状

1. 双语教学的模式

侗族地区的双语教学过程中多是使用侗汉双语教学模式，而少侗汉双语文教学。双语言教学在少数民族地区特别是有语言障碍的地方很普遍，是一种自发形成的教学方法，是汉语教学的一种辅助形式，它无须政策鼓励或要求而形成，即使在现在少数民族地区汉语水平普遍提高的情况下仍然存在。双语言教学在少数民族地区教育过程中发挥了较好的作用。而双语文初期并不是自发形成的，它是一种政策性要求，之后虽然被广大侗族群众接受、喜爱而成为自发行为。但由于进入课堂缺乏后续支持力，使其难以为继。其实，双语教学的两种模式，哪一种更有优势，难以界定。双语言教学作为一种教师在汉语教学过程中形成的一种自发教学辅助方法，肯定有其作用，当少数民族学生不理解汉语意思时，用侗语进行补充解释，能让学生用母语去理解汉语的意思，可以起到辅助学生理解汉语的作用。而侗汉双语文教学除具有双语教学的作用外，通过让学生使用本民族语言文字去和汉语进行对照比较、理解，使学生能较快理解汉语的意思。

贵州省从江县西山中学教师罗岚是一名侗族女教师，2002 年在西山中学引入了双语教学，在教学过程中运用当地学生的母语——侗语作为辅助手段，通过采用“口传心授”和“汉字记侗音”的方法对学生进行教学，用本民族的相关事例来类比教材里的内容，启发了学生对课文内容的亲近和理解，提高了学生的学习兴趣，取得了较好的效果，一年后所教的班级语文课成绩由接手任课时的全校倒数一跃而名列前茅。2005 年中考，她所教的两个班的语文成绩人均分为 81. 7 分和 79. 2 分，比当年全县 72. 5 的人均分分别多出 9. 2 分和 6. 7 分。在教学过程中她也发现，没有教材，光靠“口传心授”和“汉字记侗音”的方法，学生记不牢，读不准，学得慢。在参加“侗族地区歌师歌手侗文培训班”学会侗文后，从 2005 年秋季开始，她把侗歌和侗文引入课堂，学生掌握侗文后，老师稍作讲解，学生便能更深层次地领悟所学内容，特别是在古诗词的教学中，达到事半功倍的效果。从 2006—2008 年三年内，从初一开始接手到初三毕业，她一直采用侗文和侗歌教学，不但不影响学生学习，反而推动了学生学习积极性，学生学习成绩显著提高。从下表对比中可以看出这一差别[5]。

2005—2008 年度成绩对比

学年度	班　级	人数	学年末统考人均分（分）	及格率（%）
2005—2006 年	初一（1）班（重点）	50	78.5	66.4
	初一（2）班（普通）	54	53.6	36.7
	初一（3）班（双语）	57	50.3	27.4
	初一（4）班（双语）	55	52.5	29.2
	初一（5）班（普通）	53	56.8	38.6
2006—2007 年	初一（1）班（重点）	50	82.5	65.5
	初一（2）班（普通）	54	60.4	30.2
	初一（3）班（双语）	57	68.7	32.6
	初一（4）班（双语）	55	70.2	40.2
	初一（5）班（普通）	53	65.3	30.8
2007—2008 年	初一（1）班（重点）	50	88.7	72.7
	初一（2）班（普通）	54	64.2	35.4
	初一（3）班（双语）	57	80.3	68.2
	初一（4）班（双语）	55	85.5	70.4
	初一（5）班（普通）	53	58.5	33.5

2. 双语教学的困境

和其他少数民族语种文字一样，侗语从推行到进入课堂，一开始就面临着很多困难。

首先是政策方面。侗文、苗文、布依文、壮文等新创文字已于 20 世纪 50 年代末完成草案和方案的制定，先期也进入高等民族院校（中央民族学院和贵州民族学院）和民族干部培训班试行。进入 20 世纪 60 年代后，由于“左”的思想干扰，从事此项工作的各族专家学者或是转行，或是被下放农村，民族文字的推行工作被迫中断。进入 20 世纪 80 年代，党的十一届三中全会以后，经过拨乱反正，党的民族政策得到恢复和落实，民族自治条例得到执行。各条战线迎来了新的机遇，包括侗文在内的民族文字推行工作才得以恢复，民族文字被赋予新的生命。因此，没有党的民族政策的制定和贯彻、落实，包括侗文在内的少数民族文字就无法普及，也就进入不了学校，最多仅停留在研究阶段。

其次是思想意识方面。少数民族文字要进入课堂，还要克服各部门和各级部分领导干部存在的思想意识障碍。有的人认为，现在国家基本统一了，经济上已走入正轨，社会也发展了，文化也该统一，当前汉语教学在稳步推进，没必要再推行少数民族文字了。因此，他们心里不愿意执行此项政策，没有工作热情，不重视民族文字的推行工作。更有教育行政主管部门的领导干部认为少数民族文字进入课堂，占用了课时，打乱了学校的教学计划，妨碍了汉语教学的正常进行，因此，他们主观上不配合甚至阻碍民族文字进入课堂。比如，在教学课时的安排、民语教师的培训学习等方面漠视和消极对待上级部门布置的工作。因此，只有意识到此项工作是党的民族政策的重要组成部分，是体现民族团结、民族平等的大事，从思想上充分认识到民族文字推行工作的重要意义和作用，民族文字推行工作才能全面落实，民族地区双语教学才能顺利进行。

再次是资金方面的困难。从 20 世纪 80 年代推行民族文字开始，虽然有贵州省民委牵头并拨付资金支持民族文字的推行和双语教学的开展，但也仅限于双语教材、双语读物的少量建设以及少部分民语教师的培训和农民夜校的有限开办，民族文字推行和双语教学工作无法大规模进行。在各级民委一家独自支撑下，民族文字推行和双语教学工作一直艰难地进行着，试点学校逐年减少。以黔东南为例，从 1982 年开始至 1995 年，开展侗汉双语教学的学校高峰期共有 103 个学校 522 个班，遍及有侗族的八个县，涉及学生 17992 人。[6] 由于以上方面的原因，至今仅剩榕江的宰荡、黎平的岩洞、从江的西山和锦屏的魁胆等四个县的四个教学单位寥寥几个班还在坚持侗汉双语教学，相比 20 世纪 90 年代，现在的侗汉双语教学严重萎缩，其严重程度甚至达到可以忽略不计的地步。

3. **双语教学急需解决的问题**

侗族地区的双语教学从 20 世纪 80 年代推行开始，一直是在矛盾和冲突的过程中进行着，正是由于矛盾的存在，使得双语教学处于尴尬的境地。一方面，由于政策的原因，少数民族地区学校有权利使用母语进行教学，同时，双语教学在侗族地区相对于单语（汉语）教学确实效果明显；另一方面，由于教育行政管理部门思想意识的原因，消极对待双语文教学，认为双语文教学占用课时，会影响到学生的升学率，继而会影响到任课教师甚至学校领导的业绩，故而不愿意接受双语文教学。双语教学正是在这矛盾与冲突的尴尬境地艰难地进行着，不仅侗汉双语，包括苗汉双语、布依汉双语、彝汉双语等在贵州推行的四种民族文字双语文教学都是如此。之所以落到如此境地，主要是教育行政主管部门以及教学单位领导没有意识到落实民族政策的重要性，没有认真体会到双语教学特别是双语文教学带来的显著效果，甚至有的民族行政管理部门也是如此，该有经费没有单列，有时候还挪民族文字专项资金为他用，加上现在的城镇化趋势和流动性务工，懂汉语的少数民族群众越来越多。正是这些原因，使得双语教学点不断减少，早期的双语教师流失殆尽，而有关部门又不愿意培养新的双语教师，双语教材和读物不能即时送达学校或民族群众读者。双语教学生存空间被压缩，更谈不上发展了。

针对以上问题，要想改变贵州双语教学尴尬而难以为继甚至难以生存的状况，必须要有得力的措施才能扭转目前举步维艰的局面，给少数民族双语教学生存的土壤和空间，并为双语教学创造发展的条件。首先，要为双语教学的开展提供政策和资金支持，为双语教学拨付专门的资金和匹配专门的人员。其次，要从思想意识上转变观念，特别是教育管理部门和教学单位要摈弃双语教学会拖汉语教学后腿的偏见，在少数民族聚居地的学校科学合理地设置民族双语课程，把双语教师培训列入正规而长期的培训计划里，以便为少数民族聚居地的学校培养双语教师队伍。最后，民族行政管理部门要从行动上配合政府部门把双语教学这一体现民族平等的政策精神落到实处，特别是民族自治地方，更要引导和鼓励民族地区学校进行双语教学。只有政府从民族团结、民族平等的高度来制定出有利于双语教学生存和发展的政策，由民族地区教育部门执行和推广，把双语教学由教学方法转变为教学体制，给少数民族双语教学以正常的待遇，并且民族行政管理部门从职能上配合宣传和贯彻落实党的民族政策。只有这样，少数民族双语教学才能有生存的土壤和发展的空间。

参考文献

［1］滕星．中国少数民族双语教育研究的对象、特点、内容与方法［J］．民族教育研究，1996（2）．

［2］盖兴之．双语教育原理［M］．昆明：云南教育出版社，2002.

［3］杨昌艳．侗汉双语教学在侗族地区实施及改革［J］．中国民族教

育，1994（10）.

［4］黔东南苗族侗族自治州：黔东南州侗文推行工作回顾，内部资料，2008 年 8 月 20 日.

（作者系贵州师范学院历史与社会学院副教授，贵州教育发展研究中心研究员）

民族地区职业教育的特殊性及对策研究

李向宇

《国家中长期教育改革和发展规划纲要（2010—2020 年）》指出：发展职业教育是推动经济发展、促进就业、改善民生、解决“三农”问题的重要途径，是缓解劳动力供求结构矛盾的关键环节，必须摆在更加突出的位置。而对于贫困、落后的民族地区来说，职业教育对其实现资源合理配置、促进地区经济改革、增强教育有效性等方面具有重要意义。

民族地区，是指少数民族聚居区域，目前中国有 159 个民族自治地方。职业教育，是指让受教育者获得某种职业或生产劳动所需要的职业知识、技能和职业道德的教育，是以培养具有一定文化知识和专业技能的劳动者为目的的教育形式。

一、探讨民族地区职业教育特殊性的必要性

民族地区职业教育的“特殊性”，是指通过对比民族地区职业教育与非民族地区职业教育，民族地区职业教育普遍具有而非民族地区职业教育通常不具有的特征，同时，也蕴含了各民族地区职业教育相比较而呈现出的不同特点。

（一）现有有关民族地区职业教育的研究缺乏对其特殊性的关注

综合来看，目前国内有关民族地区职业教育的研究可以归纳为四个主要方向。第一，分析民族地区职业教育中存在的问题，进而提出解决办法；第二，分析民族地区职业教育的意义与价值，强调其发展的必要性；第三，研究如何促进民族地区职业教育与产业发展对接；第四，回归民族地区职业教育本身，研究提升民族地区职业教育水平的政策措施。

在这些已有的研究成果中，均在不同程度上涉及民族地区职业教育的特殊性，诸如民族地区经济落后、人才匮乏、社会封闭等因素，但是并没有把

对民族地区职业教育的特殊性认知提升到一个系统、全面的层次，自然也就缺乏应对这种特殊性的相关对策研究，导致许多针对民族地区职业教育的研究结论与针对非民族地区职业教育的相差无几。

（二）民族地区职业教育实践中缺乏应对其特殊性的对策

社会实践应遵循社会规律，既然民族地区职业教育存在其特殊性，那么，在其社会实践中就应该尊重与正视这种特殊性，进而制定相应的实践方案与举措来适应这种特殊性，以实现预期的实践效果。

目前，我国民族地区职业教育实践缺乏对其特殊性的适应对策。在政策层面上，大多数民族地区缺乏针对本地区职业教育的法律法规，而是简单套用国家通行的职业教育管理制度；在教育过程中，从教育管理、教育内容、教育方式等环节而言，我国民族地区职业教育与非民族地区职业教育的区别不明显。

（三）正视特殊性才能推动民族地区职业教育的科学发展

民族地区职业教育经过几十年发展，为民族地区经济社会发展作出了历史贡献，但其发展已经来到一个尬尴的瓶颈阶段，生源少、教育条件差、师资力量薄、专业设置不合理、教育质量低、就业率低等系列问题互相缠绕，急需理出一个打破困局的头绪。

正视民族地区职业教育的特殊性，变坏事于好事，变特殊于资源，制定一整套应对之策，必将可以推动民族地区职业教育的科学发展。

二、民族地区职业教育的特殊性

（一）落后且不平衡的经济基础

民族地区是少数民族聚居地区，由于历史、自然等因素的共同影响，大多数民族地区的经济发展水平较低，产业结构主要以农业与畜牧业为主，工业化水平相对落后，产业结构也比较单一，且较少形成规模化生产。此外，民族地区经济内部发展水平极不平衡。在国家民族政策的大力支持下，部分民族地区经济发展迅速，已经赶上国内平均发展水平，同样还有部分民族地区由于自然条件恶劣、地理交通封闭等原因，仍处于刀耕火种的原始生产状态。

经济基础决定上层建筑，落后的经济环境决定了民族地区职业教育的目标定位。

（二）显著且独特的民族文化背景

教育不能脱离社会文化背景，现代职业教育必须以特定的社会条件为依托，民族地区职业教育则必须以独特的民族社会与民族文化为基础。一方面，民族地区职业教育立足于少数民族社会，从民族文化中汲取养分以获得发展；另一方面，民族地区职业教育的培养对象应该又回流于服务与民族地区。

民族文化是各民族在其历史发展过程中创造和发展起来的具有本民族特点的文化，包括物质文化和精神文化。由于自然环境、交通信息、历史遗留等因素制约，少数民族长期处于一种相对独立的生存发展空间，慢慢形成了鲜明的民族文化，融入民族血液之中，并体现在少数民族日常生活、经济生产、宗教信仰，以及民风民俗之上。

正是这种显著而独特的民族文化，使得民族地区人民群众拥有独特的民族性格、思维习惯与社会认知。进而间接决定了民族地区职业教育的教育环境、教育对象、教育内容，以及教育意义均有其一定的特殊性。

（三）教育因素的特殊性

教育目的的特殊性。民族地区职业教育既要为民族地区经济社会发展培养适用的技能人才，还承担着另外一层重要使命，即提高民族地区人口受教育水平，提升民族地区人口知识与科技水平，为民族文化发展注入科学与理性成分，宣传国家民族政策，促进各民族团结大发展。

教育对象的特殊性。相比较于非民族地区职业教育，民族地区职业教育对象中拥有很高比例的少数民族学生，而且这些少数民族学生的民族属性比较单一，拥有共同的民族文化与民族信仰，彼此之间有较高的认同感，容易形成一种左右校园文化的特殊力量。对于这点，需要民族地区职业教育者拥有高度敏感性，采取有针对性地应对措施。

教育内容的特殊性。民族地区职业教育需要从民族社会中汲取营养，其中最重要的就是从民族社会文化中选择性地吸收教育内容。只有做到“从民族中来，到民族中去”，才能使民族地区职业教育成为有源之水，有本之木，并重新焕发勃勃生机。

三、促进民族事业繁荣发展的思路

（一）因地制宜，制定适合民族地区职业教育特色的管理体系

民族地区职业教育既然有其鲜明特殊性，那么，在对其管理体制上切忌“一刀切”，应该因地制宜，制定出适合民族地区职业教育特色的管理体系。

法律层面上，在《中华人民共和国职业教育法》的规制范围内，在国家相关文件精神的指导下，民族地区各级人民代表大会应该尽快制定或修订出保障本地区职业教育科学发展的法律法规，使得民族地区职业教育发展能够有法可依，有法可循；管理制度层面上，民族地区各级人民政府应该在相关法律法规的指引下，建立与完善促进本地区职业教育加速发展的管理制度，从经费保障、人员配给、工作激励、绩效考核等多方面给予有力的配合与支持。

（二）科学定位民族地区职业教育，培养适用的技能人才

民族地区职业教育需要科学定位，需要清晰界定培养对象的能力层次，需要结合民族地区经济发展水平、产业结构状况进行综合考量，估计未来几年，甚至更为长远的人才需求趋势，以便科学制订人才培养计划。

总的来说，目前，中国民族地区的经济发展水平较低，在发展过程中，急需的“能人”可以通过引进等方式从其他地区获得，但数量庞大的，具有初、中级实用知识、技能的劳动力队伍却无法从外部引进，只能就地取材、就地用人。因此，各民族地区职业教育不能好高骛远，而应着重培养具备一定科学文化素质、具备扎实的专业技能或者手工手艺、拥有较强社会适应能力，及一定的创业创新能力的实用型人才。

（三）尊重与适应民族文化，灵活开展民族地区职业教育

第一，有针对性地制定招生策略，吸引更多少数民族生源接受职业教育。目前，民族地区职业教育面临生源减少的尴尬局面，少数民族生源更是如此。究其原因，一是高中与普通高等教育扩张，吸引与分流了职业教育的生源；二是部分民族地区长期与外界隔绝，民族文化在对职业教育的理解与认知上均存在潜意识的拒绝；三是民族地区长期贫困的客观现实滋生了“读书无用

论”；四是接受职业教育的各种成本高过承受力。因此，民族地区职业教育可以从以下两方面着手吸引少数民族生源。一方面，有针对性地开展宣传教育，通过各种形式的讲座讲解、资料发放，甚至是到各少数民族村寨“现场说法”，帮助少数民族人民群众更广泛、更深入地认识与理解职业教育。另一方面，加强对职业教育的财政支持，切实降低学生的教育成本，不但减免学杂费，还要完善贫困学生资助体系，并为少数民族学生配给特殊补助津贴，切实提高民族地区职业教育的吸引力。

第二，尊重民族文化与民族风俗，建立和谐的校园文化。每一所学校均有独特的校园文化或校园风气，这是以学生为主体，以校园为空间，以课外活动为载体，以校园精神为核心的群体文化。民族地区职教院校的学生中少数民族学生的比重较大，且是比较单一的少数民族属性，往往容易形成一种左右校园文化的力量。对于这种具有很强民族性，且特点迥异的校园文化，民族地区职教人员应提高注意力，从两个层面上加以应对。第一层面，在新生群体中争取主动权，通过学生会、团委等校园社团主动开展形式各异、内容丰富的校园文化活动，率先形成科学的、先进的、民族的校园文化；第二层面，对于已经存在的校园文化，要多加观察与分析，对于其中合理的、民族的元素，应该尊重与保护，而对于其中落后的、偏激的，甚至是违反国家民族政策的元素，应该予以坚决制止，通过有效规制与疏导，引导建立和谐的校园文化。

第三，有效宣传民族政策，增强民族互信，促进民族团结。中国的民族政策符合本国国情，其中包括各民族平等团结、民族区域自治、发展少数民族经济文化事业、发展少数民族科教文卫等丰富内容。民族地区职业教育的目的不仅要为民族地区培养适应的技能人才，还承担起宣传国家民族政策、促进民族团结的使命。为此，民族地区职教机构应该完善以下几方面的规范制度：一是把提倡民族平等、禁止民族歧视提高到制度化的高度；二是加强对职教人员，特别是专职教师的思想教育，只有教师自身具有强烈民族平等思想，才能在课堂内通过无形中的言传身教来影响学生；三是在学生管理制度上，即坚持原则，又灵活多变，充分照顾少数民族学生的特殊需要，给予人性化的关怀与温暖，以便于消除民族隔阂，增强民族互信，促进民族团结。

第四，灵活选择教育方法，适应独特的民族思维习惯。因材施教是开展教育的基本原则。由于独特的民族文化与民族性格，少数民族学生的行为方式与思维习惯上呈现鲜明的民族特色。因此，职教人员在开展教育时应该灵活地选择教育方法，切忌把理论上或者其他地区的经验生搬硬套。教育方法，是指在一定的教育思想指导下形成的实现其教育思想的策略性途径。民族地区职业教育的教师应该在指向教育内容的教学方法、学生学习方法指导、教学情景设置、教学沟通技巧、教学教具选择等多方面上充分考虑少数民族学生的特殊性。

第五，取精去粕，吸收民族文化中的瑰宝进入教育内容。民族的就是世界的，中国的少数民族均拥有悠久历史与灿烂文化。随着世界全球化与现代化的日益深化，丰富绚丽的民族文化就像一颗颗散落在沙砾中的宝石，需要我们更加珍惜与呵护。民族地区职业教育可以为民族文化的有序传承提供良好平台，而反过来，民族文化的注入也将为民族地区职业教育添加新鲜血液，赋予其独特的民族文化基因。在实际的操作过程中，民族地区职教机构应该取其精华，弃其糟粕，大力吸收民族文化中历史的、优秀的、科学的元素进入职教内容体系。因此，职业院校可以根据客观情况开设诸如少数民族语言、少数民族文化教育、少数民族旅游等学科专业；与此同时，研究设置贴近本民族生活生产的专业技能课程，比如苗族的蜡染、银饰制作加工，土族的水银、朱砂生产制作，藏族的高原畜牧养殖，回族的特色食物制作等。

四、结语

任何矛盾均有其特殊性，特殊问题就应该特殊对待。民族地区职业教育相较于非民族地区职业教育具有明显的特殊性，且每个民族地区职教育彼此之间也存在明显差异，不存在已有成功模版可以套用。因此，要推动民族地区职业教育的科学发展，就需要民族地区职教机构全体人员共同参与，敏锐观察、勤于思考、勇于变革，为民族教育事业付出更多的努力与心血。

参考文献

［1］梁庆．校本课程开发是推行素质教育的一种好形式［J］．钦州师专学报，1999（3）．

［2］王斌华．校本课程论［M］．上海：上海教育出版社，2000.

［3］王公章．论校本课程开发的制度化［J］．教学与管理，2011（9）．

[4] 吴刚平. 校本课程开发的特点与条件 [J]. 教育研究与实验, 1999 (3).

[5] 张智华, 甄丽娜. 关于基础教育校本课程改革中的几个概念 [J]. 陕西教育学院学报, 2008 (2).

(作者系贵州师范学院经济与政治学院教师, 贵州教育发展研究中心研究员)

论民族教育科研体系建构

张颖慧

民族教育科研是以民族地区教育现象为研究对象，有目的、有计划、有系统地采用科学方法探索民族教育过程、总结民族教育规律，并用于指导实践的特殊的创造性活动。而民族教育科研体系就是与这种活动相适应的包括管理、实施、评价、提升等在内的一系列有区别又相互联系的程序的总称。建立民族教育科研体系是一个系统化的过程，需要考虑各方面的因素。

一、建构民族教育科研体系应注意其特性

我国是一个统一的多民族国家，由于种种原因，各民族在教育的发展上呈现出不平衡的态势。随着国家对民族教育关注程度的加强，对民族教育投入的增加，民族教育所呈现出的不均衡发展状况正在改变。在这种背景下，旧有的民族教育科研体系的变革要求已悄然提上议事日程，在新的背景与要求下，民族教育科研体系的建构应有战略性的考虑。

（一）民族教育科研体系的系统性

从民族教育科研体系的建构要素而言，他们相互间存在着联系和制约。民族教育科研体系中的管理、实施、评价、提升等各个环节构成了一个缜密的系统，各环节内部又由诸要素构成，系统内部各环节或要素的缺失哪怕是不完善，都将会对系统的整体运行造成影响。从民族教育科研体系建构的民族单元看，民族教育科研体系又有着一体化的特征，这种一体化一是指各民族教育间有着共通性，二是指民族教育隶属于中华民族教育的一体化进程中。总之，民族教育科研体系是一个既相互独立、又相互联系的分层级统一体。

（二）民族教育科研体系的多元性

从中华民族多元一体的理论来看，各民族体在一体化的前提下，又有着各自的独立性。从民族教育科研体系的横向组成来看，体系内的各民族单位、各区域单位有着不同的文化背景、不同的发展基础、不同的管理理念、不同的人员组成等，所以民族教育科研体系的建构因这些因素的不同而应有所差异。

（三）民族教育科研体系建构的渐进性

民族教育科研体系是立足于民族地区的一个教育科研系统，由于经济、环境等因素的制约，民族地区的教育还相对落后，民族地区内的各研究单元的科研能力又呈现出不均衡的态势。在这样的背景下，民族教育科研体系的建构必须立足于实际，因地制宜，科研课题不求大、不求高、不粉饰，只要唯实用、见成效就可以。在科研能力、经验积累到一定程度之后，再启动下一个高层级的科研任务和要求。

（四）民族教育科研体系建构的时代性与民族性

《国家中长期教育改革和发展规划纲要（2010—2020年）》指出：公共教育资源要向民族地区倾斜。中央和地方政府要进一步加大对民族教育的支持力度。在这样的前提下，民族地区的教育科研就要研究民族教育的影响因素、立法、师资、课程设置、教学语言、办学形式等一系列相关问题，以与中央和地方政府对民族地区的教育支持政策相衔接，为他们的扶持和决策提供参考。在同一时代，民族不同，民族文化、民族心理、民族教育等就会有所不同，相应地民族科研体系必然要打上民族的烙印。在民族教育科研中，注重教育科研的民族指向，有利于其指导作用的发挥。

二、民族教育科研体系建构的内容

笔者认为，民族教育科研体系可以分为民族教育科研管理体系、民族教育科研实施体系、民族教育科研辅助体系三大部分，本文分述如下。

（一）民族教育科研管理体系

1. 民族教育科研管理体系的含义

关于教育科研管理的含义，朱小虒认为，“教育科研管理就是管理者为了促进各级各类学校教育科研的规范化和科学化，提高各级各类学校教育科研的质量和水平，调动教育工作者开展教育科研的积极性，通过管理者的协调和服务，对教育科研活动进行计划、组织、领导和控制的过程。”民族教育科研管理就是在上述定义中加上“民族地区”或“与民族有关的”修饰语来理解。民族教育科研管理体系从纵向的结构层级上看，可分为国家层面的教育科研管理，省、市、区层面的教育科研管理和各级中小学、高等院校的教育科研管理。在这里，我们主要从机构的组成要素来分析。民族教育科研管理体系可分成科研规划、科研实施管理（包括保障条件的落实、课题项目管理、科研队伍管理〈培训、培养〉、科研制度管理、经费管理）和科研评介（公平合理的考核体系、成果评价和推广）三个方面。

2. 民族教育科研管理体系的不足

民族教育科研管理体系目前还有诸多方面的不足，主要表现为：思想认识欠缺，认为在民族地区教育科研备受冷落，科研管理肯定出力不讨好；投入不足，包括资金、人员、设备等都不足，这也造成了教育科研保障不足，使科研人员与广大教师科研动力不足，教学发展后劲不足，以致形成教学科研间的恶性循环；教育科研管理的规划、控制、激励等环节落实不好，规划不太科学、脱离实际，控制过程有纰漏、不严格，激励机制不健全等还时时存在。

3. 民族教育科研管理体系的设置

根据上述民族教育科研管理体系所存在的不足，其设置可作如下考虑：

第一，树立正确的思想认识。要在思想认识上解决两个关键性的问题，既要充分认识科研在民族学校教育教学管理中的重要地位和作用，又要认识到教育科研是民族地区科研人员继续学习、更新知识、补充知识、扩大知识的过程。民族教育科研是一项高回报、惠及长远的投入。

第二，加大各方面的投入。民族地区各项教育科研的基础较薄弱，加大各方面的投入才能实现民族教育科研的可持续、高回报发展。设置并完善各级各类科研机构；鉴于民族地区的科研实际，选择专兼职结合的方式，外聘内聘相结合形式，形成较齐备、多层次、能战斗的民族教育科研队伍；购置各种必要的科研设备、建立科研资料、信息的交流平台，为教育科研的展开提供保障。

第三，建立并完善各级各类管理机构间的协调配合机制，引入现代化管理手段，引入竞争、奖励机制。民族教育各级各类管理机构间应加强协调和配合，以促使管理系统的良性运转。条件较好的民族地区可以尝试使用以电脑为主的科技管理手段，以适应现代化的科技管理趋势。而引入竞争、奖励机制则会使民族教育科研管理获得长足发展的精神动力。

（二）民族教育科研实施体系

1. 民族教育科研实施体系的组成要素

民族教育科研实施体系的组成要素主要有科研人员、科研条件（科研信息获取、科研活动的实验条件、学术交流）、课题申报与研究、科研制度与评价体系等。

科研人员是民族教育科研体系的核心力量，科研人员的选用十分重要。基于民族地区的教育实际，首先可以按照预定的标准在现有机构内实行公开招聘，择优选调。其次可以通过派出交流学习、以老带新、专家指导等方式，从现有的教研人员和广大教师中选拔一批重点培养。再次可以聘请驻机构专家的形式进行学术科研帮扶，如聘请教育专家驻某机构一个月，在这一个月内要以本机构的某些成员为助手，协同完成某项课题，以此来锻炼提高科研人员。

科研条件是民族教育科研体系的基本保证。基于民族地区的实际，科研设备的购置可能会受到一定的限制，在这种情况下，网络资源的充分利用可能会在一定程度上弥补硬件设施的不足，也能在一定程度上锻炼科研人员的时代跟进意识。

课题申报与研究是民族教育科研体系的核心任务。民族地区的教育水平不高，教育发展水平差别较大，因此课题的选择、申报与研究应该因地制宜去实行，课题不再大，而在实；不在于有多大的理论含量，而在于切合实际；不在于新，而在于有地区特色和民族特色。

科研制度与评价体系是民族教育科研体系良好运行的保障。民族教育科研制度的制定能保证科研的规范有序，而对科研成果的恰当评价能给研究者带来成就感，获得精神上的满足和物质上的奖励，从而激发科研工作者的研究动力，促使民族教育科研工作不断前进。

2. 民族教育科研实施的机构

从民族教育科研实施的主体机构看，可以划分为民族地区高校科研系统、民族基础教育科研系统、民族学前教育科研系统和民族成人教育科研系统四个系列。

第一，民族地区高校科研系列。从民族高等教育科研实施主体看，可以划分为民族地区普通高校和民族地区高职院校两个系列。民族地区普通高校科研存在学术视野地域性与广泛性的矛盾、学术科研加强交流的主观愿望与现实条件的矛盾等，但在民族区域内，高校的科研水平还是相对较好的。民族高职院校科研和民族地区普通高校科研相比，实力还是相对弱一些。其科研实力的不足主要表现在部门成立较晚，科研力量严重不足；科研制度不健全；地方对高职院校投入不足；教师学历层次低，科研实践偏少，缺乏科研带头人；考核评价体系中教师科研比重偏低等。随着国家政策措施的倾斜，投入的逐渐增加等因素，以上诸种劣势会在民族高职院校科研的发展和完善的进程中得以解决。

第二，民族基础教育科研系列。民族中小学教育科研是以民族地区中小学教育工作者为主体，以民族地区学校教育实践为主要对象的教育科学研究活动。中小学教师承担的教育教学工作的独特性决定了其研究不应是专门化、理论化的学术研究，而是应用性研究，其结果就是改进和解决教育教学中的问题，最终获得进步。

与民族地区经济发展相适应，其教育相对滞后，教育教学以传统方式为主，还谈不上较好地从事教育科研。在上级或科研管理部门的督促下，教师们可能会被动应付，东拼西凑，人云亦云，应付了事，并没有使为教育教学服务的宗旨落到实处。

在民族地区，影响体系良性运转的主要因素有主客观两个方面：

主观方面。部分校领导、教师教育思想观念较陈旧，对应试教育有盲从思想；有的有自卑思想，认为教育科研的目的就是搞大课题、写文章、发专著，自己做不来；领导未真正把教育科研工作落到实处；教师没有切实认识到教育科研对提高自身素质、教学质量的重要性等。

客观方面。科研队伍的基本素质有待提高，科研常规制度不健全（包括科研计划、课题、组织机构、组织队伍、科研经费、科研制度、科研信息、科研成果等方面），评价机制不尽如人意等。

针对以上不足之处，笔者认为，建设民族中小学教育科研系统应做好以下几个方面的工作：

首先，端正思想、转变观念。要大力扭转教育教学、教育科研围绕考试运转的不良局面，从培养民族地区的基础人才的角度出发，树立以人为本，培养学生德智体美劳全面发展的思想，作为中小学教育教学活动和科研活动的根基。

其次，完善各种管理制度。制度是工作的保障，科研常规制度的缺失或不健全是制约中小学民族教育科研体系良性运转的重要因素。例如，科研管理制度、科研人员工作章程、科研经费管理制度、科研设备使用制度、科研信息收集制度、科研成果推广制度、科研人员工作考核制度等，都需要逐步建立和完善。

最后，发挥传帮带作用，循序渐进。民族地区进行教育科研的条件是不充分的，但只有面对种种不利因素，立足现实，充分发挥当地特色和优势，调动一切积极因素，不断进步，才能远致千里。在民族地区，有效的教育科研方式有：选派精干力量去外地“取经”；教育专家与中小学教师的合作科研模式，在合作中教育专家传授给中小学教师基本的科研技能技巧，使年轻的教育工作者在科研实践中受到训练；以重点中小学为教育科研主阵地，以一帮一或一帮多的模式，带动大家在教育科研上共同进步；在教育科研上起步不同，经验多寡有异，采取以老带新的方式，将会有利于年青一代的成长。

第三，民族地区学前教育科研系列。民族地区学前教育科研具有不平衡性。各大中城市学前教育科研无论在数量还是质量上都还是值得一提的，而且几乎都属于公办性质，在科研的经费投入、科研队伍的建构上都有可靠保证。而县及县以下单位的学前教育，其性质所属有相当数量是私立的，即便是公立性质的，它们也和私立的一样，以看管孩子为主要任务。教师主观上比较漠视教育科研，客观上领导重视程度低、科研资金难以保障、科研管理及激励制度也无从谈起。所以，就民族地区乡村学前教育科研而言，无疑于科研的荒漠，教育科研体系的建构更是道路漫漫。

民族地区学前教育科研体系的不尽如人意，原因有很多，其中师资方面颇值得探讨。如今和全国其他地区一样，民族地区在教师培养体系中，把以培养幼儿教师为主的中师取消了，改由高校承担。这样学历高了，但能歌善舞、生动活泼、富有表现力的特色丧失了，而学究化倾向浓了，这显然是不符合学前教育发展的规律的。

第四，民族地区成人教育科研系列。就全国范围来讲，成人教育科研较之于其他方面，成果相对较少；民族地区成人教育科研状况亦如此，而且和以往相比呈下降趋势。所以，民族地区成人教育科研体系建设更是任重道远。

（三）民族教育科研辅助体系

我们认为，民族教育科研辅助体系主要包括图书馆、教育咨询机构和学术网站等几个方面。

王蓉宗认为，图书馆应为教育科研提供服务，如进行文献采访调研，建设文献馆藏资源；实行“学科馆员”制度，为教学科研提供有针对性的深层次信息服务；积极开展对用户信息素质、检索技能的培养与教育，强化图书馆的教育职能；积极开展专题检索、查新咨询、参考咨询、定题检索服务，强化图书馆的情报职能等。民族地区图书馆应为民族教育科研体系提供服务，在上述要求的基础上，还应注重建立有地方特色和民族特色的资源库、导航库及网络导航查询与浏览系统，为民族教育科研提供服务和信息指导。

民族地区各中小学、幼儿园图书馆具有更大的灵活性，其存书不在多、全，而应在于有特色。因为民族地区的中小学、幼儿园图书馆主要是为本校的师生服务的，尤其是为教师的教育科研提供服务是其一项重要功能。民族地区各中小学、幼儿园教师的科研应侧重于应用性，尤其是对教学的指导性，再加上教师们所进行的科研有着地方性、民族性。那么，图书馆的建设和服务就应与此相适应，突出地方特色和民族特色。

在现在这样一个网络社会，信息的共享是非常快捷方便的。民族地区的教育由于各种原因，事实上的不均衡状态依然存在，但如果在投入民族教育的时候，侧重于网络建设，使民族地区的教育受众在这样一个信息社会迎头赶上，从一定程度上改变历史上所造成的教育不均衡状态，具有十分重要的意义。

网上共享资源非常丰富，学术网站众多，网络文献资源的检索、访问、下载非常快捷方便，中外文的图书、期刊、会议、专利、工具书等数据库资源逐渐增多。数据库资源有 CNKI、中国全文期刊数据库、超星电子图书、国图电子书、中国报纸资源全文数据库、中国知识资源总库各分库、超星学术视频数据库等。常用学术资料网站有小木虫、新浪爱问及各学科的相关网站等。

三、民族教育科研体系建构的要求

民族教育科研体系是一个系统工程，它的建构应使系统内的各要素协调运转，发挥最大效能。同时，民族教育科研体系并不是一个孤立的体系，它的存在还受着其他系统的制约。从以上两个方面可以看出，民族教育科研体系建构须遵守一些基本要求，主要有以下几方面内容：

因地制宜、循序渐进的要求。民族地区教育科研的各方面都有待发展，所以，教育科研体系的建构必须从当地实际情况出发，制定相应的策略、规划。同时，民族地区教育科研的发展进步是一个长期渐进的过程，不能有冒进思想，当然也不能有自卑心理，而应发挥优势，循序渐进，才能有长足发展。

协作创新的要求。民族地区教育科研的发展是不平衡的，区域内有强有弱；有的这方面突出，有的那方面突出。所以加强城乡、重点与普通学校、教师与教育科研工作者等方面的协作是有重要意义的。

协调互动的要求。民族教育科研体系的建构涉及方方面面，体系的良性运转依托于各要素间的协调和互动。体系组成要素本身要健全和完善，要素间也要相互协调，以形成互动，激发各要素共同发展与进步。

四、结语

总之，民族教育科研体系的建构是一个系统工程，其中各要素要健全，缺一不可。各要素间存在一个协调发展，互相促进的良性互动过程。在这个过程中，一方面受到内部要素的制约，另一方面也有外部环境的要求。民族教育科研体系的建构必须因地制宜，循序渐进，立足于民族和地方的土壤，才能获得长足的发展。

民族教育科研取得了重大的成就，民族教育科研体系的建构也渐趋完善，但也必须承认教育科研成就和肩负的使命相比还有一定差距。比如，科研的自主性还较差、创新性还不强、价值取向还存在一定偏差、网络资源信息利用还不够，等等。相信随着国家扶持民族教育科研力度的增强，民族地区自身教育科研实力的增强，民族教育科研及其体系的建构会不断克服不足，走向更大进步。

参考文献

［1］苏忱．试论普教科研管理的特点及一般方法［J］．教育理论与实践，1994（5）．

［2］张武升．论教育变革中教育科研的使命［J］．中国高等教育，2011（7）．

［3］哈经雄，等．民族教育学通论［M］．北京：教育科学出版社，2001.

［4］余倩．基于知识管理视角的中学教育科研体系的构建［J］．基础教育研究，2009（2）．

［5］李明，陈万勇．均衡发展：区域教育科研科学发展的战略思考［J］．教育理论与实践，2012（20）．

［6］斯文．中小学教育科研若干问题论析［J］．安徽教育，2012（5）．

［7］薛兴民．如何建立教育科研体系［J］．吉林教育，2011（5）．

［8］兰绍平，薛开河．少数民族地区中小学教师教育科研的现状及对策［J］．教育情报参考，2007（12）．

［9］陈品顺．文化与民族教育的学术探索［C］．北京：中央民族大学出版社，2005.

［10］秦平．以科研促发展的湘西民族教育［J］．中国民族，2004（7）．

［11］朱小琥．教育科研管理研究综述［J］．江苏教育研究，2011（12）．

［12］王蓉宗，等．高校图书馆主动为教育科研服务探究［J］．管理观察，2012（11）：78.

（贵州师范学院文学院副教授，贵州教育发展研究中心研究员）

贵州高校开设水族传统体育教学的必要性研究

陈国余

国家民委、国家体育总局印发《关于加强少数民族传统体育工作的意见》的通知中提出：鼓励和支持各类学校在开展现代体育教学和活动的同时，开展民族传统体育的教学和活动，培养民族体育人才。民族学校和民族地区的体育学校应将民族传统体育作为学校体育活动的重要内容，并创造条件将民族传统体育列为正式体育课程或乡土教材。为此，我国各类学校应积极开设民族传统体育教学，对继承弘扬优秀民族传统文化、推动全民健身运动、丰富体育教学内容等方面有着极其重要和深远的影响。水族作为中华民族大家庭的一员，有着悠久历史和灿烂文化。贵州省是我国水族人口最多的省份，占全国水族总人数口的90.8%。水族在长期的社会生活和生产劳动中创造了历史辉煌悠久、内涵丰富绚丽、风格鲜明独特的传统体育项目。这些传统体育项目以其独特的运动方式、丰富的文化内涵、轻松愉快且极具趣味性和运动量适宜等特点，深受广大青少年的喜爱。如果把这些内容引入贵州高校体育教学中，不仅丰富体育教学内容，而且还传承和发展水族传统体育文化。本文通过对贵州高校开设水族传统体育教学的必要性进行了理论探讨，以期为将来贵州高校开发和利用水族传统体育课程资源提供理论参考。

一、有助于水族传统体育文化的保护与传承

随着经济全球化和改革开放步伐的加快，导致了水族地区人们传统生产和生活方式发生急剧变化，使根植于传统农业社会为基础的水族传统体育文化面临着前所未有的冲击和困境。如水族传统体育舞蹈花架舞、打角舞、丝刀舞等已经濒临灭绝，既无史料可查，又无文字记载。新形势下如何保护和传承水族传统体育文化已经成为我们亟待解决的重大课题。学校是水族传统

体育文化保护和传承的主要途径。通过在学校开设水族传统体育教学，水族传统体育文化才能获得强大的可持续的生命力。如贵州省黔南州三都县城关小学开展“水族铜鼓操”，是学校邀请县内知名水族文化及舞蹈方面的专家，遵循学生的年龄特点，将水族舞蹈与广播体操韵律、形式相结合，创造出的健身操，旨在让学生快速、简捷地接受水族铜鼓舞，更好地传承和发展民族民间文化。因此，贵州高校应根据自身实际情况，将适合的水族传统体育项目纳入学校体育教学，不仅有助于水族传统体育文化的保护与传承，而且让更多的大学生接受民族文化的熏陶，有利于增进民族自豪感和民族凝聚力。

二、推动体育教学改革趋于科学发展方向

贵州是我国西部多民族聚居的省份，也是贫困问题最突出的欠发达省份。与经济发达地区相比，贵州高校存在着领导不够重视、体育师资匮乏、体育专项经费投入不足、场地器材严重缺乏、体育教学内容与方法单调等不足问题，从而出现了学生对体育锻炼的积极性不高、主动参与体育锻炼的意识不强的现象，并最终导致了大学生的体质和健康状况都有不同程度的下滑。水族传统体育不仅具有教育性、健身性、娱乐性、观赏性、互动性、浓厚的趣味性等特点，而且动作简单易学、锻炼效果明显、内容极为丰富、经费投入少、场地器材要求不高等优点。因此，贵州高校应通过各种途径有计划地将合适的水族传统体育项目逐步地融进到学校体育教学中，这样不仅能够提高学生参与体育活动的积极性，达到增强体质的效果，同时还能够丰富和充实学校体育教学，促进学校体育教学理念的转变，从而推动学校体育教学改革朝着更科学方向发展。

三、促进全民健身计划的实施

在实施全民健身计划的过程中，我国高校体育一直以来是作为推广与普及的重点对象。目前，贵州高校体育教学内容普遍存在着盲目追求体育教育目标的近期效益，缺乏对学生从事体育活动的兴趣培养，以及体育教学内容单调重复而使学生感觉到枯燥无味，难以满足广大学生的多样化和个性化的需求。因此，开拓新视野、充实新内容已经成为当下体育工作者迫在眉睫、必须深思的问题。水族传统体育项目不仅具有健身、娱乐、教育等价值，而且内容丰富多彩、形式多样、风格独特鲜明，在一定程度上能够满足学生多样化和个性化需求，从而达到学生锻炼身体的作用。贵州高校应根据自身的

地理位置和环境的实际情况，挑选一些符合学生身心发展需求、简单易学、锻炼效果明显的娱乐性水族传统体育项目，在保留民族特色的基础上，对其进行教材化处理，使其教学内容具有民族性、科学性、趣味性和实用性，并将其逐渐地应用于学生的体育锻炼中，使得学生掌握一些水族传统体育项目锻炼的方法，自觉养成体育锻炼的习惯，为学生的终身体育思想奠定基础。毕业后，学生在大学生期间养成的体育锻炼习惯能够带动周围群众体育活动的开展，从而促进全民健身计划的实施。

四、结语

长期以来，由于地理环境的限制造成了贵州经济发展落后，从而也影响了贵州高校体育教育事业的发展，出现了体育经费不足、器材场地匮乏、体育教学内容单调重复等问题，开发和利用新的体育课程资源成为贵州高校必须解决的问题。贵州是我国西部多民族聚居的省份，少数民族传统体育资源的开发与利用则成为贵州高校必须重视的任务。水族作为贵州世居少数民族之一，在长期的社会生活和生产劳动中创造了历史悠久、形式各种各样、独具地方特色的传统体育文化。这些水族传统体育文化不仅具有健身、娱乐、教育、交流、审美等价值，而且还简单易学、场地器材要求不高、健身效果良好等优点。如果在贵州高校开设水族传统体育教学，不仅有助于水族传统体育文化的保护与传承，而且在一定程度上可解决贵州高校体育办学面临的实际问题。

参考文献

［1］王亚琼．对贵州高校体育教育引入水族传统体育项目的研究［J］．贵州民族教育，2008（6）．

［2］张兴奇，等．贵州水族传统体育文化的传承特征、趋势及其发展研究［J］．河北体育学院学报，2010（1）．

［3］中国法律大全．关于加强少数民族传统体育工作的意见［EB/OL］．http：//www. jincao. com/fa/04/law04. s62. htm.

［4］新华网贵州频道．三都水族“铜鼓舞”进校园［EB/OL］．http：//www. gz. xinhuanet. com/2014 －06/11/c_ 1111091426. htm.

（作者系贵州师范学院体育学院副教授，贵州教育发展研究中心研究员）

【教材与教法研究】

论高师公共教育学的课程目标再定位及其实施的有效性路径

郭　文　雷经国

一、高师公共教育学课程目标再定位的原由

21 世纪以来，伴随着《教师教育课程标准（试行）》的颁布与试行，我国教师教育逐步走向专业化、实践化的趋势，由此引起了教师教育课程领域的深刻变化，对传统的高师公共课教育学的课程目标和教学实施带来了严峻的挑战与改革的机遇。高师公共教育学作为教师教育领域的一门核心课程、基础课程，其课程目标的准确定位和有效的实施对当今或未来教师教育的专业化、实践化的发展有着至关重要的影响。高师公共教育学课程目标的准确定位与有效实施将会直接影响到未来教师政治素养、专业素养、教育教学能力等方面的形成和提升，直接影响到当下师范生愿不愿学、会不会学该课程，是否热爱教育事业、愿不愿从教、能不能从教，成为一名合格的甚或优秀的准教师等。然而，高师公共教育学的实施现状不乐观，更不尽如人意，与当今教师教育专业化、实践化的发展和素质教育诉求的大势所趋极不相适应，其实施现状与其地位很不相称，其作用未能得到充分有效的发挥，存在许多亟待解决的问题。

郁芳认为，当前高师公共教育学课程实施困境主要有："目标困境、地位困境、认同困境、教学困境、评价困境。"[1]除了这些困境外，还有课程内容与体系的困境、学生的学习态度等影响着高师公共教育学的有效实施。当前高师公共教育学对教育教学实践问题的阐释说明能力不强，预见性差，教育教学理论跟不上实践和时代发展的需要。"诸多困境产生的最根本原因在于目

前我国高师公共教育学课程价值认知不清、目标定位混乱。课程价值和目标定位的迷失导致了对公共教育学课程的学科地位、性质、作用和发展方向等一系列基础问题无法给出科学的判断和界定，进一步又使得公共教育学课程设置、教学、评价以及课程资源开发等环节面临各种困境。”[2]李军靠、高延龙指出，“一门课程的定位关系到它的目的、性质、发展方向等重大问题。如果一门学科作为课程，在教学过程中定位不准，不但不能达到预期的教学效果，反而会使学科本身的发展迷失方向，陷入迷惘之中。”[3]传统的高师公共教育学课程目标具有多重性，致使课程内容庞杂繁多。既要培养未来教师的理论素养、又要形成其教育管理、教学技能等多方面的实践能力，还要培养其科研意识、方法与能力等，使得公共教育学课程承担了其整个学科群的培养目标。公共教育学目标的多重性导致其价值的虚张，拔高其价值取向，致使公共教育学教师在教学实践活动中什么目标都想抓好，可结果什么目标也没有抓好，这或许是课程目标的侧重点和准确定位不清的缘故。

在公共教育学课程的目标、内容、实施、评价的四要素中，课程目标与课程评价都具有导向、调控、评价、激励等功能。因此，课程目标的准确定位和评价理念与策略对其有效性的教学实施，取得理想的效果，起着关键性作用甚或是决定性因素。在课程内容与实施层面，应充分体现时代的特点，力求能反映我国的教育教学实践与理论等方面出现的新情况、新问题以及取得的新进展、新成果。

当前，随着21世纪新课程改革的深入发展和《教师教育课程标准（试行)》的颁布与实施，为我国高师公共教育学的改革提供了极为有利的契机，使得高师公共教育学的改革与发展成为一种可能。因此，我们必须紧跟时代的步伐，抓住极佳的机遇，推动高师公共教育学改革迈向深入发展的阶段，首当其冲的认真反思其课程目标的准确定位、评价理念与策略的与时俱进性，进而才有可能实现我国高师公共教育学的有效性实施，取得实质性的进展，为培养出合格甚或优秀的教师奠定基础。

二、高师公共教育学课程目标再定位的应为

高师公共教育学的影响力在不断地消失，甚至可以说是其生命力在丧失。“教育学危机的化解及其学科地位的重建，关键在于增强其对现实的解释能力，这是所有理论的生命力源泉。”[4] “从本质上看，公共教育学是为师范生

后续的学科教学论学习、教师基本技能训练、教育实习以及未来专业发展奠定基础的，这种基础与其说是知识基础，还不如说是思想基础、价值基础、道德基础以及情感基础更恰当。纵观国内外大量的实证研究成果，我们发现，师范生职前教师教育的作用主要是奠基性的，其中教师专业意识品质的形成是核心任务。从知识传递到意识品质的养成正是教师教育改革的焦点。”[5]因此，教育学的文化性格的品质，人文素养与精神是其价值的追求、教育意义的阐释、教育教学活动的主体呼唤。高师公共教育学课程的目标应回归师生的教育教学的现实世界。“课堂不再只是传播知识、形成技能的场所，而是一个创造意义的地方，教与学的过程是意义建构、分享与创造的喜悦之旅。”[6]这种教与学的观念转变蕴含着对学生的整体性的尊重和对学习的内在价值的寻求，乃课程与教学本真意义的回归。“有效的教师教育对师范生的要求不能仅局限于教育教学知识、技能的掌握，更需要的是教师角色意识、专业自主意识、生命关怀意识的养成。教与学不是单纯的程序化、技术化的知识掌握和能力训练过程，它也是个体精神发育与心灵成长的过程。教师的教学实践就是他们在与学生共同经历的交互活动中实现教育意义的过程。”[7]

作为公共教育学课程仅是教师教育课程中的核心课程、基础课程之一，教师教育活动又是一个终身学习、终身教育的过程。因此，公共教育学课程的目标达成也仅是为未来培养合格或优秀教师奠定最重要的基础，乃教师教育的奠基工程，或者说仅是培养准教师而已。基于上述不同学者对高师公共教育学课程在教师教育课程领域的重要地位，以及上文内容中高师公共教育学课程的实施现状、课程目标的多重性分析等，我们认为，公共教育学课程的目标侧重点和定位必须准确、清晰，使公共教育学教师有的放矢的进行开放性的、创造性的实施教学。

高师公共教育学是以教育活动中的人与事的各种现象和事实为研究对象，而教育的基本功能又是育人功能，这就决定了高师公共教育学的课程目标应是人文素养、立德树人，成人是其本质。综上分析，我们认为，公共教育学课程的目标定位在两大维度：其一，培养师范生的教师政治素养、专业素养和人文素养，使其热爱教育事业，乐于从教；其二，形成与应用其教育教学的基本技能，使其基本能从教，初步具有科研意识和科研方法。

三、高师公共教育学课程实施的有效性路径

课堂教学是当前高师公共教育学课程实施的基本途径。长期以来，高师

公共教育学的教学方式方法的单调（教师厌教）、学生被动性的学习（学生厌学）、师生的个性受到压抑等痼疾一直困扰其课堂教学活动，为了达成高师公共教育学的上述课程目标，使其课程实施的有效性取得实质性和根本性的进展，应拟从教师的教学理念革新、教与学的方式方法的转变、学生学业成绩的考核方式的改革、对教师的教学评价策略改革等路径探索其教学实施的有效性。

（一）教师的教学理念革新

高师公共课教育学的教学改革首要解决的是师生的教与学的理念，理念是行为的先导，任何教学行为都是在一定的教学理念指导下进行的。因此，高师公共教育学的课程与教学的改革，也理应从课程与教学的理念革新入手，故教师的先进性、适应性的教学理念是其有效性教学的核心、关键路径。笔者拟将教学置于课程话语下，使课程与教学紧密相结合，基于高师公共教育学课程目标的达成来构建该课程的教学理念，摆脱传统落后的教学理念的束缚。这些新的教学理念主要有“教与学的方式方法的转变、学生学业成绩的考核方式的改革、教师的教学评价的改革”。在教与学的方式方法的转变层面，应倡导以自主、合作、探究的学习方式为主，以讲授的方式为辅的教与学的理念；在学生学业成绩的考核方式与教师的教学评价层面，都应倡导过程性评价与终结性评价相结合，更应强调过程性评价。处于此阶段的大学师范生不能再以单纯的学习基础知识为主，他们基本上都能自主性地学习相应人文社会学科的基础知识，而重在以培养师范生自身的思想、理念、思维方式、分析问题与解决问题的能力、人文素养、高尚的人格与品质为主。作为富有创造性和个性的大学师范生和大学教师来讲，也顺理成章的应被给予更多的开放性、创造性的质的评价时空与方式。

总之，我们将力求建构师生以认知、实践、交往为主体的，进行主动地、能动地、创造性地教与学的活动过程，以实现教与学的主体价值和生命价值，真正构建起意义建构、分享与创造幸福和快乐的师生学习共同体。只有这样，我们才能把教师厌教、学生厌学，师生创造性的个性压抑得以真正解脱，使得高师公共教育学课程实施的有效性取得实质性进展。

（二）教与学的方式方法的转变

教学过程是通过师生的教与学的活动过程来实现的，是基于课程目标的达成来展开的。因此，教与学的方式方法的选择不得不优先考虑与课程目标的适应性，也是高师公共教育学课程有效实施的最重要路径。

上文论述了高师公共教育学课程的目标主要定位在于两大层面，不同的课程目标，其教与学的方式方法也自然有所不同，其首要目标是“培养师范生的教师政治素养、教师专业素养和人文素养，使其热爱教育事业，乐于从教”。具体来说，即为国家和社会培养政治合格、能掌握并运用中小学的教育教学规律、热爱教育事业、乐于从教、为人师表等准教师的理论与人文素养。与其相对应的课程内容就是教育、教育学的元研究、教育的基本原理（本体论）为主。当前公共教育学的主要教学模式仍然是以知识的传授讲解为主，尤其是在教育学的元研究、教育基本原理的课程内容实施方面，更为凸显。对于这一部分的课程内容我们必须革除传统的单一讲授、说教的方式进行教与学，转变为介绍大观念（即介绍纲要式的知识结构与逻辑、基本概念与基本理论）、在与学生的反思、体验、对话的教与学的过程中，乐于与学生分享自己的相关观点、善于发现学生的问题并尽自己所能提供支持，把有关教师教育的时代热点、新成果融于师生的教与学的活动过程中，在具体的真实的教育教学案例中理解、领会教育的基本理论知识及其意义并学会运用，使师生学习共同体的教与学的交往活动成为课堂的主基调，把学习的权利还给学生，把教师的讲授降为最低限度，把更多的精力放在引起、维持与促进学生的学习方面。具体可尝试采用讲授法，主要以纲要式的、提纲挈领、引领式的讲解相应的基本概念、基本理论、发展趋势、主要难点问题，发挥其高效的优势；课前自主学习、读书指导法与课堂小组合作、讨论法相结合，以调动学生学习的主动性，培养自主学习的习惯与能力，思考问题的习惯与能力；采用时代前沿的教育热点问题及实践案例研修法，选取教育教学实践中的真实事件或典型案例，让抽象、枯燥的理论寓于形象生动的学习活动过程中，激发学生的专业热情。

高师公共教育学课程的另一大目标形成与应用其教育教学的基本技能，使其基本能从教，初步具有科研意识和科研方法。与这一课程目标与相对应的课程内容主要是课程与教学的理论与实践，主要是解决教什么，即课程论、德育论；怎样教，即教学论（包括教学模式、原则、教学组织形式与方法等）；谁来教，教谁的问题，即教师与学生。也有一些公共教育学的课程内容还包括班主任工作、学校管理、心理健康教育、教育科研方法等内容，笔者在此认为，公共教育学课程不应承担这些课程内容的教学，应由其他相对应的学科来担负。高师公共教育学课程的第二大目标对应的课程内容更加彰显其实践性、主体性。因此，其教与学的方式方法应以自主、合作、探究等方式方法为主，以讲授的方式为辅的教与学的理念，必须突显其主体性、实践性等；具体可尝试小组合作学习，大量采用案例教学、合作教学、任务驱动法、微格教学和研究性教学等模式，尤其是西方“jigsaw”教学模式是很值得借鉴利用的，以及通过教育教学类的著名电影赏析、中小学的见习、观摩、教案与学案的编写、课件制作、试教及其他教学实践活动，使学生乐在其中，并能真正体验教师的角色行为和教学行为，致使学生能教、会教、乐教的教育教学技能与技巧。因此，为了实现公共教育学课程的目标，其课程实施的有效性，我们认为，该课程的理论课时与实践课时的比例分配应为4∶6，甚或3∶7是较为合理的。

教师一定要“用教材教”，坚决杜绝教教材；学生也要“用教材学”，杜绝只学教材。师生对原有的课程内容和体系都可以打乱，一切都可以重来，进行重新调整、改编、重组等，适应自己的学生的学和教师的教的需求。通过课堂教学活动，最终达成的高师公共教育学课程目标可表述为：能用自己的话语解释该课程涉及的关键术语，能够学会使用一些重要的教育教学的技能；能把所学的理论知识应用于新的情境、分析、解决一些实际教育教学问题或形成自己的判断；不断地反思自己的教育教学思想与理念；在师生学习共同体的教与学的过程中，一起体验合作、分享、尊重的教育意义、幸福与尊严。学生能明确教育为何物，为何要从教，以及如何去从教的理论和实践问题。理论与实践的紧密结合，理论本身便包含了无数的教育教学实践案例，而实践中又折射出相应的教育教学理论。

（三）学生学业成绩的考核方式的改革

如果仅有教师教学方式的变革，学生学业成绩考核方式不变，教的是一套，考的是另一套，学生的学习态度、学习方式也将不会有多大的改观。从某种意义上讲，该课程对学生学业成绩怎么考核，学生就会怎么学。因此，我们得认真反思该课程考核什么、怎么考核、考核的意义何在，这是影响学生的学习态度、学习方式的重要因素。在改变了教师的教学理念、教学方式方法之后，接着就是考核学生学业成绩的考核方式的改革，只有充分发挥教学活动中的这两个主体的价值，让师生得以真正解放出来，学生的个性和才智才得以充分的展示和发挥，使其创造精神和创新能力得以发展，进而才能实质性的促进学生的学习态度、学习方式的转变，学生也才乐学、热爱教育事业、形成相应教学技能和教育智慧等。

该课程的学生学业成绩的考核方式究竟如何改革？从某种意义上讲，学生的学业成绩的考核不应是为了过关、获得学分、教师资格证、奖学金的评选而考，是为了实现该课程的两大目标而考。所以，我们拟从考核的内容和形式层面进行改革探索。其一，在考核内容方面，应尽量减少单纯性的记忆性内容，如名词解释、填空题等题型的内容，适当增加判断分析题、案例分析题的内容，甚至是小论文的论述题和实践性的学案创作等考核内容，主要考核师范生的教育教学思想、理念、思维方式的训练等内容，这主要是侧重师范生作为准教师的理论素养考核。当然，教育教学的实践技能则是更为重要的考核内容，或者说是师范生作为准教师的技能素养考核，深化教育教学实践的认识和体悟。这样既能避免当下教师所谓的考试范围和重点的勾画，又能避免学生作弊的抄袭现象和不端正的学习态度，避免仅靠记忆就可以包打天下的现象。其二，在考核形式方面，采用终结性评价和过程性评价相结合，更加强调过程性的评价，并合理分配好两种类型的评价权重，最好是四六开，甚或是三七开的比重。终结性的评价即结果性的评价，就是我们常说的期中考试和期末考试，应搞好题库建设，改革现行的考试命题思维和方法。这种类型的评价权重不能超过40%，考核的内容和题型上文也有所叙述，题型方面应力求开放式的主观题型为主，客观题型越少越好，考核内容方面侧重作为准教师的理论素养。过程性的评价主要是在课程实施的过程中对学生的学习进行评价的方式。对学生的学习态度与动机、学习方法与过程、教育教学的实践技能等进行全面的评价。在于及时地反映学生学习情况，促使学生对学习的过程进行积极地反思和总结。过程性的评价方式具体可采用档案袋评价法，学生的出勤、作业（杜绝应付式的作业）、课堂表现等综合评定法，试教法，小组合作学习法、积极参与度等，甚至还可创建博客、QQ 群、在线学习交流论坛等现代考核方法。总之，学生的学业成绩的考核方式方法要灵活多样，注重方式多样性、主体多元性等，并合理分配好权重。

（四）教师的教学评价理念与策略改革

教师的教学方式方法的大胆革新，除了教师自身的内在诉求外，还需外在的支持和保障，这也是不容忽视的一方面。因此，需要学校管理方面和学生评价方面的改革，必须得同时跟上改革的节奏，即对教师的教学评价理念的改革。只有改变传统的教学评价模式和方法，才能真正解放教师，使教师成为解放性的行动研究者，大胆地、勇敢地进行教学改革和创新，教学即研究也才能成为现实，使教师的个性和智慧得以充分的展示和发挥，也只有这样，才能实现高师公共教育学课程实施的有效性。教师在教学实践活动中真正体验教与学的幸福，获得教师职业的尊严感，进而教师乐于教、会教，最终教会学生。

《教师专业标准（试行）》明确提出，以“学生为本、师德为先、能力为重、终身学习”为基本理念，也是教师作为专业人员在专业实践和专业发展中应当秉持的价值导向。高校的教学管理及教师评价制度是影响教师专业态度和能力的重要因素，进而影响教师教学的有效性，高师公共教育学更是如此。对高师公共教育学教师的教学评价理念也应以《教师专业标准（试行）》的四个基本理念为价值导向，旨在建构促进师生共同发展的发展性评价理念。无论是学校的管理层面还是学生的评教层面，针对教师的课堂教学行为的评价，在内容和形式上都应重在评价教师的教学观、教学过程、教学方法以及学生的发展性等方面，避免仅以教师的课堂教学的某一点或几点表面现象、要求整齐划一的统一的教案模板、对课堂教学时间的机械考勤等形式化、僵化的方式考核教师的教学成效。在考核内容和形式上都应注重方式方法的灵活性、弹性，评价主体的多元性、评价内容的丰富性、评价功能的发展性；将教师教学的过程性评价和结果性评价相结合，并以过程性评价为主，有效的促进教师的专业化发展和学生的主动性学习与发展。另外，无论是高校还是中小学，“学生评教”已成为当今教师的教学评价的重要方式之一。学生评教既有有利的一面，也有不利的一面。有利的一面是，学生是直接受益的主体，有直接的发言权；但不利的一面是，由于学生心智不是很成熟，主体价值的偏移、错位，对教师的教学评价难免会出现较大误差，甚至报复教师的极个别行为，影响教师的声誉和绩效。为了避免部分学生评教的不良主观意向，又要尊重来自学生群体的不同声音，可以尝试采用班级排名前50%的所有学生和后面50%中的品质优秀的学生有权对教师的教学进行评教，对于那些大多数情况下根本就没有认真听课或者经常旷课的学生、对本课程毫无兴趣的学生没有权利对该教师的教学进行评价，或者说对排名靠后的50%的学生的评教应理性地慎重对待，并要进行调查核准，方可作为教师的教学评价的参考。

总之，无论通过学校管理层的评教还是学生的评教，甚至是教师的自评，都应追求该课程的教学效益、效率、教师的职业操守和专业发展水平、学生的综合素养与能力的发展方面的教学价值。

参考文献

[1][2] 郁芳．当前高师公共教育学课程实施“困境”及突破［J］．中国成人教育，2009（24）．

［3］李军靠，高延龙．高师公共教育学的价值追寻与意义重构［J］．高教探索，2007（1）．

［4］项贤明．教育学的学科反思与重建［J］．教育研究，2003（10）．

［5］［7］郑晓梅．意义建构：高师公共教育学课程的设计与实施策略［J］．教师教育研究，2012（5）．

［6］黎平辉，李建年，袁川．教师专业发展理念转变下公共教育学的变革［J］．现代教育科学，2010（6）．

（作者系贵州师范学院教育科学学院教授、副教授，均系贵州教育发展研究中心研究员）

贵州高等师范院校实践教学模式及课程体系改革研究

邓 琴

贵州省现有高等师范院校12所，担负着培养各级教师的任务，高师培养人才素质的高低极大地影响着全省未来教育的发展前途。近年来，高师本科教育为全省培养培训了大批教师。但高师教育在取得成绩的同时，还存在着一些不尽如人意之处，如在校生“职前准备教育”方面，毕业生综合实践能力相对较差，教育教学基本功不够扎实，难以在短时间内适应实际教学工作，甚至缺乏教师必备的基本素质等。究其原因，主要是由于现阶段全省高师院校的实践教学体系还不够完善所致。

一、贵州高师院校实践教学存在的问题

（一）实践教学流于形式

随着近年国培计划“顶岗置换研修”项目的实施，部分高师院校实习时间有所延长，但对贵州大部分高师院校来说，教育实习大多被“一次性”地安排在第七或第八学期，时间只有6～8周，甚至更短。有些学校为了缓解实习困难，采用分散实习的办法，将实习学生“遣散”到家乡或“关系”密切的学校，实习结束后仅凭有关学校的一纸鉴定就可过关，实习学生在课堂上实际教学的时间很短，难以达到实习的真正目的。

（二）教学实习和见习基地学校选择困难

师范院校实践基地建设困难，许多学校尤其是重点中小学经常因不愿意打乱其教学秩序，影响其升学的原因而拒绝接收实习师范生，即使是接收了，也不能实现充分、有效的实习和见习。这使得师范生在进入实际教学之前不

能感受高水平的教育要求，从而无法形成良好的教育意识。

纵观国内外师范生实践教学现状，结合贵州实际，当前贵州高等师范院校急需寻求一套既能提升师范生的教学技能水平，又能进行教学场景训练的实践教学课程体系和实践教学新模式。当前，贵州各师范院校已意识到学生实践能力培养的重要性，而现有师范生的培养则存在严重缺失，学生的综合实践能力较差，教学技能水平较低，实践教学课程单一，课程时数少。很显然现有的实践教学课程体系已不能适应新形势的要求，急需改革创建一个适于贵州高等师范类院校师范生培养的新的实践课程体系。

二、高师院校实践教学课程体系的内涵

实践教学课程体系，是指在师范教育中，努力贯彻理论联系实际原则，通过课程编制和教学计划有目的、有组织地突出教育教学中的实践环节，使所学的教育理论和专业知识固化为良好的教育教学素质，进而转化为合格教师应具有的教育教学能力和技能的系统化师范课程与教育模式。

实践教学课程体系包括技能形成培训和技能运用考核两个阶段，技能形成培训阶段是高师院校对师范生的培养过程，是由普通学生转变为专业教师的定向阶段。它由三部分组成：基础实践即劳动实践、军训、计算机实践、英语实践和教育教学技能；综合实践即课内外科技活动；社会实践即社会调查和社会服务。技能运用考核阶段即专业实践部分，是指通过前一阶段的培养和训练，师范生将所学技能运用于实践。包括高师院校为学生提供必需的条件如实习基地、指导教师等，并根据学生在实习期间的表现对学生进行恰当的考核和评价。实践教学的四个部分既相对独立又密切相关，互为补充，互相促进，贯穿于大学生在校学习的全过程，达到了学生在知识、能力、素质等各方面协调发展的要求。

三、贵州高师院校实践教学改革思路

（一）构建适合师范生培养的实践教学课程体系

课程体系改革是为了实现专业人才培养目标，在课程结构、课程内容、课程教学方法与考核方式等方面所进行的改革与建设。根据贵州高师院校实践教学实际，我们以贵州师范学院为例，拟对师范教育各专业学科进行研究

制定出相应的实践教学课程体系，从而探索构建适合贵州高师院校师范生培养的实践教学课程体系。本文主要从以下方面进行探索：

1. 改革教师教育课程体系，全面培养师范生从教能力

贵州师范学院为全面培养师范生从教能力，在新的人才培养方案中精心设计了新的教师教育课程体系，由教师教育基础课程、教师教育拓展课程和教育实践课程三部分构成。基础课程为教师教育必修课程，包括教师职业技能课程和教师资格课程。拓展课程为教师教育选修课，拓展学生对教师职业内涵的理解，使学生进一步掌握教育教学基本技能。教育实践课程主要包括教育见习和教育实习。通过优化人才培养方案与教师教育课程体系，建立科学基础、实践能力、人文素养和职业技能相结合的人才培养模式，使学生的教师职业技能教育与学科专业教育齐头并进，学生不仅学到丰富的学科专业知识，而且教育教学能力得到极大提升，达到“一专二能三艺四技五证”的培养要求。其中，“一专”是学有专长，“二能”是具备教学组织能力和班级管理能力，“三艺”是学会识谱识唱、少儿舞蹈和简笔画，“四技”是具备教师语言、三笔字书写、心理辅导和课件制作技能，“五证”即取得计算机等级证、英语等级证、普通话合格证、教师资格证和毕业证。

2. 以技能考核为抓手，加强师范生教师职业技能训练

2012 年，学校组织制定《贵州师范学院师范生教师职业技能训练实施办法》，以此确立了师范生教师职业技能考核制度，全面开展师范生教师职业技能考核。规定未能通过教师职业技能考核的师范生不能申请教师资格证，原则上不能参加教育实习。教师职业技能考核科目包括：粉笔字、钢笔字、毛笔字、简笔画、班主任工作及专业教师技能等内容。一方面，教师职业技能考核作为教学能力水平测试，可及时反馈师范专业学生对教师基本技能掌握情况，为教学改革与教学研究提供参考。另一方面，通过师范生教师职业技能考核，使教师进一步重视实践教学，改进实践教学方法，使学生利用课外时间进一步加强教学基本功训练，引导师范生将专业知识、教育学和心理学的理论与方法转化为具体从事教育教学工作的能力。实践表明，师范生教师职业技能考核实现了“以考促管、以考促教、以考促学”的目标，学生的教学基本功得到巩固、教学能力得到全面加强，取得了很好的效果。

3. 开展顶岗实习与置换研修培训，实现高师教育和基础教育的有效对接

学校从2009年起就积极组织师范生开展为期一个学期的顶岗实习，并结合顶岗实习工作开展农村中小学教师置换研修培训。通过顶岗实习与置换研修培训，推进了师范专业实践教学改革和农村中小学教育，取得了可喜的成绩。一是更新了师范专业实践教学体系，进一步强化了师范生实践能力培养。二是创新了师范专业教育实习模式，为期一个学期的顶岗实习全面提升了师范生的综合素质。三是加深了师范生对基础教育新课程改革和新课程标准的了解，提升了师范生进行教育教学改革的能力。四是通过“顶岗实习”与“置换研修培训”加强了师范院校与农村中小学的联系，创建了农村小学教师职后培训的新模式，更新了农村中小学的教育教学理念，为农村中小学注入了新的活力，探索了适应基础教育改革发展需要的教师教育人才培养模式，实现了高师教育与基础教育的有效对接和互惠双赢。

4. 以教育实习和毕业论文为载体，培养学生教育研究能力

学校充分利用师范生顶岗实习时间长、要求高、实习内容全面和实习形式多样的特点，要求师范生在顶岗实习中“以教育教学理论指导实践、在实践中研究教育教学理论”积极开展教育调研，将顶岗实习中的教育调研工作与毕业论文工作有机结合起来，引导学生在实践中探索问题、研究问题、解决问题。2013届师范生本科毕业论文中，与教育实践相结合的占43%。师范生通过教育实践，发现教育教学中的问题，找到研究方向，明确研究目标，结合毕业论文工作的开展，在实践中总结与反思，从而不断提升教育理论水平与教育科研能力。

（二）整合校内外教学资源，创建多样“教学场景”

探寻新的实践模式创设专门的教师教学能力培训中心。各学院在制定师范生培养方案时，结合课程设置和建设在每一阶段设计教师教学技能练习，注重学生平时技能实训与课外活动相结合，整合校内教学资源，筹建教师教育能力培训中心，充分利用现代教育技术和多媒体，建设“虚拟教学场景”，如利用微格实验室，实现教学观摩、实践教学、名师指导的简约化。大力建设优质教学资源库，充分调动相关资源，实现理论课程教学、教学实践练习的优化。加强校外教学资源整合，加强与广大中小学校合作，主动为其服务，创建实践基地，实现学生见习与社会实践相结合，为学生提供实践锻炼机会。

参考文献

［1］郭水兰．实践教学的内涵与外延［J］．广西社会科学，2010（10）．

［2］张玉平．浅谈研究型大学的本科实践教学体系［J］．实验室研究与探索，2011（3）．

［3］邓琴．对贵州高校“置换研修”项目中学生顶岗实习的思考［J］．贵州师范学院学报，2013（1）．

（作者系贵州师范学院教授、贵州教育发展研究中心研究员）

人教版《高中语文》古诗文注释中的错误举隅

戴军平

由人民教育出版社和北京大学中文系联合编著的《高中语文》是一套比较优秀的教材，但其中仍然存在不少问题，特别是古诗文的注释。本文列举一二以探讨。（注：楷体是课文原文和注释）

1. **若舍郑以为东道主，行李之往来，共其乏困，君亦无所害。（《烛之武退秦师》）**

行李：出使的人。原写做“行吏”，后习惯写做“行李”。

注释中的“行吏”应为“行理”才对。清郝懿行《证俗文》卷六：“古者行人谓之‘行李’，本当作‘行理’，理，治也。作‘李’者，古字假借通用。”“行理”当“出使的人”讲，在古书里例子很多。如《左传·昭公十三年》：“行理之命，无月不至。”《国语·周语中》：“敌国宾至，关尹以告，行理以节逆之。”而“行吏”只能作动词，指出使。此词唐代才出现。例如，唐陶翰《望太华赠卢司仓》诗：“行吏到西华，乃观三峰壮。”

2. **燕王诚振怖大王之威，不敢举兵以拒大王。（《荆轲刺秦王》）**

振怖：惧怕。振，通“震”。

课本注释“喜欢”滥指通假。如说“振”通“震”，“要”通“邀”，“无”通“毋”之类很多。除了“振怖”外，下文还有“振慑”、“振恐”，都是害怕的意思。“荆轲奉樊於期头函，而秦武阳奉地图匣，以次进。至陛下，秦武阳色变振恐，群臣怪之。荆轲顾笑武阳，前为谢曰：北蛮夷之鄙人，未尝见天子，故振慑。”“振怖”、“振慑”和“振恐”都是古书中常见的词语。如晋葛洪《抱朴子·行品》：“被抑枉而自诬，事无苦而振慑者，怯人也。”《韩诗外传》卷七：“诛赏制断，无所顾问；威动天地，振恐海内。”

3. 张良出，要项伯。（司马迁《鸿门宴》）

要：通“邀”，邀请。

这也是一个滥指通假的例子。要：约请；邀请。《诗・鄘风・桑中》：“期我乎桑中，要我乎上宫。”晋陶潜《桃花源记》：“便要还家，设酒杀鸡作食。”清蒲松龄《聊斋志异・黄九郎》：“一日，日衔半规，少年歘至。大喜，要入，命馆童行酒。”

4. 譬如朝露，去日苦多。（曹操《短歌行》）

苦多：苦于过去的日子太多了。

苦，副词，表示程度，犹甚，很。“苦多”就是很多，太多。三国魏曹丕《善哉行》：“上山采薇，薄暮苦饥。”“苦饥”就是很饥饿。清高鹗《题竹雪撷芳诗卷》诗：“知君苦忆红梅树，读到梅花意也亲。”“苦忆”就是很想念。

5. 未尝不临文嗟悼，不能喻之于怀。（王羲之《兰亭集序》）

不能明白于心。喻，明白。

喻，通“愉”，欢愉。“不能喻之于怀”就是说心里不愉快。《庄子・齐物论》：“昔者庄周梦爲胡蝶，栩栩然胡蝶也，自喻适志与。”陆德明《经典释文》引李颐云：“喻，快也”。

6. 艰难苦恨繁霜鬓，潦倒新停浊酒杯。（杜甫《登高》）

苦恨：极其遗憾。苦，极。

“苦恨”就是苦恼。《西游补》第三回：“现原身望望使者，使者早已不见，行者越发苦恨，须臾闷倒。”

7. 此情可待成追忆，只是当时已惘然。（李商隐《锦瑟》）

可：难道，哪能。

可，通“何”。《晏子春秋・外篇上二》：“自是观之，茀又将出，天之变，彗星之出，庸可悲乎?”王念孙《读书杂志・晏子春秋二》“天之变”：“‘可’，读曰‘何’。‘何’‘可’古字通。”宋欧阳修《与吴正肃公》：“累日不瞻奉，渴仰可胜!”“此情可待成追忆，只是当时已惘然”就是说，这种感情何需追忆时才想起呢？就是当时已经惘然若失了。

8. 夫庸知其年之先后生于吾乎？（韩愈《师说》）

知：了解，知道。

此处的“知”是“管；过问”的意思。例子很多，如唐杜甫《鹦鹉》诗：“翠襟浑短尽，红嘴漫多知。”宋吴潜《八声甘州・和魏鹤山韵》词：

“如何是，一尊相属，万事休知。”

9. **亲故多劝余为长吏，脱然有怀，求之靡途。（第五册陶渊明《归去来兮辞》）**

长吏，指职位较高的官吏。《汉书·百官公师表》：“秩四百石至二百石，是为长吏。”脱然，轻快的样子。有怀，有所思念。

如果按照课文注释，这句就应该翻译为：“亲朋都劝我去当个职位较高的官职，我很轻快地有所思念，却又没有门路求得。”简直不知所云。课文注释有好几处错误。首先，《汉书·百官公师表》应改为《汉书·百官公卿表》。此处的“长吏”，指州县长官的辅佐，是职位较低的官吏。《汉书·百官公卿表》：“县有丞、尉，秩四百石至二百石，是为长吏。”序言说：“余家贫，耕植不足以自给。幼稚盈室，瓶无储粟，生生所资，未见其术。”陶渊明一家简直要活不下去了，所以亲朋才劝他去弄个小官当当。他当官仅是为了养家糊口，不可能刻意追求职位较高的官职。脱然，超越寻常貌。清梁章巨《退庵随笔·劝学》：“二程子十四五岁时，便脱然欲学圣人。”“脱然有怀”就是非常向往。“亲故多劝余为长吏，脱然有怀，求之靡途。”这句就可以翻译为：亲朋都劝我去弄个小官当当，我也非常向往当官，可惜没有门路。

10. **景翳翳以将入，抚孤松而盘桓。（陶渊明《归去来兮辞》）**

景，同“影”，日光。

这里的“景”跟“影”毫无关系。景：亮光；日光。南朝江淹《别赋》：“日出天而曜景，露下地而腾文。”宋范仲淹《岳阳楼记》：“至若春和景明，波澜不惊。”“景翳翳以将入”就是说阳光渐渐暗淡下去了。

11. **俨骖騑于上路，访风景于崇阿。（王勃《滕王阁序》）**

俨，同“严”，整齐的样子。

“俨”是动词，整理，使整齐。和“访”对应。“俨骖騑”就是整理车马。宋王禹偁《七夕》诗：“惊起俨衣冠，拜舞苍苔破。”

12. **桂殿兰宫，即冈峦之体势。（王勃《滕王阁序》）**

用桂木、木兰修筑的宫殿，（高低起伏）像冈峦的样子。

此处的“即”不能翻译为“像”。它和上一句“鹤汀凫渚，穷岛屿之萦回”的“穷”对应，作动词，是按照、依据的意思。这句应该翻译为：用桂木、兰木修筑的宫殿，都按照山地的走势（因地制宜来规划）。

13. 时运不齐，命途多舛。（王勃《滕王阁序》）

不齐：有蹉跎，有坎坷。

“齐”通“济”，是“好、顺利”的意思。不齐，就是不好、不顺利。元无名氏《举案齐眉》第三折：“虽然是运不齐，他可也志不灰。”明朱权《私奔相如》第四折：“文齐福不齐。”

14. 故夫知效一官，行比一乡，德合一君，而征一国者，其自视也，亦若此矣。（庄子《逍遥游》）

而，通“耐”，能。

而，通“能”，能力，才能。郭庆藩《庄子集释》：“而字当读爲‘能’，能、而古声近通用也。”《荀子·王霸》：“若是，则人臣轻职业，让贤而，安随其后。”于省吾《双剑誃诸子新证·荀子二》：“让贤而即让贤能，而、能古音近，字通。”

15. 州司临门，急于星火。（李密《陈情表》）

星火：流星的光。

星火：流星。形容急速。宋叶适《朝请大夫陈公墓志铭》：“急州县若星火，视其敝壤如髦蛮。”

参考文献

［1］人民出版社课程教材研究所，中学语文课程教材研发中心，北京大学中文系，语文教育研究所．普通高中课程标准实验教科书·语文（选修）（1－5）［M］．北京：人民教育出版社，2007.

［2］王力，等．古汉语常用字字典［M］.4版．北京：商务印书馆，2005.

［3］罗竹风．汉语大词典［M］．上海：上海辞书出版社，2008.

［4］王锳．诗词曲语词例释［M］．北京：中华书局，2005.

（作者系贵州师范学院外国语学院副教授、贵州教育发展研究中心研究员）

论高中历史课程中的合作教学

邓　华

“合作教学”是世界上许多国家普遍采用的一种富有实效性的教学理论，在改善课堂内的社会心理气氛、大面积提高学生的学业成绩，促进学生形成良好的非认知品质等方面实效显著。“合作教学”强调教学是多边活动，提倡教师与学生、学士与学生、教师与教师间的多边互动合作，充分调动教学过程中各种动态因素间的密切合作性，构成一个全方位合作的教与学的环境。美国著名教育评论家埃里斯和福茨在其所著《教育改革研究》一书断言：“合作教学如果不是当代最大的教育改革的话，那么它至少也是最大的之一。”

一、合作教学的依据

现代教育理论研究认为：课堂上有三种学习情境，它们分别是“合作、竞争和个人学习”，其中最佳情境就是合作的学习情境。而我们目前的教学情境，课堂上师生共同研究、学生团体活动的情况还不多见，占主流的仍然是竞争与个人的活动。这在很大程度上阻碍了学生的学习主动性和积极性的发挥，不利于集体凝聚力的形成，也不利于学生形成正确的竞争观和合作观。现代社会日趋多元化和民主化，需要我们培养能与别人和谐共处、通力合作的时代公民。

教学心理学情感理论研究认为：学生进行愉快和谐、富有成效的合作学习，自然会产生快乐有趣的情绪气氛。这种氛围一经形成并保持下去，就会给学生带来高涨的学习热情，推动他们进行孜孜不倦、锲而不舍的努力，有利于知识技能的积累和智商、学习能力的发展。可见，对高中学生进行合作教学是符合学生情感心理的。

二、合作教学的基本架构

（一）合作教学的教学基本操作程序

合作教学是师生全方位的合作，是完成课堂合作教学的重要保证，其具体程序如下：

（1）教学规划。教师确定单元及课堂教学目标，准备教学过程中所需的资料，备好各类各系统的问题。通过学生自学，合作讨论了解课本知识概况，提出各类问题，尝试解答问题。

（2）教学实施。教师首先创设教学情境，然后组织学生讨论，让学生一起呈现问题，教师加以具体化、系统化，明确学习目标。再通过师生合作和生生合作形式解决各类问题。最后教师提供变式（或材料或观点）进行能力训练。学生进行讨论、争论。

（3）教学总结。教师提供学生进行反思的步骤、方法，引导学生反思自己在课堂合作全过程中的行为，并考虑如何修正、提高。同时，教师创设新的情境激发学生再进行下一轮合作的兴趣。

（二）合作教学的基本环节

（1）培养。教师首先让学生了解合作教学的基本内容和方法，阐明合作教学的意义，指出自我封闭的危害性，使学生从思想上认识到进行合作学习的重要性。其次，鉴于学生实际，在合作教学之初，教师一定要有信心和耐心，通过启发、引导和鼓励，使学生一步步迈上合作学习之路。再次，教师通过与基础知识较好、学习能力较强的学生的合作示范，给全体学生树立一个榜样和模式，然后再面向全体学生，把每个学生的合作意识和合作行为培养起来。

（2）训练。教师的主要工作就是依据课本设置各类问题。不仅按教材知识体系提出具有内在逻辑联系的问题，更以学生合作学习的角度设置可能出现的问题。同时，设置各种问题的变式，创造积极思考的课堂情境。按照问题的分类，主要设计以下三类问题：第一类问题是针对选择概括性和逻辑性的教学内容或材料提出问题，以培养学生思维的深刻性。如“鸦片战争是为了鸦片而进行的战争吗?”这是涉及事件本质的概括性问题。第二类问题是针对进行发散、逆向、迁移的内容与材料问题，以培养学生思维的灵活性。如对教材提供的一则关于洋务运动的材料，教师只提醒学生注意材料中的关键词，分析结果则由学生自己动手去写出来。第三类问题是选择可以进行发散、变通、重新组合的教学内容与材料提出问题，以培养学生思维的独创性。如对拿破仑、蒋介石等历史人物的评价。

（3）运用。在培养、训练的基础上指导学生灵活运用。在预习、提问、解答、讨论等过程，主要通过学生的合作活动来完成各种教学任务和教学目标，学生成为课堂教学的主角。而且在学生掌握历史学习方法的基础上，让学生一起去进行史料分析、资料查寻、社会调查、撰写调查报告与小论文等，使学生领悟感受历史专业方法的一般途径。

（三）合作教学的基本形式

历史课程中合作教学具体分为师生合作、生生合作和师师合作三种形式。

（1）师生合作。“师生合作是学校人际中最基本的方面”。其以师生之间的互相尊重、互相合作为基础，特点在于注意诱导学生学习，特别是注意教师和学生的共同劳动。历史课程中师生合作，指学生在教师的指导下，参与各种历史学习活动，从而获得知识，形成历史学习的能力。具体表现为三方面的合作：

第一，讲授与自学指导相结合。教师讲授内容力求做到精、新、深。“精”即精讲，侧重基础知识、重难点和疑点；“新”，指教师有选择地介绍新观点、新的研究成果；“深”，指在学生可以接受的前提下，讲授内容有一定深度，给学生设置一些学习“障碍”，以驱动他们的“内部诱团”。为此，在课堂上认真指导学生自学，把培养学生的自学能力作为教学任务之一。指导学生阅读教材，要求做到：读目录，明确章节关系，明确课内各自关系，明确哪些是史实哪些是结论；找出课本的核心内容，即学习重点及列出本课知识的基本线索。目的是加深学生对教材的理解消化，加深对教师讲授内容的印象，使“教材”转化为“学材”。

第二，讲授与课堂讨论相结合。课堂讨论是历史教学的重要方法之一。结合各章具体教学内容和教学目标，科学地设计疑问，有目的地组织各种形式的课堂讨论。疑问是教师、教材、学生三者的联结点和学生学习的兴奋点，既概括教材的知识点，更切中教材重点难点，能唤起学生应用旧知识、学习新知识的欲望和感知新课的兴趣。疑问要有梯度，适用于不同层次水平的学生。疑问要有典型性和示范性，使学生可以学以致用、举一反三。如《鸦片战争》，我们设计的疑问是：有人说英国发动鸦片战争是出于“林则徐禁烟破坏了中英间的贸易伙伴关系”。你认为这种看法对吗？你见过鸦片吗？现行法律中规定贩运多少克鸦片或制品就要判死刑？鸦片战争中国战败的原因有哪些？根本原因是什么？你从中悟出什么道理？学生在课堂上以合作小组为单位展开讨论，教师评价或总结学生讨论结果。目的是帮助学生理解和运用理论知识和史实，培养学生的思维和表达能力。

第三，讲授与学生独立思考相结合。为了调动学生学习历史的兴趣，培养创造思维、发散思维等独立思考能力，尽量创设情境让学生通过尝试、探究等自主活动，去获取未知的知识。具体做法是：有些问题在讲清基本概念和观点后，让学生合作去探索解决问题的方法：有时提出问题，介绍必要的材判；让学生自己去寻求结论；有时指定与某一内容有关的参考资料，让学生自己去找问题、觅方法、得结论，教师只进行必要的辅导与质疑。如总结日本明治维新成功和中国洋务运动失败的原因；分析 19 世纪晚期主要帝国主义国家经济发展不平衡的因素等。尽管学生不能轻而易举地发现问题、找到方法、得出正确的结论：但在老师的指导下，他们努力做了，并且经过独立思考和探索有了“发现”，的确能唤起学生的求知欲望，并让学生掌握到了学习历史、分析问题的方法。在评价时，尤其鼓励那些敢于发表自己见解和看法的学生，使学生体会到独立思考的价值。

（2）生生合作。针对传统教学忽视同伴相互作用的弊端，合作教学着眼于学生之间互动的变革，将合作性的团体结构纳入到了课堂教学之中，构建了以生生互动为基本特征的课堂教学结构，通过组织开展学生小组合作性活动来达成课堂教学的目标，并促进学生的个性与群性的协同发展。为了使学生更好地完成学习任务，我们在教学中强调学生与学生之间的合作学习。这不仅是为了集思广益、相互切磋、取长补短，提高学生学业成绩，也是为了培养学生的合作意识和行为，形成良好的品质。具体方法和过程是：

第一，课前合作，消化教材。学生在个人预习教材时，不同程度地存在认知困难，因此，我们提倡学生用合作预习来消化教材，共同划出重要知识点，在疑难处标记，协力寻找解决难点的方法和途径，做好读书笔记并相互交流。

第二，课上合作，解决难题。现行中学历史课堂教学评价，更倾向于学生“动”得怎么样。因此，教师应舍得“让位”，把课堂教学阵地更多地给予学生，放手让学生去合作，解决学习中的难题，教师只需要指点迷津。课上合作，学生所要解决的难题主要有两方面：一是回答教师所提出的问题。如20世纪30年代初日本是如何侵华的？中国各政党、各阶层分别采取什么对策？结果怎样？有人说，如果蒋介石不去西安，就不会有西安事变，更不会有国共第二次合作，你认为这种看法是否正确？为什么？这些问题涉及教材重点和难点，包含着“现象与本质”、“必然性与偶然性”的基本史论，一般学生单独都不能很好地解答，只有在独立思考的基础上进行合作，才能取得较为满意的效果。二是学生自己提出问题并加以解决。在教师的组织引导下，学生通过自身的思考和探索，发现并提出问题；在课堂合作讨论中运用概括、比较等方法去发现事物的内在联系，形成新的概念，获得新的洞察力。下面是经过培养、训练的学生共同提出的问题：19世纪来中国为什么必然会出现民族危机？具体表现在哪些方面？甲午战争中国有那么多的爱国将领，但为什么还是失败？1899年美国“门户开放”同今天的对外开放有什么本质区别？……学生之所以能提出诸如此类有一定深度的问题，是学士合作的结果，也是课堂反复训练的结果。学生对自己提出的问题，更是自觉地积极地去思考、讨论，加上教师的点拨引导，都较好地找到了问题的答案。

第三，课后合作，探索未知。限于课时，教材上的许多问题，不能作深入广泛的探讨，更不能使学生了解到教材外许多的新史料和新观点，导致对问题的分析和认识不全面。因此，积极鼓励学生在课后广泛浏览历史书籍，多掌握史实，多了解理论，然后史论结合，探索未知，提高学习能力。

（3）师师合作。指授课教师之间的密切合作。在每学期之初，共同制定切实可行的教学计划，包括教学进度、专题备课时间、内容等。专题备课时，共同确定教学目的、重难点、关键点、教法学法、教具学具等内容，尤其是对如何运用合作教学法去突出重点、突破难点、培养能力、训练思维等方面的内容充分交换意见，统一认识。对于重大的问题交教研组集体讨论，集思广益，各抒己见，统一观点和认识。经常相互听课，畅谈成功，探讨不足，尤其让学生指出学习中的疑点和困惑，授课教师做好记录，根据正确建议加以改进。授课教师在各自认真学习教学理论的基础上，通过定期的教研活动，相互交流感受与认识，使教师相互增加信息容量，增长见识，开拓视野。

三、合作教学的价值

（1）培养学生的合作意识，养成良好的合作习惯。现有的教育过多地强调培养学生的竞争意识和竞争能力，而对合作意识与技能的培养却重视不足。这种指导思想下的教育往往只能养成学生片面的竞争意识和与之相伴的利己行为，给学生带来很大的精神压力，不利于学生身心的正常发展。经过合作教学初步实验后，我们发觉这一现象有了较大的转变，学生在掌握文化知识的过程中，学会了关心同学，增进了同学友谊，逐步树立起正确的合作观和竞争观，有利于集体凝聚力的形成。一位学生在《我对合作教学的看法》一文中这样写道："历史课，在我原有的心目中，是一门微不足道的学科，是一门死记硬背的学科，现在看来，我错了，我对历史课的认识太肤浅了。在这一年中，我们学得多愉快啊！大家取长补短，既学得轻松，学得活跃，又掌握了知识，锻炼了能力，增进了友谊，这都是'合作'带给我们的益处。"需要指出的是合作学习并不排斥竞争与个体化的活动，而是将之纳入了合作学习的过程之中，使它们融合统一，形成"组内合作、组间竞争、各尽所能"的格局，最大限度地发挥出群体的作用，这种良好的合作意识和合作习惯将会影响到他们今后的学习和工作，顺应了教育社会化的需求，也使教育与现代社会对人才的要求相适应。

（2）拓宽学生的知识视野，促进智力、能力的发展。在合作教学中，学生都想使自己成为合作中的主动者，因而大家都积极自觉地投身到学习活动中。他们认真阅读教科书，查阅参考书，查找、搜集文献资料，写读书笔记，养成了良好的读书习惯和读书方法，丰富了学生的知识，拓宽了学生的知识视野。它可以帮助学生进一步分析、理解教材，解决学习中的种种困难，更为重要的是，通过与他人思想交流与合作，个体思维形成了一个连贯的整体，可以帮助学生摆脱心理上的"自我中心状态"；而且从别人那里获得丰富的信息，使学生经常改变思维角度，促进思维的灵活性。总之，课上课下的自由合作与交流，使学生学习的知识能力、文字表达能力、逻辑思维能力和临场应变能力都得到了全面训练和提高。

（3）发挥学生的主体作用，激发学生的探索创新精神。在合作教学中，我们十分注重学生的主动参与，不论是获取知识，还是解决难题，学生都是亲自通过尝试、探究和交流来完成任务。变学生在学习中的被动地位为主动地位，充分发挥了学生的主体作用，给学生提供了一个自由发展空间，这就使学生向“会学”的道路上迈出重要的一步。教师对学生有启发性的设问为学生创设了积极思考的情境，激起了学生感知新知识、探求未知的欲望。学生在答疑和自主提问中，对问题的正确回答或提出一个有价值的问题，都使学生因体验成功的喜悦而不断地探索。诚然，引导学生自己去发现，并非轻而易举、一朝一夕之功，它需要耐心，更需要信心和毅力。

（4）增强课堂教学的活力，提高教师的业务水平。在合作教学中，师与生、生与生的全方位合作，使课堂气氛始终处于和谐、民主、自由、活跃的状态中，大家平等地对话、相互交流、热烈讨论、激烈争论，使学生在愉悦中感知了新知识。课堂教学以学生活动为主，方式灵活多样，学生在求知欲、成功欲和表现欲的驱使下，始终处于兴奋状态，增强了学习效果。

通过合作教学，教师受益匪浅，多看了书，丰富了专业知识和理论知识；提高了课堂教学组织能力和临场应变能力；加深了对教材的理解，解决了个人不能圆满解决的疑难问题，了解了更多的信息，活跃了教研气氛；利用群体优势，取长补短，为形成自己的教学风格奠定了一定的基础。

在当今新课程改革的大环境下，我们一线教师更应该把合作学习、自主学习、探究性学习有机地结合起来，谱写历史教育教学和谐发展的明天。

参考文献

［1］ELLIS A E，FOUTS J F. Research on Educational Innovations［M］. 1997：165.

［2］吴文侃．当代国外教学论流派［M］．福州：福建教育出版社，1991.

［3］詹姆期·H. 麦克米伦．学生学习的社会心理学［M］．何立婴，译．北京：人民教育出版社，1989.

［4］王坦．合作学习的理念与实施［M］．北京：中国人事出版社，2004.

［5］郑金洲．新课程课堂教学探索系列——合作学习［M］．福州：福建教育出版社，2005.

［6］裴娣娜．合作学习的教学策略——发展性教学实验室研究报告之二

［J］．学科教育，2000.

［7］高艳．合作学习的分类、研究与课堂应用初探［J］．教育评论，2001.

［8］曾琦．合作学习的基本要素［J］．学科教育，2000（6）．

（作者系贵州师范大学附属中学教师）

数形结合，巧解高考物理题

——有关2010年高考全国理科综合卷Ⅱ第26题解法探析

熊德永

数形结合是一种重要的数学方法，其应用大致可分为两种情况：或借助于数的精确性来阐明形的某些属性，或借助于形的几何直观性来阐明数之间某种关系。在中学物理中常常结合图像法进行解题可以：能形象地表述物理规律，直观地描述物理过程，鲜明地表示物理量之间的相互关系及变化趋势。所以有关以图像及其运用为背景的命题，成为历届高考考查的热点，它要求考生能做到三会：会识图，认识图像，理解图像的物理意义；会做图，依据物理现象、物理过程、物理规律作出图像，且能对图像变形或转换；会用图，能用图像分析实验，用图像描述复杂的物理过程，用图像法来解决物理问题。

2010年高考全国理科综合卷Ⅱ试题第26题要求对带电粒子在匀强磁场中运动的轨迹进行分析，突出数形结合，用几何图像直观地表达研究对象的动态情景特征规律。试题的设计注重对过程的理解和处理，体现物理学特征和数学工具的功能，使能力测试方式更加合理有效、完善成熟。

一、真题

图1中左边有一对平行金属板，两板相距为 d，电压为 V；两板之间有匀强磁场，磁感应强度大小为 B_0，方向平行于板面并垂直于板面朝里。图中右边有一边长为 a 的正三角形区域 EFG（EF 边与金属板垂直），在此区域内及其边界上也有匀强磁场，磁感应强度大小为 B，方向垂直于板面朝里。假设一系列电荷量为 q 的正离子沿平行于金属板面、垂直于磁场方向射入金属板间，沿同一方向射出金属板之间的区域，并经 EF 边中点 H 射入磁场区域。不计重力。

（1）已知这些离子中的离子甲到达磁场边界 EG 后，从边界 EF 穿出磁

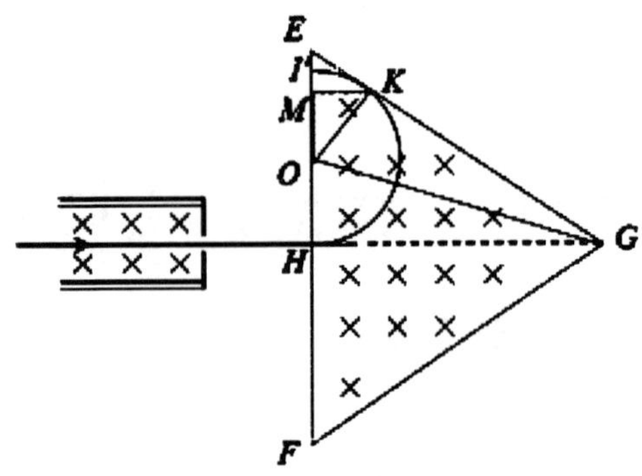

图1　离子甲在磁场中的运动轨迹

场，求离子甲的质量。

（2）已知这些离子中的离子乙从 EG 边上的 I 点（图中未画出）穿出磁场，且 GI 的边长为$\frac{3}{4}a$。求离子乙的质量。

（3）若这些离子中的最轻离子的质量等于离子甲质量的一半，而离子乙的质量是最大的，问磁场边界上什么区域内可能有离子到达。

二、真题解析

1. 离子甲的质量

（1）所有离子在平行金属板之间运动的速度由题意知，所有离子在平行金属板之间做匀速直线运动，它所受到的向上的磁场力和向下的电场力平衡，有：

$$qvB_0 = qE_0 \tag{1}$$

式中 v 是离子运动的速度，E_0 是平行金属板之间匀强电场的强度。

$$E_0 = \frac{U}{d} \tag{2}$$

由式（1）、式（2）得：

$$v = \frac{U}{B_0 d} \tag{3}$$

在正三角形磁场区域，离子甲做匀速圆周运动，设离子甲的质量为 m，由洛伦兹力提供向心力：

$$qvB = m\frac{v^2}{r} \tag{4}$$

式中 r 是离子甲做匀速圆周运动的半径。

离子甲在磁场中的运动轨迹为半圆，圆心为 O；这半圆刚好与 EG 边相切于 K 点，与 EF 边交于 I'点。

（2）离子甲做匀速圆周运动的半径 r。

解法一：利用三角函数求解

如图 1，在$\triangle EOK$ 中，$OK\perp EG$，由几何关系得：

$$\left(\frac{1}{2}a-r\right)\sin60^\circ=r \tag{5}$$

解之得：
$$r=\left(\sqrt{3}-\frac{3}{2}\right)a \tag{6}$$

式（5）可以写成 $\sin60^\circ=\dfrac{r}{\frac{1}{2}a-r}$；$r+\dfrac{r}{\sin60^\circ}=\dfrac{a}{2}$；$\cos30^\circ=\dfrac{r}{\frac{1}{2}a-r}$；$r+\dfrac{r}{\cos30^\circ}=\dfrac{a}{2}$；$\dfrac{2}{\sqrt{3}}r+r=\dfrac{a}{2}$；$\dfrac{2\sqrt{3}}{3}r+r=\dfrac{a}{2}$；$\dfrac{2+\sqrt{3}}{\sqrt{3}}r=\dfrac{a}{2}$等形式。半径 r 结果式（6）也可以写成：$r=\dfrac{2\sqrt{3}-3}{2}a$；$r=\dfrac{\sqrt{3}}{4+2\sqrt{3}}a$；$r=\dfrac{3}{6+4\sqrt{3}}a$ 等形式。

在四边形 $GKOH$ 中，$OK\perp GK$，$OH\perp GH$，由几何关系得：$GH=GK=\dfrac{\sqrt{3}}{2}a$，在 $Rt\triangle GOK$ 中，

$$r=GK\text{tg}15^\circ=\frac{\sqrt{3}}{2}a\text{tg}15^\circ \tag{7}$$

解之得：$r=\left(\sqrt{3}-\dfrac{3}{2}\right)a$

在$\triangle EOK$ 中，$KM\perp OE$，由几何关系得：

$$OM=r\sin60^\circ=\frac{\sqrt{3}}{2}r\quad EM=\frac{\frac{r}{2}}{\text{tg}60^\circ}=\frac{\frac{r}{2}}{\sqrt{3}}=\frac{r}{2\sqrt{3}}$$

$$r=OH+OM+EM=r+\frac{\sqrt{3}}{2}r+\frac{r}{2\sqrt{3}} \tag{8}$$

解之得：$r=\left(\sqrt{3}-\dfrac{3}{2}\right)a$

解法二：利用勾股定理求解

在 $Rt\triangle EOK$ 中，$EK=a-GK=a-\dfrac{\sqrt{3}}{2}a$，$OE^2=OK^2+EK^2$，所以

$$\left(\frac{a}{2}-r^{2}\right)=r^{2}+\left(a-\frac{\sqrt{3}}{2}a\right)^{2} \tag{9}$$

解之得： $r=\left(\sqrt{3}-\frac{3}{2}\right)a$

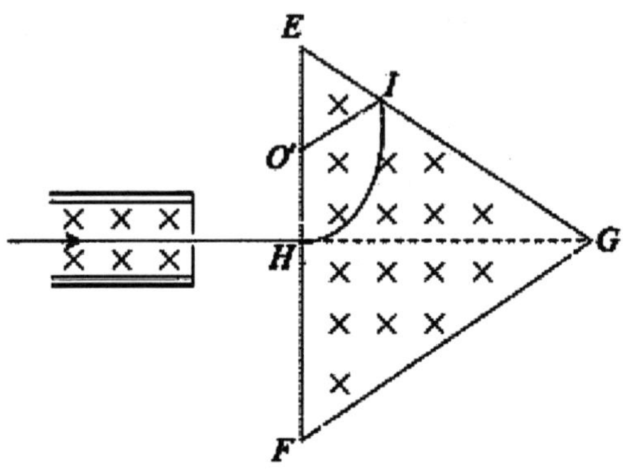

图 2　离子乙在磁场中的运动轨迹

在 $Rt\triangle EOK$ 中，$EK=\frac{r}{\text{tg}60^\circ}=\frac{r}{\sqrt{3}}$，$OE^2=OK^2+EK^2$

即：

$$\left(\frac{a}{2}-r\right)^{2}=r^{2}+\left(\frac{r}{\sqrt{3}}\right)^{2} \tag{10}$$

解之得：$r=\left(\sqrt{3}-\frac{3}{2}\right)a$

解法三：利用相似三角形的性质求解

在 $Rt\triangle EOK$ 和 $Rt\triangle EGH$ 中，$\angle OEK=\angle GEH$，$\angle EOK=\angle EGH$，故 $Rt\triangle EOK$ 和 $Rt\triangle EGH$ 相似，有 $\frac{EO}{EG}=\frac{OK}{GH}$。

即：

$$\frac{\frac{a}{2}-r}{a}=\frac{r}{\frac{\sqrt{3}}{2}a} \tag{11}$$

解之得：$r=\left(\sqrt{3}-\frac{3}{2}\right)a$

在 $Rt\triangle EOK$ 和 $Rt\triangle KOM$ 中，$\angle OEK=\angle OKM$，$\angle EOK=\angle KOM$，故 $Rt\triangle EOK$ 和 $Rt\triangle KOM$ 相似，有 $\frac{EO}{KO}=\frac{OK}{OM}$。

即：
$$\frac{\frac{a}{2}-r}{r}=\frac{a}{\frac{\sqrt{3}}{2}r} \tag{12}$$

解之得：$r=(\sqrt{3}-\frac{3}{2})a$

联立式（3）、式（4）、式（6）得，离子甲的质量为：

$$m=(\sqrt{3}-\frac{3}{2})\frac{qaBB_0d}{U}$$

2. 离子乙的质量

同理，由洛伦兹力公式和牛顿第二定律有：

$$qvB=m'\frac{v^2}{r'} \tag{13}$$

式中，m'和r'分别为离子乙的质量和做圆周运动的轨道半径。离子乙运动的圆周的圆心O'比在E、H两点之间，由余弦定理有：

$$r'^2=(a-\frac{3}{4}a)^2+(\frac{a}{2}-r')^2-2(a-\frac{3}{4}a)(\frac{a}{2}-r')\cos60°$$

由上式得：
$$r'=\frac{1}{4}a \tag{14}$$

联立式（13）、式（14）得，离子乙的质量为：$m'=\frac{qaBB_0d}{4U}$

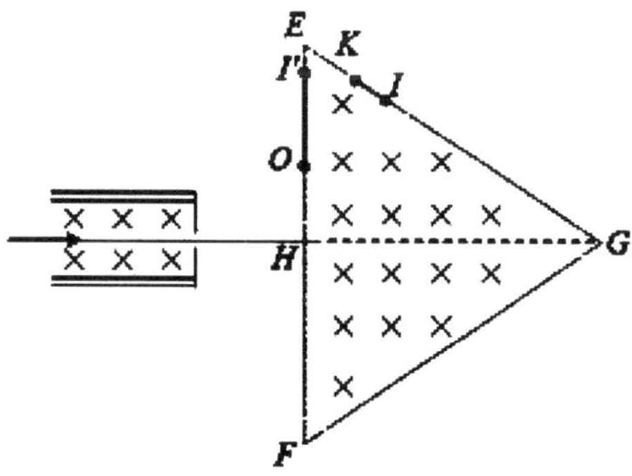

图 3　磁场边界上可能有离子到达的区域

3. 磁场边界上可能有离子到达的区域

对于最轻的离子，其质量为$m/2$。由式（4）知，它在磁场中做半径为$r/2$的匀速圆周运动，因而与KH交于点O，当这些离子的质量逐渐增大到m时，离子达到磁场边界上的点的位置从 O 点沿 HE 边变到 I'点；当这些离子的质量继续增大时，离子达到磁场边界上的点的位置从 K 点沿 BG 边趋向于 I 点。

所以磁场边界上可能有离子到达的区域是：

（1）EF 边从 O 点到 I'点，即从 r 到 $2r$

$$r=\frac{2\sqrt{3}-3}{2}a=\frac{\sqrt{3}}{4+2\sqrt{3}}=\frac{3}{6+4\sqrt{3}}$$

$r\to 2r$ 可表示为：

$$[\frac{2\sqrt{3}-3}{2}a\to(2\sqrt{3}-3)a];[\frac{\sqrt{3}}{4+2\sqrt{3}}a\to\frac{\sqrt{3}}{2+\sqrt{3}}];[\frac{3}{6+4\sqrt{3}}a\to\frac{3}{3+2\sqrt{3}}a]$$

（2）KG 边从 K 点到 I 点

以 KG 边的 K 为起点时

由几何关系有：$O'I=O'E=EI=r'=\frac{1}{4}a$

$$EK=\frac{r}{\text{tg}60^\circ}=\frac{r}{\sqrt{3}}=\frac{2-\sqrt{3}}{2}a=\frac{a}{4+2\sqrt{3}}=\frac{\sqrt{3}}{6+4\sqrt{3}}$$

故以 KG 边的 K 点为起点时从 K 点到 I 点可表示为：

$$[\frac{2-\sqrt{3}}{2\sqrt{3}}a\to\frac{1}{4}a];[\frac{1}{4+2\sqrt{3}}a\to\frac{1}{4}a];[\frac{\sqrt{3}}{6+4\sqrt{E}}a\to\frac{1}{4}a]$$

以 KG 边的 G 为起点时

由几何关系有：$GI=a-EI=a-\frac{1}{4}a=\frac{3}{4}a$

$$GK=a-EK=a-\frac{2-\sqrt{3}}{2}a=a-\frac{a}{4+2\sqrt{3}}=a-\frac{\sqrt{3}}{6+4\sqrt{3}}$$

$$=\frac{\sqrt{3}}{2}a=\frac{3+2\sqrt{3}}{4+2\sqrt{3}}a=\frac{6+3\sqrt{3}}{6+4\sqrt{3}}$$

故以 KG 边的 G 点为起点时从 K 点到 I 点可表示为：

$$[\frac{\sqrt{3}}{2}a\to\frac{3}{4}a];[\frac{3+2\sqrt{3}}{4+2\sqrt{3}}a\to\frac{3}{4}a];[\frac{6+3\sqrt{3}}{6+4\sqrt{3}}a\to\frac{3}{4}a]$$

三、结论

该题是 2010 年高考全国卷Ⅱ理科综合物理学科的压轴题，其分值高达 21

分，该题考查了带电粒子在电场、磁场中运动，求解本题的关键是找出带电粒子做圆周运动的圆心，求解其轨迹半径。该题既考查了考生对电磁学的库仑力、洛仑兹力知识的掌握，又考查了考生对力学圆周运动知识以及对数学几何知识的掌握。题目还考查了考生知识迁移、灵活运用知识的能力、综合处理问题的能力和用数学方法解决物理问题的能力。熟练运用平面几何知识是解决带电粒子在磁场中运动的一项基本技能，平面几何知识在确定圆心、圆半径、运动轨迹、极值状态等有广泛应用，通常用几何知识求运动轨迹半径，再由 $qvB = m\frac{v^2}{r}$求其他参量。

（作者系贵州师范学院物理与电子学院教师，贵州教育发展研究中心研究员）

论新课程中图形计算器与“数学情境—问题”教学模式的结合

唐昌荣

创设教学情境是中学数学课程教学改革内容之一。学生会解决问题，但却不会提出问题，当前的数学课堂注重学生解决问题的能力，却忽视学生提出问题能力的培养。“数学情境—问题”问题教学模式就是关注学生提出问题的教学模式，而图形计算器为学生提出问题创设了更好的情境，探求图形计算器与“数学情境—问题”教学模式的整合，有利于改善教学课堂氛围，引导学生主动地参与到教学活动中来，从而激发学生的学习情绪，提升学生提出问题的创新能力。兹从图形计算器创设问题数学问题情境的原则、途径等方面，通过具体的案例对图形计算器与“数学情境—问题”教学模式的整合进行探析，以期为此域之研究聊尽绵薄之力。

一、“数学情境—问题”教学模式内容阐释

探讨新课程中图形计算器与“数学情境—问题”教学模式的结合，首先要弄清中学“数学情境—问题”教学的内涵，再梳理出其流程与结构。

（一）中学“数学情境—问题”教学的内涵

中学“数学情境—问题”教学，指学生在教师的引导下，从熟悉的或感兴趣的数学情境出发，通过积极思考、主动探究、提出问题、分析问题、解决问题，从而获取数学知识、思想方法和技能技巧并应用数学知识解决实际问题的一种教学模式。学习是从认识到问题的存在而开始的，创设数学情境，就是呈现学生感兴趣的数学信息，激发学生好奇心、求知欲，诱其质疑猜想，唤起强烈的问题意识，从而使其发现和提出问题。

“数学情境—问题”教学是一种高效和发展性的教学，这是因为：第一，

创设数学情境激发了学生的学习兴趣和追求探索的内部动力，使学生在探究中产生“兴奋感、成就感”课堂生动活泼；第二，“数学情境—问题”教学特别鼓励学生提出问题，体现发现问题到解决问题的数学知识建构过程，具有很强的教育功能，能够培养学生的创新意识和创造能力；第三“数学情境—问题”教学不光重视问题的解决，更重视学生在问题解决过程中的体会，在问题解决的过程激发学生思维，从而改善其认知结构，提高其学习能力，它强调的是问题解决的过程，指向的是教学功能性目标的达成；第四，“数学情境—问题”教学体现了数学是现实世界抽象反映，培养了学生的实践能力。

（二）中学“数学情境—问题”教学的流程与结构

中学“数学情境—问题”教学依照以下流程开展：首先是设置数学情境，其次是提出数学问题，然后是分析、解决问题，经过归纳，得出结论，最后应用。

结构如图 1 所示。

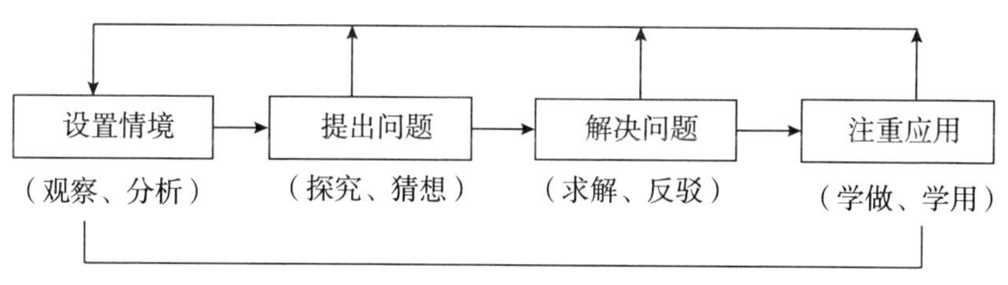

图 1　教师导学：启发诱导、矫正解惑讲授

“数学情境—问题”教学的宗旨是培养学生的自主创新意识和实践能力。“数学情境—问题”教学模式的内在联系可归结为：设置数学情境是前提，提出数学问题是核心，解决数学问题是目标，运用数学知识是归属。

二、图形计算器与“数学情境—问题”教学模式的整合

图形计算器为数学教学提供的强大的手持技术，能为学生创设数学问题情境，，激发学生学习数学兴趣，在动态的教学中培养学生主动提出问题、发现问题的能力，在实验推理演算中培养逻辑思维能力，使学生参与到教学过程中，成为教学活动的主人。

（一）图形计算器创设问题中的数学问题情境原则

所谓的数学情境就是从事数学活动的、产生数学行为的一种环境和背景。

用图形计算器设置数学情境目的就是调动学生的数学兴趣，诱导学生提出问题，是教师准备和实施教学的着力点。因此，情境的设置直接影响提出问题和解决问题的效果。创设问题情境的原则包括目标性原则、适度性原则、诱发性原则、探究性原则、开放性原则。

（1）目标性原则。设置的数学问题情境要紧紧地同教学内容相联系，要有利于学生提出与教学内容有关的数学问题，有利于教学目标的达成。

（2）适度性原则。在设计数学问题情境时，教师首先要细致地钻研教材，研究学生的思维发展规律和知识水平，设置的情境有利于学生提出既有一定难度又是学生力所能及的问题。也就是说，要选择在学生能力的“最近发展区”内的问题，即“跳起来”或“架设阶梯”能摘到的“果子”，就是创设问题情境最适度的问题。

（3）诱发性原则。在创设问题情境时，一定要保证所设情境能诱发学生的认知冲突，造成学生心理上的悬念，从而唤起学生的求知欲望，激发学习兴趣，把学生带入一种与问题有关的情境中去，进行有效的学习。例如，循环语句。在伦敦奥运会上，我们看到中国游泳代表选手孙扬、叶诗文问鼎冠军；吴敏霞以绝对实力夺得女子三米板单人冠军；博尔特继续他的传奇，拿下男子100米、200米冠军……在近300个项目中，裁判需要计算每一位选手的预赛、半决赛、决赛成绩，从而获得选手的成绩和名次。试问，你能不能帮助裁判设计一个算法来代替烦琐且重复的计算？

（4）探究性原则。通过一定的探索、研究去深入了解和认识数学对象的性质，发现数学规律和真理。活动中获得成功的体验，从而建立自信心，这对于培养学生形成完整的独立人格具有重要的作用。因此，创设的数学问题情境要有利于学生进行探索，有利于学生进行猜想、论证。例如：$y = A\sin x\ (A > 0)$ 的变化过程。可组织学生通过操作图形计算器对具体的三角函数图像进行验证，鼓励学生大胆猜想，并探求理性解释。如图2所示。

（5）开放性原则。提供的数学问题情境要具有开放性，要能让学生从不同的角度去提出问题，不同的学生获得不同的数学知识。这样，课堂才能“活”起来，以数学题作为情境，在问题的条件、结论、解题策略或应用等方

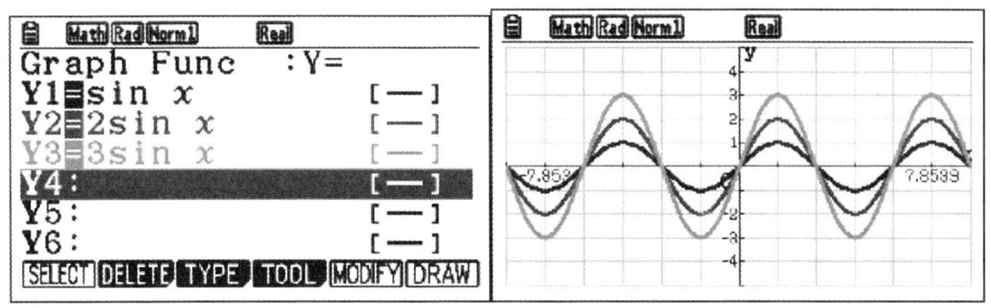

图2 论新课程中图形计算器与“数学情境—问题”教学模式的结合

面具有一定的开放程度，有利于培养学生思维的灵活性、发散性，因而也有利于培养学生的创新精神、创新意识。

（二）图形计算器创设问题中的数学问题情境途径

创设数学问题情境有如下一些途径：

（1）通过实验创设数学问题情境。围绕着教学内容创设实际操作情境，让学生亲自动手操作，亲身体验做数学的过程，从而实现了数学的再创造。例如：对数函数图像和性质。学生分组，在“图形”模块，输入三至四个具体对数函数（如 $y = \log_2 x$，$y = \log_3 x$，$y = \log_{\frac{1}{2}} x$，$y = \log_{\frac{1}{3}} x$ 等），观察函数图像，在图像的比较中并结合指数函数的性质思考对数函数性质。如图3所示。

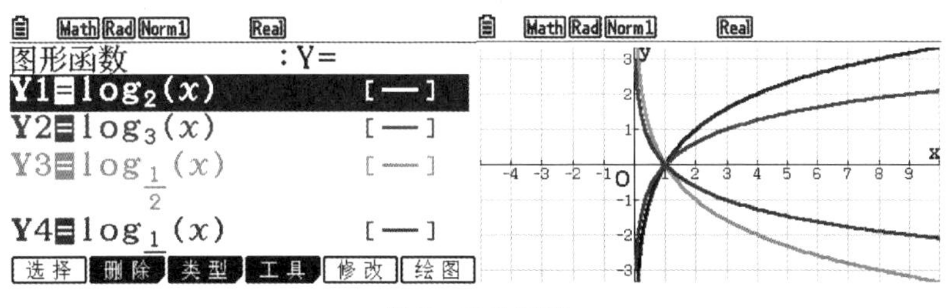

图3 函数图像

（2）从现实生活中选取素材创设数学问题情境。数学知识的形成源于实际的需要和数学内部的需要，从生活实际引入新知识有助于学生体会数学知识的应用价值，为学生主动从数学的角度去分析、解决现实问题提供示范。例如：正弦函数图像。学生观看幻灯片，对该港口“潮汐”水深数据进行初步分析，幻灯片展示某港口在某季节每天的时间与水深数据的关系表，学生借助CASIO图形计算器的统计功能完成对数据的统计并作出的散点图。如图4所示。

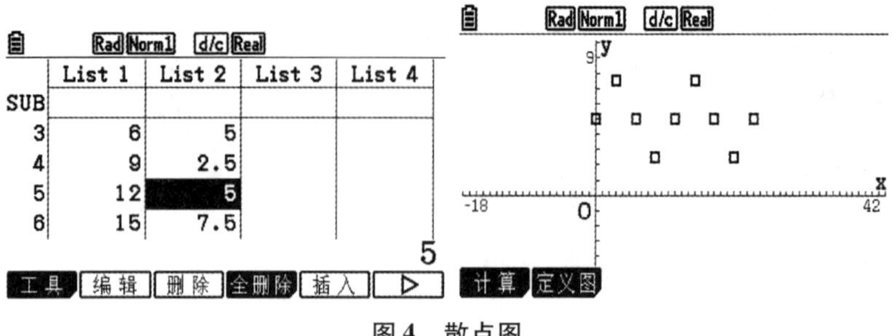

图4　散点图

（3）从数学知识间的联系创设数学问题情境。利用知识间的联系创设数学问题情境，引导学生利用已有的知识经验去学习掌握新知识，这样可以造成正迁移的定势，达到事半功倍的效果。研究表明：在“新旧知识结合点”上产生的问题，最能激发学生的认知冲突。因此，问题情境的创设，必须基于对学生已有知识经验和教材内容全面科学的分析，这样才能找到“结合点”，有针对性地进行教学。例如：研究指数函数 $y = a^x$ 与 $y = \log_a x$ 的关系。学生分组，在“图形”模块，每组各画两张图：$y = 2^x$ 与 $y = \log_2 x$ ，$y = 3^x$ 与 $y = \log_3 x$ ，$y = (\frac{1}{2})^x$ 与 $y = \log_{\frac{1}{2}} x$ ，$y = (\frac{1}{3})^x$ 与 $y = \log_{\frac{1}{3}} x$ 。让学生观察图像，思考它们之间的关系。如图 5 所示。

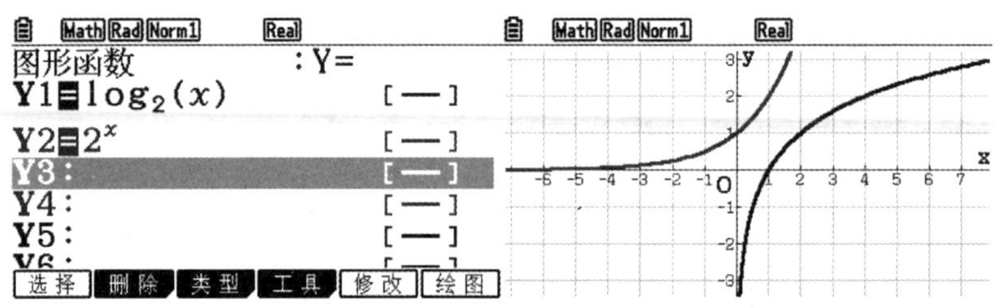

图5　图形函数关系

利用图形计算器在“数学情境—问题”教学中解决问题的基本原则与途径。在创设情景、提出问题后，如何实解决问题就成为本模式的重要一环。这个环节包括精心选择有数学价值好问题、引导学生积极思考、互相讨论和教师点拨等几个方面，是一个求异和求同的过程。现代学习心理学探究表明，问题分为三种状态，即初始状态、中间状态和目的状态。解决问题就是从问题的初始状态开始，寻求适当的途径和方法达到目的状态的过程。因此，解决问题实质上是运用已有的知识经验，通过思考探索新情境中问题结果和达到问题的目的状态的过程。

（三）利用图形计算器在“数学情境—问题”教学中解决问题的基本原则

在创设情景、提出问题后，如何实解决问题就成为本模式的重要一环。这个环节包括精心选择有数学价值好问题、引导学生积极思考、互相讨论和教师点拨等几个方面，是一个求异和求同的过程。现代学习心理学探究表明，问题分为三种状态，即初始状态、中间状态和目的状态。解决问题就是从问题的初始状态开始，寻求适当的途径和方法达到目的状态的过程。因此，解决问题实质上是运用已有的知识经验，通过思考探索新情境中问题结果和达到问题的目的状态的过程。“数学情境—问题”教学中解决问题应该遵循渐进性原则、过程性原则、独创性原则以及独立思考与点拨引导相结合的原则。

（1）渐进性原则。人类认识数学对象的过程，是一个渐进过程，是从认识最简单的对象开始，逐步发展到对数学对象之间的相互关系及它们的内部结构的认识。如当学生观察下面这些等式：$1\times2\times3\times4+1=?$，$2\times3\times4\times5+1=?$，$3\times4\times5\times6+1=?$，$4\times5\times6\times7+1=?$ 时可以发现，它们分别等于 5，11，19，29 的平方。这时可以提出问题：“从这些等式中你能发现什么规律?”当学生通过探索发现并提出一种归纳猜想时，可以进一步提出证明猜想的问题。然后，再进一步让学生观察类似的问题：$1\times3\times5\times7+16=?$，$3\times5\times7\times9+16=?$，$5\times7\times9\times11+16=?$，$7\times9\times11\times13+16=?$ ……能不能提出类似的猜想？进而，从等差数列的角度，能否再提出几个类似的问题？最后，能否把上面这些问题的共同规律找出来？这样，根据由浅入深、由易到难、循序渐进的原则，依次提出问题，逐步展开问题的探究，不仅可以把学生的探究活动步步引向深入，而且还可以培养学生学习数学的兴趣。

（2）过程性原则。在解决问题的过程中，最终目的并不只是为了解决某一个具体的问题，而是通过解决问题的过程来激发学生思维，从而改善其认知结构，提高其学习能力，重视学生在解决问题过程中的体会，强调的是问题解决的过程，如开放性问题，并不一定有确定的答案或者解决问题的正确方案，有的问题甚至不能够被成功解决，但在解决问题中注重的是学生作为质疑者、研究者、探索者、发现者等多种角色的体验和表现，追求过程而非结果。要让学生充分的思考、讨论，要学生回答问题时，不是简单说结论、方法，而是要让学生充分展示思维过程，在此基础上让学生评价、分析和归纳。

（3）独创性原则。要鼓励学生多角度、全方位思考问题，在普遍性问题中发现特殊性原理，或由典型的个案类推寻找普遍的规律。在这里，教师创设的问题要有针对性，是一些典型的、适应学生认知水平的问题，能让学生在分析、思考的过程中“有所发现”，激发与保持旺盛的求知欲。

（4）独立思考与点拨引导相结合的原则。学生的学习有别于科学家的科学研究，不可能完全由学生进行自由的探究。在学生面对难以独立解决的问题的时候，特别是在课堂内有限的时间内，教师应给予适当的点拨和引导，但不能包办，或简单给出答案。

（四）利用图形计算器在“数学情境—问题”教学中解决问题的途径和策略

借助图形计算器通过观察、试验、归纳、类比、概括积累是形成科学知识的重要途径，借助于这一现代技术这样一个教学环境，使学生学习数学的过程似乎置身于一个“数学实验室”之中，学生可以观察、并尝试错误，可以进行发现并作出猜想；可以做实验，进行测量、分类；或是设计算法，通过运算检验；或是提出假说，借助于逻辑推理加以证明，或是提出反例给予否定等。例如：函数的单调性。

（1）利用图形计算器分组作出函数：

$y = x - 1, y = -x + 1, y = (x - 1)^2, y = \frac{1}{x}, y = x^3$ ，的图像，并且观察自变量变化时，函数值有什么变化规律？如图 6 所示。

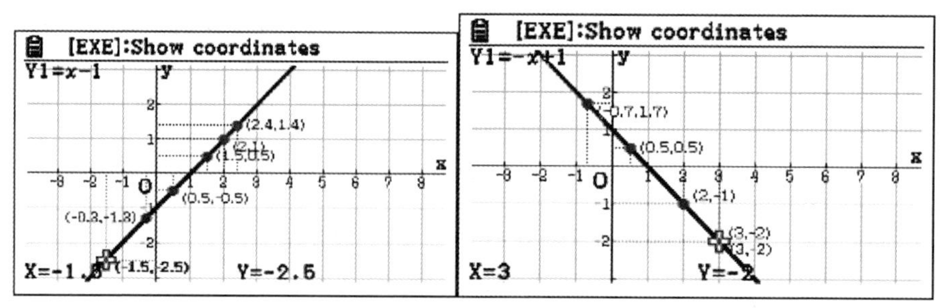

图 6　函数的单调性

（2）根据图形上点的跟踪让学生充分观察函数值 y 随着 x 的变化情况，

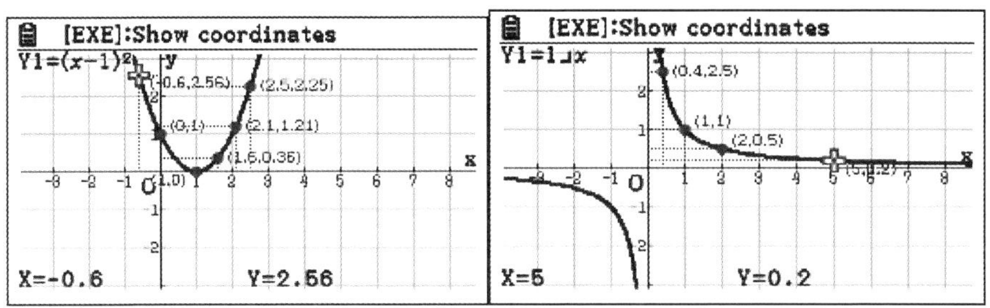

图7　论新课程中图形计算器与“数学情境—问题”教学模式的结合

引导学生讨论并进行分类描述（增函数、减函数）。初步明确函数的单调性是对定义域内某个区间而言的，是函数的局部性质。

（3）教师要以“问题”为中心，将课本知识归纳成各类、各层次具有系统性的“问题”，以“问题”进行“导学”。教师的“导学”过程就是教师与学生、学生与学生间的对话过程，在对话过程中，教师着重在话题的方向上进行引导，引导的方式一般用“问题链”的方法，就是围绕某一“问题”进行渐进式的、全方位的设问。

例如：含有绝对值不等式的解法。通过三个问题：（问题1）由 $|x|=1$ 的解是 $x=1$ 或 $x=-1$，能否得到 $|x|=a$ 的解是 $x=a$ 或 $x=-a$？为什么？（问题2）$|x|<1$ 的解集是 $\{x|-1<x<1\}$ 怎样得到 $|x|<a$ 的解集，有类似的结论吗？（问题3）$|x|<a(a>0)$ 解集是 $\{x|-a<x<a\}$ 怎样得到 $|x-b|<a$ 的解集？通过以上三个问题的解决，学生逐步加深对含有绝对值不等式的解法的理解。

参考文献

［1］汪秉彝，吕传汉．创新与中小学数学教育［J］．数学教育学报，2000（4）．

［2］吕传汉，汪秉彝．论中小学“数学情境与提出问题”的教学［J］．数学教育学报，2006（2）．

［3］张景中．数学杂谈［M］．北京：中国少年出版社，2005.

［4］张景中．数学家的眼光［M］．北京：中国少年出版社，2007.

（作者系贵州省实验中学教师）

教学反思，开启教师专业化发展之旅

邓俊锋

教学反思是教师通过对其教学活动进行的理性观察与矫正，从而提高其教学能力的活动，是一种分析教学技能的技术，它是引领教师专业化发展的不竭动力。不断的教学反思是一名教师不断追求完美、追求卓越的需要，是提升教师的教学经验与自身素质的需要，也是教师专业水平不断提高与发展的十分有效的途径，教师通过对课堂自觉的反思，可以不断更新教学观念、改善教学行为、提升教学水平、提高教学质量，最终实现在教学反思中向专业化方向发展。

一、课前反思——教师成长的必经之路

备课是教师的重要基本功，备好课也是上好课的必要条件，反思备课又是备好课的前提。因此，要提高课堂教学效益，就必须反思对备课的认识。

例如，笔者在上《数学 2》平面与平面垂直的判定时，第 69 页例 3 的解答过程用文字描述的，在备课时我想：文字描述对学生学习用符号语言表述命题没有好处，我们知道熟练地用符号语言表述命题本身就是数学教学的一个重要内容。因此，笔者把本例的过程书写成如下格式：

$$\left.\begin{array}{r}\because \left.\begin{array}{l}PA\perp\alpha\\BC\subset\alpha\end{array}\right\}\Rightarrow PA\perp BC\\ AB\text{ 是圆 }O\text{ 直径}\Rightarrow AC\perp BC\\ PA\cap AC=A\end{array}\right\}\Rightarrow\left.\begin{array}{l}BC\perp\text{面 }PAC\\BC\subset\text{面 }PBC\end{array}\right\}\Rightarrow\text{面 }PBC\perp\text{面 }PAC$$

以上书写方式可让学生一看就知道：什么地方用了什么条件，什么定理，既清晰又有条理，让人感到真正的水到渠成。

教材虽简单，但其内涵、外延极丰富，需要教师深入挖掘，从而透彻掌握教材。因此教师必须在课前进行深入的反思。反思如何给学生提出问题，

反思概念怎样阐释，公式怎样分析，习题怎样处理？这一堂课的引入该怎样设计？怎样把抽象复杂的问题以通俗易懂的方式呈现给学生，化难为易。

二、课堂中反思——自我提升的有效途经

随着新课程改革的不断深入，数学课堂以崭新的面貌出现在人们面前，课堂教学过程成为师生相互探讨的互动过程，这样的课堂中思维的流动不是一味由教师流向学生，而是师生互相碰撞接纳的过程，在这样的教学氛围中，在课堂上随时可能发生一些事先没有预料的“意外事故”，如学生的回答、发问、解法出乎教师意料或学生行为令教师尴尬等。

一次，在讲平面向量课本上的一道习题：

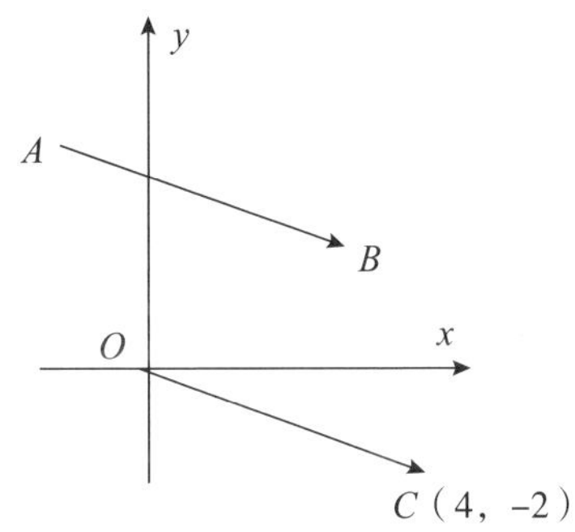

题目：已知 $A(-1,6)$，$B(3,4)$，点 P 是线段 AB 的三等分点，求 P 点坐标。

解：设 $P(x,y)$，因为点 P 是线段 AB 的三等分点，

因为 $A(-1,6)$，$B(3,4)$，所以 $\overrightarrow{AB}=(4,-2)$，$\overrightarrow{AP}=(x+1,y-6)$

即 $(4,-2)=3(x+1,y-6)$ 或 $(4,-2)=\dfrac{3}{2}(x+1,y-6)$

还没有解完时，有一位同学站了起来说：“老师，我认为你的解答是错误的，这样求出的 P 点坐标根本不在 AB 上”。再看看黑板解答过程，没发现什么问题，问：“哦，错在哪里，你能讲讲吗？”学生：“你求的 P 点在向量 $(4,-2)$ 上，而根本不在线段 AB 上。”

为了更好地让此学生表述他的想法，让他上台板演讲解。

学生一上台，画出上图，很自信：本来 P 点在线段 AB 上，而现在求出的向量 $\overrightarrow{AB}=(4,-2)$ 已经转移到 $\overrightarrow{OC}$ 位置了，所以用关系式 $\overrightarrow{AB}=3\overrightarrow{AP}$ 或 $\overrightarrow{AB}=$

$\frac{3}{2}\overrightarrow{AP}$ 求得的 P 点在 OC 上而不在 AB 上了。

经学生画出草图，我已经明白了他的思维障碍在哪里了，但我没有立刻指出来，而是继续反问他：不这样求解，那你说应该怎样解呢？

学生："要保证 P 点在 AB 上，用 $\overrightarrow{AP}=2\overrightarrow{PB}$ 或 $\overrightarrow{AP}=\frac{1}{2}\overrightarrow{PB}$ 去求解，这样点 P 就不会动了。"

此时，我知道该怎么做了，同时还庆幸自己没有立刻打断他的话与纠正他的思维，课后我写下如下的反思文字：

> 教师应充分地让学生的思维展示出来，不要急于"推销"自己的想法，学会耐心等待，鼓励学生自由畅想，积极发言，并能根据学生的发言，灵活地调整自己的教学设计。这样做，使教学更具有生命力。他们有自己的思考见解，有时脱离教师的预定轨道与预设产生偏差，只要合理地加以开发利用，往往可使问题的理解更加深刻，创设无法预想的精彩。"意外"的出现证明教师搭建的舞台是宽广的，学生有了创造的欲望。

三、课后反思——教学经验积累的基石

课后反思要突破自己多年在传统模式下已习惯的教学方式，在新的教学理念的基础上进行教学的再实践，再反思，进行反思性教学，对其中的成败得失及其原因进行思考，得到能用以指导自己教学的理性认识，并形成更为合理的实践方案。

例1：设 $x,y\in R^{+}$ 且 $\frac{1}{x}+\frac{16}{y}=1$，求 $x+y$ 的最小值。

例2：设 $x,y\in R^{+}$，a、b 是正常数，且 $\frac{a}{x}+\frac{b}{y}=1$，求 $x+y$ 的最小值。

教师讲解：

思路一：将 $x+y$ 变为 $(x+y)(\frac{1}{x}+\frac{16}{y})$，展开后用均值不等式即可。

解法一：因为 $\frac{1}{x}+\frac{16}{y}=1$，所以 $x+y=(x+y)(\frac{1}{x}+\frac{16}{y})=17+\frac{y}{x}+\frac{16x}{y}\geqslant 17+2\sqrt{\frac{y}{x}\cdot\frac{16x}{y}}=25$

当且仅当 $\frac{y}{x}=\frac{16x}{y}$，即 $y=4x$ 时取“=”，所以 $x+y$ 的最小值为25。

思路二：将 $\frac{1}{x}+\frac{16}{y}=1$ 变形为 $(x-1)(y-16)=16$，所以 $x>1, y>16$。

解法二：$x+y=(x-1)+(y-16)+17\geqslant 2\sqrt{(x-1)(y-16)}+17=2\sqrt{16}+17=25$

当且仅当 $x-1=y-16$，即 $y=x+15$ 时取“=”。

讲解完第1题后，学生练习自己完成第2题，经过巡视发现，大部分学生解法如下：

学生：因为 $a,b,x,y\in R^{+}$，得 $1=\frac{a}{x}+\frac{b}{y}\geqslant 2\sqrt{\frac{ab}{xy}}$，即 $\sqrt{xy}\geqslant 2\sqrt{ab}$，所以 $x+y\geqslant 2\sqrt{xy}\geqslant 2\times 2\sqrt{ab}=4\sqrt{ab}$

显然这一解法是错误的，这说明学生对均值不等式的本质没有真正掌握，为什么刚刚才讲完例题，自己做就不会了呢？反思例1的教学，笔者认为有以下两个原因：

第一，虽然老师讲了两种方法，但这两种方法都具有一定的技巧性，不是通法，学生听完后心中依然存在疑问，为什么要乘1或对1进行变形，而不是直接对条件 $\frac{1}{x}+\frac{16}{y}=1$ 使用均值不等式，特别是老师没有交待解法是怎样想到的，采取了“注入式”教学。

第二，讲解例1时，老师没有带领学生认真分析题意，学生不知本题考察的要点是什么？此题考查均值不等式的使用条件，在使用时是否能确保等号成立的条件同时成立，而我在讲解时没有强调。

因此例1的教学是无效的教学，学生虽然能听懂，但不能真正理解并运用，通过反思，老师改进了教学设计，并在下一个班级进行实施。

设置错解，学生找错，老师先出示如下解法：

解：因为 $x,y\in R^{+}$，所以 $1=\frac{1}{x}+\frac{16}{y}\geqslant 2\sqrt{\frac{16}{xy}}=\frac{8}{\sqrt{xy}}$，即 $\sqrt{xy}\geqslant 8$，又因为：$x+y\geqslant 2\sqrt{xy}$，所以 $x+y\geqslant 16$，即 $x+y$ 的最小值为16。

经过错例的剖析，学生对均值不等式等号成立的条件有了深刻的认识，给出上一个班解法一的正确答案后（没有给解法二），再让学生做第2题，课堂巡视发现，基本没有发现同类错误，虽然学生做出了答案，显然有机械模仿之嫌，但这也是一种进步。接下来让学生自己探索例 1 的另一种解法，同时教师不时地提示与启发，全班学生很少有将 $\frac{1}{x}+\frac{16}{y}=1$ 变形为 $(x-1)(y-16)=16$，倒有部分学生变形成了 $y=\frac{16x}{x-1}=16+\frac{16}{x-1}$，学生的意思想要消元，好想法，那就顺着学生的思路探索下去：

$$x+y=x+16+\frac{16}{x-1}=x-1+\frac{16}{x-1}+17\geqslant 2\sqrt{(x-1)\cdot\frac{16}{x-1}}+17=25$$

通过这一课的实践与课后反思体会到，要使自己在教师专业化道路上取得成功，进行反思性实践是第一步，教师只要具备反思意识，不断反思自己的教学行为和行为背后的教学理念，才能不断开发和生成有价值的资源，实现高效教学。

四、作业反思——优质高效教学的补充

作业是学生课堂学习的延伸，是学生再次调整、强化认知结构的过程。新课教学后布置的练习一定要有针对性，要符合自己所教的学生，让学生从做题中体验到成功的愉悦，增加学生的信心。

例如，在圆的复习课上讲解了这样的一道例题：

已知点 A（-1，2），点 P 在圆：$(x-3)^2+(y+2)^2=4$ 上，求 $|PA|$ 的最大值与最小值。

经过师生共同画图探讨，得出：要求 $|PA|$ 的最值，其实最重要的就是求点 A 到圆心 O（3，-2）的距离，即 $|PA|_{max}=|AO|+r, |PA|_{min}=|AO|-r$。

最后变式，把定点 A 改成在另一个圆的动点，求 $|PA|$ 最值；接着又把点 A 又改为一条直线，求点 P 到直线的最值，学生都可轻易解出。因为这种类型的题思路简单，理解容易，所以我在布置作业时，就没有布置具体的题目，而是让学生自己再把题变形，自己出题设问并解答。原以为料定学生只会把我课堂上的题改下数字，应付下作业上交而已，可是我错了，从学生的作业来看，超乎我的想象。如：

（1）已知点 A（-1，2），点 P 在圆 O：$(x-3)^2+(y+2)^2=4$ 上，当 $\angle APO=90°$ 时（O 为圆心），求 $|AP|$ 的长。

（2）已知直线 $l: 3x+4y+13=0$ 和圆 $(x-1)^2+(y-1)^2=4$，问在圆上是否存在 P 点到直线的距离为6，这样的点有几个？

此题直线 l 与圆相离，有的学生则变形成直线 l 与圆相切，相交的情况来设问。

（3）已知直线 $l: x-\sqrt{3}y+6=0$ 和圆 $C_1: x^2+y^2=1$，有一个圆 C 与直线 l 圆 C_1 都相切，求圆 C_2 的面积的最小值。

学生思维是如此活跃，设问如此的有深度，始料未及。这样的作业就是一道营养丰富的滋补大餐，让学生细细咀嚼、美美品味，这样才充分消化与吸收，在减负的今天，如果作业量过大过繁，学生只能疲于应付，而无暇分析、总结解题方法和其中涉及的知识点，我想要使学生的作业在解答上有所创新，那么是不是我们教师对作业的布置先来点创新？通过上面的尝试，证明这是可行之路。

教师的专业化发展是一个终身学习与发展的过程，要在不断反思中体验进步与成长，我思故我在，我思故我新。教学反思是一种深度学习，是教师实践的升华，是引领教师专业化发展的不竭动力。那么就让我们在教学反思的过程中不断进行教学理论与实践的锤炼吧！

参考文献

［1］赵明仁．教学反思与教师专业发展［M］．北京：北京师范大学出版社，2009.

［2］靳玉乐．反思教学［M］．成都：四川教育出版社，2006.

［3］但武刚．教学案例赏析［M］．武汉：华中师范大学出版社，2011.

（作者系贵阳市第三十八中学教师）

苗—汉—英三语环境下英语教学中文化导入的必要性研究

蒙昌配

文化与语言的关系问题长期以来成为众多学者涉足的领域，并且人们也很早就认识到语言是一种特定文化的重要组成部分，文化对语言的影响是本质的、不可替代的。早在20世纪20年代，美国语言学家萨丕尔（Edward Sapir）就在他的《语言学习概论》（*Language*：*An Introduction of Study of Speech*）一书中明确指出："语言有一个环境，它不能脱离文化而存在，不能脱离社会继承下来的传统和信念"。也就是说，语言和文化相互依存、相互影响。由此可以得出，要真正掌握一门语言，就必须了解这种语言的特定社会背景。北京外国语大学著名语言学家胡文仲教授也持同样的观点，他在《跨文化交际学概论》一书中做出类似的论述："学习外语不仅是掌握语言的过程，也是接触和认识另一种社会文化的过程。因此，要有意识地结合语言教学向学生传授所学语言国家社会文化等国情知识……"既然文化对语言的学习如此重要，在英语课堂教学中适当导入文化，对于学生的英语学习必然具有重要的作用，而对于少数民族学生而言，在学习外语的过程中，语言背后的文化差异性则更为复杂，因为他们学习外语的过程本质上是三语习得的过程。以母语为苗语的学生为例，苗语是他们的第一语言（L_1），汉语是他们掌握的第二语言（L_2），英语是他们在本族语言和汉语之后学习的第三语言（L_3）。英语学习对他们来说是双语情境下的三语习得过程，同二语学习者表现出明显不同的特征。因此，在英语教学中就更应该注重文化的导入。不过，从目前来看，已有的研究多是从二语习得的角度对文化导入与英语教学、学习之间的关系问题进行探讨，而以三语习得为视角的相关研究却十分有限。有鉴于此，本文拟从文化差异的复杂性、文化导入对学生学习英语的兴趣培养等几个方面进行论述，从而阐明文化导入在苗汉英三语环境下的英语教学所具有的必要性和重要性。

一、苗—汉—英三语环境下文化差异的复杂性

世界各民族都拥有各自不同的文化，这种文化的差异性完全体现于外语的学习过程中。如在汉语里，熟人见面时，习惯性的打招呼方式一般为："上哪去?""吃了没?"，与此不同的时，同外国人见面时，我们一般会说，"How is everything going?" "how are you?" 或者更简单的直接说"Hello!""上哪去?"在汉语中看似再合理、再寻常不过的见面问候方式在西方人士看来等同于冒犯了别人的隐私权，而"吃了没?"在西方人的心目中可能暗藏特殊的会话含义（Implicature）。从这个例子中可以管窥英汉两种语言背后的文化差异性。然而，这仅仅是两种语言背后的文化差异，在三种语言中，文化差异性显得尤为复杂。从事三语习得研究的一些西方学者认为，多语种的复合机制不同于第一语言对第二语言习得的影响。美国俄亥俄州立大学教授、博士生导师奥德林（Terence Odlin）在其所著的《语言迁移——语言学习中的跨语言影响》（*Language Transfer*：*Cross Linguistic Influence in Language Learning*）一书中明确指出，当学习者已掌握两门语言时，这两种语言都会对第三种语言的学习产生影响。也就是说，当学习者在学习了第二语言之后再学习第三门语言时，学习者原有的语言知识都可能成为迁移的对象，包括语音、语法、词汇、文化意识等。这种语际间的影响模式可以表示为 $L_1 \rightarrow L_2$、$L_2 \rightarrow L_3$、$L_1 + L_2 \rightarrow L_3$。三语中语际迁移的复杂性同时导致了文化差异的复杂性。由于苗、汉、英三种语言背后的文化存在差异性，因此，统一客观的事物在这三种不同的文化里可以包含不同的价值、引起人们不同的联想、具有不同的内涵。在此，我们以"狗"为例，略加论述。

在苗语黔东方言中，"狗"被称为 Dlad，含贬义。例如：Dlad des vib（狗追石子，比喻毫无主见，盲目追随）、Dlad sot xud ghad gek（瘦狗拉硬屎，比喻打肿脸充胖子，强装硬汉）。甚至，在苗语中，Dlad 一词还用以指"不正当的两性关系"，如 wid dlad 表示乱搞男女关系的女人，yus dlad 表示乱搞男女关系的男人。在湘西苗语中，"狗"（ghuoud）同样多含贬义，如 dab ghuoud lix jid daot ghaob band maox sid（狗改不了吃屎，即本性难移）。同苗语一样，汉语中的狗也多含贬义，不同的是，狗在汉语中多表示一种受人所轻视的动物。在《汉语词典》中，类似的例子不在少数，其中有狗屁（指所说所

写的东西一无是处）、狗腿子（即走狗，为恶势力效劳帮凶的人）、狗嘴吐不出象牙（比喻坏人口里说不出好话）、狗咬狗。同苗语和汉语迥然不同的是，“狗”在英语中拥有着不同的文化义。英美人爱狗，在英语很多习语中，dog在多数情况下不含贬义，如 a gay dog 快乐之人、a lucky dog 幸运之人、an old dog 行家里手、a top dog 位高权重之人等。从这个例子中，可以看出“狗”一词在苗汉英三种语言中分别含有不同的文化义。

类似的例子比比皆是，并且其他词（如颜色词）表现出来的不同文化义更为明显。汉语的红色在民间更多象征着喜庆，如“红灯笼”，多与节庆有所关联、“红喜事”指婚事，而且围绕此事将做媒称为“红媒”，订婚称为“红定”，新娘的头上要盖着“红盖头”，婚事的点缀要有“红双喜”字样等。在英语中，红色尽管也存在如“paint the town red”（表示全城人的狂欢寻乐）等象征“喜庆”的表达，但是从词源来看，英语“red”一词通常与血、甚至是流血、暴力等行为有所关联，如“with red hands”（染有血迹的手，常用来指杀人犯或罪犯）、“red revenge”（红色复仇）等。

从上述的两个例子中，我们可以发现苗汉英三语背后文化差异的复杂性。因此，在三语环境下的英语教学就更应该重视这样的问题。这就要求教师在教学的过程中需要导入目标语言的文化，唯有这样，才能让学生更为有效地避免语言的误用。

二、文化的导入对学生英语学习兴趣的培养

兴趣是学习的动力，因此激发学生的学习兴趣是维持学生学习热情的前提。然而，由于教育资源短缺，并且缺乏必要的英语语言环境，民族地区的学生在英语学习上往往失去了学习英语的兴趣。这样的现状似可通过文化的导入来加以改善。因为对外来文化的想象和好奇是一种人之常情，它可以有效地激起人们的求知欲，从而赋予他们强大的学习动力和自信心，从心理上克服语言学习的障碍，这一点对于学生的词汇学习显然具有重要的作用。因为词汇的学习、记忆一直以来是学生的最大“拦路虎”。英语词汇不但数量大，而且非常活跃，随着人类社会不断地发展变化，语言也不断发生变化，其中词汇的变化最快、最明显，英语词汇的多变性更是让学生望而却步。

在教学中，有些教师所谓的“词汇教学”也让学生无所适从。他们反复讲解，反复操练，不厌其烦，而学生也只能机械般的跟读和死记硬背。这样

的教学和学习无疑令学生感到词汇的学习无聊至极，味同嚼蜡。但实际上，词汇的背后蕴含着丰富多彩的文化内涵。英语是一种典型的大杂烩语言，80%的单词由外来词组成，其中古希腊语和拉丁文占了较大比例，所以古希腊和古罗马人的言行风俗对英语词汇的影响比较深远，很多词汇都可以通过词背后的文化背景对其追踪溯源。如，英文的“influenza”一词来源于拉丁语influenza（星力）。1743年在罗马突发一场传染病，影响极大，扩及整个欧洲大陆和隔海的英国。罗马人十分相信占星术，相信传染病是由于星力影响有关。Influenza相当于英语中的influence。英语把该词借了过来，表示“流行性感冒”，口语中缩略为flu。再如，表示一月的单词“January”来源于古罗马门神杰纳斯*Janus*，该神生两张脸，一张回顾过去，一张眺望未来。人们选择他的名字作为除旧迎新的第一个月月名。如果在教授单词的过程中，教师能够摈弃传统的词汇教学方式，另辟蹊径，导入同英语词汇有关的文化背景，这样就能成功的激起学生学习英语单词的兴趣，从而收到意想不到的效果。

特别需要指出的是，文化的导入不仅可以激发学生对目标语言的学习兴趣，同时还可以反过来激发他们学习第二语言甚至第一语言的兴趣。国外研究表明，在三语习得过程中，不仅学习者的第一语言、第二语言影响着他们第三语言的学习，同时，他们所学习的第三语言反过来又影响着他们的第一语言的学习：$L_1 \leftrightarrow L_3$、L2↔L3。根据这一理论，在教授英语的过程中，文化的导入必然有利于学生第二语言和他们自身母语的学习，而对于教授和学习表示节日的英文单词，这种意义变得尤为突显。节日是一种文化现象，每个国家、每个民族的传统节日体现了不同的文化习俗，它是各地区、民族、国家政治、经济、文化、宗教等的总结和延伸，民族地区的学生在了解西方节日的基础上可以提高学生的英语学习兴趣。例如，在教授表示西方节日Christmas（圣诞节）这一单词之前，如果教师能向学生介绍有关圣诞节的由来及其在英美国家的庆祝方式，就可以加深学生对该词的理解，扩大学生的知识面，自然就能加深他们对该词的印象。而在学习这个单词的同时，学生自然会将其与中国的春节以及苗族的牯藏节、苗年节等大型节日活动联系在一起，那么他们就会追问，春节、苗年节、牯藏节的英文如何表达，并且会更进一步探寻如何用英文表达“拜年”“压岁钱”“斗牛”“跳芦笙舞”“祭祖”等习俗。从这一层面来看，文化的导入不仅可以培养学生对目标语言、第二语言和母语的学习兴趣、加深他们对所学单词的理解，更为重要的是，文化的导入有助于增强民族学生的民族文化认同感，同时还有利于民族文化的传承和发展。

三、文化导入对学生探索语际间正迁移的积极作用

在本文的第一部分中，我们指出了在苗—汉—英三语环境下确实客观存在着文化差异的现象。这种现象的存在就需要在英语教学过程中进行文化的导入。关于文化导入的必要性，孙芳琴教授在她那本《语用与文化比较》的著作中已经有过论述："在大学英语中学生学习目标语文化为什么会如此重要？究其原因，了解文化只会有助于语言的学习，而不会对其构成障碍。不论是英语学习者还是英语教师，都应该了解有关人们的生活、信仰、价值观、以及的态度和感受。这些元素都包含在目标语言中，因为它们不仅可以通过语言表现出来，同时也通过服饰、动作表情、饮食和习俗等表现出来。因此，英语教师和英语学习者在语言学习的过程中都应该学习目标语言的文化，这一点至关重要。"文化导入在英语教学过程中不仅是必要的，而且文化的导入还可以增强学生对不同民族文化进行比较的意识。通过比较，他们可以从中找寻不同的语言之间的共性和规律性，可以从中发现语际之间的正迁移。Fromkin 和 Rodman 指出，"语言学家们对世界上的数千种语言的调查工作做得越多，对它们之间的差异描述得越详尽，就越发现这些差异是有限的，而语言普遍现象（Linguist Universals）则涉及所有语法组成部分，涉及它们之间的相互关系，也涉及语法规则的表现形式……"由此可见，学习者在学习外语时，由于其母语知识为他的外语学习奠定了基础，所以必然会对外语学习产生促进作用。因而教学中的文化导入就会使得这种正迁移发挥更为重要的作用。此处我们以语言中的禁忌为例，对此观点进行论述。

民族语言是民族文化的重要载体，作为文化现象之一的禁忌，也会在语言上反映出来。对"死亡"现象的禁忌，是世界各民族禁忌现象中的共性。人的生老病死本是不可抗拒的自然规律，但几乎各民族都忌讳直说"死亡"而改用委婉语代之，其中以汉、英民族最为典型。汉语中关于"死"的委婉语，其形式更丰富、文化内涵更深刻。常用的委婉语有：病逝、永逝、长逝、逝世、去世、辞世、谢世、故去、走了、没了、过去了、咽气、断气、归天、上天等；还有一些固定的说法，如佛家之死称"圆寂""坐化"；帝王之死称"驾崩""山陵崩"；诸侯之死称"薨"；大夫之死称"卒"；士之死称"不

禄”；将士之死于战争称“阵亡”“捐躯”；百姓之死称为“千古”；老者死亡称为“寿终”；少年死亡称为“夭折”；中年死亡称为“早逝”；少女弃世称作“玉殒香消”等，由此可见，这些委婉语体现了死者的社会地位、年龄、职业、性别以及生者对死者的态度。英语中有 pass away，pass out，pass over（去世）、go to sleep（长眠）、to breathe one’s last（断气、咽气）、depart（故去）、go to another world（到另一个世界去了）、go to a better world（到极乐世界去了）、go to heaven（升天，进天堂）、go west（归西天）、to be with God（与上帝同在）、end one's day（寿终），rest in peace（安息），be gone（走了）、lay down one's life（献身）、close one's eyes（闭眼、合眼）、expire（断气）等。显然，英语在表达这一概念时大多使用了比喻的手法，表达了人们的一种良好的愿望。苗语对“死亡”的说法同样予以回避禁忌。如小孩夭折说 dlius mongl yangx（丢去了）或 hxenk mongl yangx（消失了）、zuk mongl yangx（逃走了）；老年人死说 jex juf ib bat yangx（就是一了百了）、lul mongl yangx（老去了）。如果用于坏人活自己所厌恶、痛恨的人，则说 deix jod yangx（腿伸直了）、hleid hmid yangx（牙齿露出来了，咧嘴了）、tiangk dux yangx（蹬棺材横头了）。

从上述的例子来看，在教授英文单词“die”之前，如果教师给学生讲解英美国家人士关于谈论死亡的禁忌，并且将其同苗语和汉语有关死亡的禁忌进行比较，学生就能从中发现，原来外国人也与他们拥有同样的语言禁忌，那么在表达死亡的时候，他们就能巧妙地去选择恰当的词语。

四、结语

语言是文化的载体，世界各民族、各区域有着不同的文化背景，而这些不同的文化的差异充分表现于语言应用中。因此在学习一门外语时，学习者必然受到这些文化差异的影响，而对于少数民族学生而言，在学习外语的过程中，语言背后的文化差异性则更为复杂。这种现象已经使得英语教学中的文化导入成为一种必然。从研究中我们发现，在少数民族学生的英语教学中，文化的导入不仅可以有效地激起少数民族学生对英美国家文化的求知欲，从而为他们培养浓厚的英语学习兴趣，并且还可以引导学生去探索语际间的正迁移，促进他们利用语言的迁移去学习外语。总之，在英语教学过程中导入文化，这一点具有非常重要的意义，因此，在今后的教学中，教师除了分析语言外，还应该分析该民族不同的文化背景，这样才能更好地让学生掌握这门外语。

参考文献

[1] SAPIR E. Language：An Introduction of Study of Speech [M] . New York：Harcourt，Brace and Company，1921.

[2] 胡文仲 . 跨文化交际学概论 [M] . 北京：外语教学与研究出版社，2012.

[3] ODLIN T. Language Transfer：Cross Linguistic Influence in Language Learning [M] . Shanghai：Shanghai Foreign Language Education Press，2001.

[4] 李锦平 . 苗语语言与文化 [M] . 贵阳：贵州民族出版社，2002.

[5] 孙芳琴 . 语用与文化比较 [M] . 贵阳：贵州人民出版社，2006.

[6] FROMKIN V，RODMAN R. An Introduction to Language [M] . Texas：Harcourt Brace College publishers，1998.

（作者系贵州师范学院外国语学院教师，贵州教育发展研究中心研究员）

情态在英语写作教学中的运用

王　静

马正平在《高等写作学引论》一书中说到“当人们在互联网上用键盘无拘无束地交流着感情、思想、信息，自由发表着见解的时候，人类社会已进入真正的写作时代。”而在全球化趋势日益明显的今天，培养英语学习者良好的英语写作能力已经成为一种现实的需要。那么，如何提高英语写作能力呢？笔者查阅了丁往道先生的《英语写作手册》、蔡集刚先生的《英语五段式作文法》和孙晓波先生的《专四考试——作文周计划》等类型不同的英语写作教材或指导书目。丁往道先生主编的《英语写作手册》常被高校用作英语专业的写作教材，因此该书对写作知识介绍较为全面，包括文稿格式、用词、造句、段落、完整的作文等。但不管是用词、造句还是段落部分均未提及情态的用法，同样，《英语五段式作文法》和《专四考试——作文周计划》等写作参考书目也未涉及情态的用法，而把主要篇幅放在了不同类型作文的谋篇布局与恰当的遣词造句上。此外，笔者登录“中国知网”查找情态在英语写作指导中的运用等相关内容，也鲜有发现。然而在笔者的教学经历中发现很多学生在英语写作时运用情态的意识非常淡薄，从而影响了写作的质量，因此向学生灌输情态的意义和表现手段是非常必要的。本文将以功能语言学视角下的情态意义在写作教学中的运用展开探讨。

一、功能语言学视角下情态的含义及其表现手段

英国著名功能语言学家 G. Thompson 在《功能语法入门》一书中介绍道：当交换的东西是信息时，情态指的是从可能性（probability）或经常性（usuality）角度看这个消息的可靠性如何。如果交换的东西是货物和劳务，情态指的是讲话人对交换最终的成功性的自信程度。在命令中，这

涉及受话者执行某一行为的职责和义务（obligation），而在提供中，这关系到发话者对实施某一行为的倾向（inclination）或意愿（willingness）程度。

传统功能语法认为情态的语法词汇资源包括情态动词（modal verbal operators），语气附加语（Mood Adjunct）和“情态小句”（modal clause），被动形式（passive forms）等。韩礼德还对情态助动词进行了高、中、低值划分，即：高值：must，ought to，has to；中值：will，would，should；低值：can，may，could，might。汤普森以韩礼德的区分为依据，按情态责任的大小把情态作了分类，从情态责任最明显到最弱依次排列为显性主观情态，隐性主观情态，隐性客观情态，显性客观情态。

二、学生情态表达能力状况与情态表达意识的培养

笔者 2009 年在对贵州师范大学求是学院 2007 级英语专业学生的英语写作教学中发现大多数学生作文很少用到表现情态的语句词汇，给人总的印象是叙述和论述都过于绝对，显得行文不够严谨。这说明，他们在表达情态意义方面的意识还不是很强，即使有也很单调，而且体现不出系统功能语言学所认为的人际意义的表现手段韵律性地分布于语篇中的特点。显然培养他们英语写作中运用情态的意识十分必要。

例如，一个学生这样写道：People will think the plastic bags are not worth buying. 针对此句教师可以指导学生应用情态来增强写作思维的严密度，如改为 People will probably be wondering whether the plastic bags are worth buying or not. 新的句子用到了情态附加语 probably，更好地体现情态意义，也更真实地反映了社会上人们的自然反应。同时将 think ＋ that 引导的宾语从句变为 be wondering ＋ whether 引导的宾语从句，更真实地反映了消费者的心理权衡过程，从而使自己的作文免于遭到阅读者的质疑或攻击。

三、情态表达在英语写作教学中的运用

1. 指导学生在句子层面运用情态手段

情态在句子层面的语法手段多种多样，如上文所言，大致包括显现主观情态，例如，“I'm sure we should sell this place.”与显现客观情态表达，例如，“It's likely that they've heard by now.”

笔者在写作教学过程中发现比较突出的一点是很多学生不会使用主语从句，尤其是 it 作形式主语的主语从句。学生往往把这种句型和强调句混为一谈，或者 It's 后面的补足成分与真实主语里所提到的事情毫无关系。而本人又发现这种句法正好是典型的表达情态意义的语法手段之一，It's 后常接表示情态的形容词、名词或动词过去分词等，之后再接主语部分，也就是 it 所替代的命题部分。It's 后的词汇部分常常表达对后面所述命题的认知性的态度，从而也体现了言语的主体性。It's 后表示情态的词汇手段有那些呢？例如表达认知型情态的形容词如 possible，impossible，likely，probable，表达责任型情态的形容词如 essential，important，necessary. 这些词汇资源体现了说话人对要说的话的一种姿态。例如，It's likely that they will accept their invitation.

了解到这一点，我们就能在以后的教学过程中引导他们正确灵活地运用 it 作形式主语，真实主语居于句末的句式，同时也有助于他们恰当地表达他们对某事的态度，体现作文的人际意义。

2. **拓宽情态表达的思路**。

综合全面地教给学生表达情态的语法词汇手段可以帮助他们拓宽思维，避免写作时单调重复出现某几种固定的情态表达法。例如，单单对某一命题的认知型情态的表达方式就有多种多样：

I think he has passed the exam.（主观显性情态）

It's likely that he has passed the exam.（客观显性情态）

He must have passed the exam.（主观隐性情态）

He probably has passed the exam.（客观隐性情态）

It seems that he has passed the exam.（表象）

在英语写作教学过程中，可以把几个似乎并不相关的句子一并提出来进行比较，启发他们找出这些句子在人际意义表达效果上的共通之处以及表达情态的程度上的差别，从而提高他们写作能力。正如国内系统功能语言学的领军人物之一李战子女士在《话语的人际意义研究》一书中所说的，在英语教学中，仅仅教情态词显然是不够的，通过考察情态从语法到语篇的轨迹，我们可以看到情态对于实现语篇的人际意义的重要性和话语中情态表现的丰富性。因此，我们可以跳出单句语法练习的局限，打开一条进入语篇人际意义的通道。

3. 培养学生将情态运用于全文的意识

功能语言学派的创始人物韩礼德（M. A. K. Halliday）指出，人际功能作为语言的三大元功能之一，承载着很重的语义负荷，它的词汇语法手段是语气和相关的情态种类、加重表达和其他评价性的手段，它们如同韵律特征一样是在整个篇章中实现的。

李战子对于情态在语篇中的分布也持相同观点："情态是语篇的人际功能的中心概念。我们应把对情态的理解从词汇的层面拓展到语篇的层面。这是因为语篇中的情态实现方式非常多样，有多种语法范畴也可表达情态意义；更重要的是，各种情态表达手段可在语篇中形成数量上或质量上的突出，这种突出是理解语篇的人际意义关键之一。"因此，在英语写作教学中要培养学生运用情态手段的意识，而且不仅限于某个句子，而是要使情态意义分布在全文中，体现作者对事物看法的严谨性和客观性，以及对事物态度的表现手段的多样性。

四、结语

英语写作教学目前似乎还没有固定的模式，对写作教学的研究还有着较大的探索空间，但在英语写作教学中培养学生情态表达的意识和能力的必要性却是十分肯定的，恰当的情态表达可以提升学生事物认识和表达的严谨性和客观性，还可以通过向学生介绍丰富的情态表现手段，提升书面表达的丰富灵活程度。

参考文献

［1］马正平．高等写作学引论［M］．北京：中国人民大学出版社，2002.

［2］丁往道．英语写作手册［M］．北京：外语教学与研究出版社，1999.

［3］蔡基刚．英语五段式作文法［M］．上海：复旦大学出版社，2002.

［4］孙晓波．专四考试——作文周计划［M］．北京：华艺出版社，2010.

［5］THOMPSON GEOFF. Introducing Functional Grammar［M］．北京：外语教学与研究出版社，2000.

[6] 李战子．话语的人际意义研究［M］．上海：上海外语教育出版社，2002.

[7] M A K HALLIDAY. An Introduction to Functional Grammar［M］．北京：外语教学与研究出版社，2000.

（作者系贵州师范学院外国语学院教师，贵州教育发展研究中心研究员）

MOOC背景下英语专业课程《中国文化要略》的教学改革

史先建

所谓“慕课”（MOOC），是“大规模网络开放课程”所代表的英文单词开头字母组合到一起的说法。第一个字母“M”代表Massive（大规模），这种课程与传统课程相比，一门MOOC课程同时学习的人数动辄上万人，最多甚至达到16万人；第二个字母“O”是Open（开放）的开头字母，课程以兴趣导向来设置，凡是对课程有学习意愿的人，无论其国籍、身份、年龄等如何，都可以注册进入课程学习；第三个字母“O”代表Online（在线），指的是课程的学习是在网上完成，不受时间与空间的限制；第四个字母“C”表示Course（即课程）。2012年被称为是“MOOC元年”，是因为这一年世界上很多著名的大学都开设了MOOC课程。清华大学校长陈吉宁指出：“这场变革犹如一场海啸，它颠覆传统的教育观念，同样也能给高等教育带来重大机遇。”因此，每门课程都需要思考在教育技术革新的背景下的改革。

一、“MOOC”的由来和特点

文献表明，“MOOC”是Bryan Alexander和Dave Cormier两个人脑力劳动的产物。2008年，George Siemens和Stephen Downes合作开设的一门大型网络课程，即“关联主义学习理论和连接的知识”。网络时代的连通主义（Connectivism）学习理念却是曼尼托罗大学（University of Manitoba）的乔治·西蒙斯（George Siemens）在2005年提出的，他认为，传统的静态、分类与层级化的知识发展到网络时代已变成动态的、网络化的知识流。相应地，学习也主要是在动态连结的知识网络中形成知识节点的过程。这个理念得到很多学者的支持，直接导致了MOOC时代的到来，加拿大爱德华王子岛大学（University of Prince Edward Island）的戴夫·科米尔（Dave Cormier）、国家通识教育技术应用研究院（National Institute for Technology in Liberal Education）的布莱恩·亚历山大（Bryan Alexander）首创了 MOOC 这一术语。MOOC 的特点主要表现在以下几个方面：

（1）大规模。首先，学习主体规模大。从三大 MOOC 平台的注册人数来看，截至 2013 年 7 月，Coursera 的注册人数超过 400 万，Udacity 的注册人数超过 100 万，edX 的注册人数超过 90 万。其次，课程教学队伍的规模大。MOOC 课程的开发需要大量的教师以团队方式参与其中。例如，MITx 开发的“电路与电子学”（6.002x），在这门专门为电机工程与计算机科学系本科生入门而开设的课程中，教师团队由 21 位团队成员组成，其中，教授 4 人，主要负责讲授、作业、实验室操作和课程辅导；助教 5 人，负责配合教授辅导学生；开发人员 9 人，负责按照教学意图开发课程；实验室助理 3 人。最后，MOOC 具有大量可供选择的网络课程。

（2）开放性。一是教学的开放性。Coursera 的创始人科勒指出，他们在课程设计之初，主要考虑到学习者的主动学习（Active Learning）和深度学习（Deep Learning）等理念，在这个基础上通常设计 10 分钟左右的视频课程、高频次的回顾性（巩固性）测试、与学习材料的深入互动环节、课后作业及作业批改反馈、问答平台、线上互动等整体教学环节。二是学习形式的开放性。MOOC 平台的开放性使得几乎每门在线开放课程中都贯穿了师生激烈的互动。据统计，Coursera 问答平台中问题的回答时间的中值为 22 分钟。MOOC 学习过程中，学生讨论问题，解决问题、分享学习经验等活动多是通过 Wiki、YouTube、Google、Facebook、微博以及其他各种社交软件和云服务完成的。

（3）在线性。在线性十分便于在大数据（Big Data）分析的基础上掌握学生的学习情况，对学生学习状况跟踪，从而探讨其学习与认知规律。例如，2012 年 MITx 平台通过“电路与电子学”（6.002x）课程，收集了大量有关学生网上学习的数据，对这些数据进行挖掘和分析，就能发现更加适合在线的教学内容、学习对象与教学方式。因此，莱夫（Reil）在 MIT 满怀信心地指出：在线技术有助于传播教学内容并且日益精进，高等教育即将开始一场伟大的实验。随着 MOOC 平台中记录、存储和汇聚的数据不断增加，过去在教学实践中的关于学习者学习障碍、学习偏差、学习心理、认知规律单线潜在的症状将不断被发现，从而浮上水面，针对这些问题专门辅导学生，学习质量与学习效率将会随之提升。

任何事物都有其不足之处，MOOC 同样如此：杨竹筠、郑奇认为，从课程论和教学论的角度来看，“Course”不等于“Lecture”，真正的 Course 应该包括教学活动的安排，是完整的教学过程和教育模式，Lecture 则可能更多地侧重于讲课内容的展示。以当前技术来看，现有的 MOOC 平台依然以视频传播为主，传授结构化的知识，基于行为主义理论（即“刺激—反应”理论），教学模式单一，教学设计简单，既没有分类、分层教学目标分析，也没有针对多种对象的需求，难以适应高等教育众多学科和不同类别课程的具体要求，因此可以说当前 MOOC 中的 C 更像 Lecture。

二、MOOC 背景下，《中国文化要略》的教学改革

《中国文化要略》是贵州师范学院英语专业大一开设的课程，根据高等学校外语专业教学指导委员会英语组编写的《高等学校英语教学大纲》第三部分教学要求，对培养“文化素养”提出具体要求：“对中国文化有一定的了解；有较扎实的汉语基本功。”这就对英语专业的教学提出了质的要求，根据大纲要求，我们教研室选用程裕祯教授编著的《中国文化要略》为教材。MOOC 的到来使我们必须正视这种浪潮，对《中国文化要略》教学做出改革。

第一，教师的职能与角色的转变。伴随 MOOC 的发展，传统的老师是否会面临失业？曾在《中国远程教育》杂志工作的高级咨询师侯瑞琦说：“我认为应该不会，相反老师的作用会越来越强。举个例子，现在的老师就像活体录音机，因为他们每年讲的东西都一样，大量的时间都被浪费了。MOOC 来了，传统教育会发生哪些改变？首先，学生可以在 MOOC 上学习，然后课下讨论，这时候老师的作用就体现出来了，他们主要负责答疑、解惑。这样一来，老师的角色便从传统的教学功能向辅导功能转变。”此话切中肯綮，MOOC 不是让教师失业，相反是强化了教师辅导的功能。因此，《中国文化要略》在教学设计时就把学生的主体地位凸显出来，我们教研组老师先组织学生网上讨论，征求学生的意见，采取以先学后教为指导思想，先行预习找出每个学生的薄弱环节，再针对性做出调整，弱化原来传统教学的满堂讲的教学模式。其次，MOOC 是网络发展的产物。因此，教师必须提高自身的网络素质，培养具有科学的、基于信息技术的现代教学思想和理念，具体来讲，主要包括初步掌握利用教学设计原理制作网络多媒体课件的技能，方便今后把教学理念转化成直观的教学视频；具备利用网络教学的支撑平台进行课程

设计和组织网络教学的能力；具有在实际教学中积极运用信息技术培养学生创新精神和实践能力。

第二，教师需要对课程体系有较深刻的认识，并根据课程体系调整课程知识结构和内容。《中国文化要略》共分为十七章，涉及中国文化的方方面面，内容庞杂，学生学习与记忆难免有很多的困难，这就需要教师首先对学生的基本情况有一个清晰的了解。我们针对大一新生做了摸底调查，例如，设计了一些基本的文化常识小型试卷对学生进行测试，这样就避免了高中阶段学生已经掌握的知识在大学阶段重复学习的情况。对于我国的历史发展脉络朝代沿革 80% 的学生已经掌握，只有高中学习理科的学生需要深入学习，因此课程设计对此部分只做一般的讲解。再如，每个章节，学生学习的兴趣不同，学习的内容和重点也是相异的，如宗教的发展与中国政治之间的相互作用，大部分同学十分陌生，但是，个别同学在家庭的影响下，对宗教特别是佛教的文化有很深的理解，可以让这类学生在网上把自己的学习经验公布出来供其他同学共享。

第三，精心做好课程设计。MOOC 通常以周为单位设计课程，课程教学内容通常以短视频为主要载体，课程作业采用视频中内嵌简单测验（in－videoquiz）；课程讨论通常采用论坛、学习小组与社群或者其他社交媒介来开展。这些特点都可引入《中国文化要略》的教学之中，把培养英语专业学生多中国文化的素养作为课程学习目标，把课程变为以系列的短视频串联的单元模块，在每个单元模块中间提出学习时间的明确要求，规定在合理的时间段内完成各项学习任务；这个过程中强调时间的约束以此来强化学习者的时间管理意识，比如，学习《戏曲艺术》章节，我们设计了传统的京剧《三岔口》的二人夜间对打的视频，时间为 3 分钟，学生观看视频，教师提出问题：京剧的虚拟程式是怎样体现的？学生回答完毕，自然就领会了京剧的在程式化中虚拟表演的技巧，然后让学习小组在网上搜寻相似的视频，做规律性分析。通过这样的导学、助学和促学潜移默化地培养学习者的自主学习意识与能力。目前，《中国文化要略》课程基本形成以“短视频＋交互式练习”为基本教学单元的知识点（知识体）组织模式和学习模式，将课程以知识点的形式分段，每段视频不超过 20 分钟。每个章节分为预习、即时研讨、学生互评、教师点评等模块，把每个章节学习目标、学习内容和学习任务分解出来，给学生提供清晰的学习要求。由一组基本教学单元组成的学习序列构成一个动态可控的有机体，使得学生对学习节奏具有一定主动权和控制权。

第四，课程的组织方式上强调“翻转课堂”（Flipped Classroom）。翻转课堂就是将课堂内与课堂外师生的、教与学的时间进行重新的安排。在这种学习模式中，课外的时间从过去让学生做作业“翻转”为现在让学生在线或线下自学或者协作学习教师预录（或预留）的教学内容，并针对学习疑虑提问，我们在讲授新课之前，提前布置预留问题，例如，《中国古代教育》一章，让学生思考“中国教育与儒家思想的关系”；课堂内的时间从过去由教师讲授知识“翻转”为现在由教师引导学生互动讨论或进行问题答疑。从而将课堂的主导权从教师转移到学生，在真正意义上实施以学生为中心的教学设计、实现以问题或项目任务为导向的学习。做到了深度学习、主动学习和探究学习。教师在课后应提前布置下次课的知识点，让学生课前做好预习准备。之后，学生可以进入 MOOC 先观看相关知识视频，然后在课堂上侧重师生间深入的分享、探讨和问题的解决。这种授课方式将以教师为中心的授课方式转变为以学生为中心，学生从被动学习转变为知识探究，培养学生的核心方法从“知识传授”转向“能力建设”。

第五，管理平台的改革。借鉴 MOOC 模式，我们实行建立课程学习 QQ 群，在群上建成的数字化学习中心包括共享型资源管理平台，学生在群里可以展开讨论，交流思想，提出问题，教师则引导学生在学习知识的深入，补充一些学生找不到的资源，一些知名的涉及文化、文献的网站直接链接在群空间，著名大学的学习社区网站也收集链接到 QQ 空间，把空间建成一个资源共享的学习园地，由此提高了师生双方的精品资源制作能力和精品资源共享能力。群里按照班级建立学习小组，选取基础较好的学生做组长，组长起到联系教师与学生的纽带作用，这样就方便每周一次的课程讨论。在管理工作中，重视学习评价作用，我们根据内容不同，把评价内容分为学习活动的参与，学习任务完成情况综合评定、在线或离线测试、作业质量等。评价的方式多样化，除了学生自动评判，还包括辅导教师评价、学习同伴评价以及其他社会指导人员评价。在 QQ 群中及时公布评价结果，辅导教师根据学习者每次评价任务的完成情况，调整学习策略。以评促学，学评结合，激励、引导学习者完成各项学习任务，达到学习目标。

三、结语

edX 第一门课程“麻省理工电路及电子学”的教育家席阿南特·阿加瓦

尔教授如此评说："在我看来，MOOC 不会冲掉任何大学，应对得当，MOOC 会让所有高校得到升。"这话无疑是 MOOC 时代清醒的认识。我们要真正认识到，在线教育平台所能提供的个性化学习分析及其提高学习质量的空间依然非常有限，线下教学所具备的良好互动和教学控制以及面对面"有温度有接触"的教学感觉是线上教学难以达到的。因此，线上线下的融合就成为当前最好的尝试。网络和网下二者的融合才能合理充分利用当前互联网技术的优势，进而结合传统的教学活动形成完整的教育模式，也能更好地实践社交临场对学习效果的促进作用。在整个本科教育的全过程中，有机地将培养基本素质和职业素养贯穿并融合到每一门实践课程中，将培养英语学生的传统文化素养的理念潜移默化地融入到培养学生的职业素养和能力中。

参考文献

[1] 张超. MOOC：能否颠覆教育流程 [N]. 北京日报，2014-02-19.

[2] GEORGE SIEMENS. Connectivism：A Learning Theory for the Digital Age [J]. Instructional technology & distance learning，2005 (1)：3-10.

[3] 陈肖庚，王顶明. MOOC 的发展历程与主要特征分析 [J]. 现代教育技术，2013 (11)：5-9.

[4] 杨竹筠，郑奇. MOOC 等在线教育模式初探 [J]. 科技与出版，2014 (2)：9-12.

[5] 高等学校外语专业教学指导委员会英语组. 高等学校英语专业英语教学大纲 [M]. 北京：外语教学与研究出版社，2000.

[6] 李立勋. MOOC 是否会冲击传统高等教育 [N]. 北京商报，2013-10-28 (D02).

[7] 张璇. MOOC 在线教学模式的启示与再思考——以江苏开放大学实践为视角 [J]. 江苏广播电视大学学报，2013 (5).

[8] 邓晖. "面对 MOOC，中国大学一要大胆，二要创新"——专访 edX 主席阿南特·阿加瓦尔教授 [N]. 光明日报，2013-10-11.

（作者系贵州师范学院外国语学院副教授，贵州教育发展研究中心研究员）

敦煌遗书中的民族史料与民族社会史教学研究

刘树芳

唐朝以及五代时期的河西地区民族社会史教学资料相对匮乏，搜集不易，且错漏颇多。20世纪80年代唐耕耦、陆宏基编的五卷《敦煌社会经济文献真迹释录》是敦煌社会经济文献资料的综合性汇编，里面收录了敦煌文献中有关社会经济方面的重要文书34类共1391件，记录了唐代等许多历史时期丰富的社会、经济活动。然至今还没有出版敦煌遗书中的民族史料（以下简称敦煌民族史料）的汇编。敦煌遗书中很多史料都与民族问题相关，广义上讲，皆可称为民族史料。这些敦煌民族史料有利于拓宽学者的研究视野，也是对正史的简略记载的必要补充，对唐代及随后的民族史和民族关系史的研究提出了新的佐证，具有十分重要的学术价值，亦为民族社会史研究提供了丰富资料，有利于丰富民族社会史的教学内容。

一、敦煌遗书中丰厚的民族社会史料

敦煌遗书中有很多史料均可归为民族社会史料。其来源主要有：①丁户籍。《天宝十载敦煌县差科簿》载有“二百五十七从化乡”，其所列人名皆为昭武九姓胡人，这实际上是一个归化了的粟特民族聚落。②契券。《未年安环清卖地契》载有吐蕃统治河西时期实行的田制和部落制度。③账簿。敦煌所藏No. 1《酒帐》中有关于甘州回鹘、西州、伊州、于阗使者及南山部族多次到敦煌与归义军政权交往的记录。④方志。《沙州都督府图经》收有可供考察吐蕃族源是鲜卑秃发氏的歌谣。⑤游记。《慧超往五天竺国传》中记载了西域各国的民族。⑥书信。《沙州百姓上回鹘天可汗书》里有大量关于民族关系的信息。⑦书仪。背《书仪》中有关于吐蕃统治时期沙州玉关驿户起义的史实。⑧官府公文。背《曹元深上回鹘众宰相状》里有一些关于民族关系的信息。

⑨文艺作品。《张议潮变文》、《张淮深变文》、《儿郎伟》等文学作品记录了归义军政权与甘州回鹘及其他部族的和战关系。⑩邈真赞。《译经三藏吴和尚邈真赞》载："圣神赞普，虔奉真如。诏临和尚，愿为国师。黄金百镒，驲使亲驰。"记述了敦煌的历史。⑪碑文。《阴处士碑》《吴僧统碑》《沙州释门索法律窟铭》《敕河西节度兵部尚书张公德政之碑》《索崇恩和尚修功德记》，这些碑文均记载了吐蕃统治敦煌时期的历史。

二、敦煌民族社会史料对研究河西地区的民族关系极具学术价值

唐代前期是河西各族人民和睦共处的时期。《沙州都督府图经》中的歌谣大体上反映了事实。《阴道士修功德记》："《记》曰：天成厥壤，运（允）姓曾居；地载流沙，陶唐所治。"验证了前人关于"允姓之奸居于瓜州"及"塞种本允姓之戎，世居敦煌，为月氏迫逐，遂往葱岭南奔"[3]的说法。《瑞像记》中有"张掖郡西影像古月氏王时现"，这一题记可以确定古月氏人的活动地域。敦煌民族史料中的方志材料对河西古代民族的历史有较多记载。《沙州都督府图经》"古长城"条讲到汉武帝经略河西，派张骞出使大夏，联系月氏，和亲乌孙，以共同抵御强大的匈奴。"一所故堤"条转载后已散佚的《十六国春秋》，书中讲述了十六国时期在河西地区的汉人西凉政权同卢水胡人北凉沮渠氏政权之间为争夺地盘进行的战争。此外，残卷也能反映一些民族关系。《类书》残卷记述了敦煌太守仓慈咋郡多行惠政，深得当地胡汉百姓拥戴。曹魏时期的敦煌郡是个胡汉杂居的地区，由于仓慈治理有方，使胡汉百姓联姻和睦，中西交通恢复，物资交流顺畅，民族关系融洽。《天宝十载差科簿》记载："龙部落本焉耆人，今甘、肃、伊州各有首领，其人轻锐健斗战，皆禀皇化。"证实了进入河西地区胡中有很多龙家部族。《归义军节度使宴设司牒》，背《常乐副使田员宗启》《肃州防戍都状》等都有关于龙家部族的记载。《思结首领远来请粮事》载："思结领久首，沐薰风，比至河西，屡申忠赤，顷弛漠北，频被破伤，妻孥悉无，羊马俱尽，尚能慕义，不远归投，既乏粮储，略宜支给。"就讲述了铁勒各部归投唐朝的史实。唐代前期，唐王朝巨大的向心力使得西北地区的许多少数民族部族不断内迁，其中有的则通过河西而东迁内地，经过历史演进最终融入汉民族之中。

吐蕃占领敦煌时期，民族矛盾非常尖锐。安史之乱，唐军东撤，河西、陇右逐次被吐蕃陷落，至清水会盟（唐德宗建中四年，公元783年），唐与吐

蕃以贺兰山、陇山、六盘山为界，承认了吐蕃对河西、陇右的事实领属权。对于吐蕃贵族如何统治敦煌人民，正史记载很简略，敦煌民族史料正好可以填补这一空白。在吐蕃统治时期，吐蕃强制同化其他民族。《张淮深变文》载："居人与藩丑齐肩，衣着岂忘于左衽。"《藩子年沙州百姓屡请户籍手实残卷》说明吐蕃占领敦煌以后，仍然继承了唐代的均田制度。吐蕃贵族将各族人民按着不同阶层编为僧尼部落、道门亲表部落、行人部落、丝绵部落、撩笼部落、上部落、下部落、擘三部落等，统一由以军人为核心组成的政体机构进行统治，各族人民受尽欺凌。还有一些号文书则记载了吐蕃节儿长官恣意掠夺、霸占百姓果园一事。《张淮深碑》对此也有所记载。饱尝奴役之苦的各族人民不断起义反抗。《书仪》便记载了玉关驿户星兴、张清及汜国忠等人的起义。各族人民的起义此起彼伏，终于在大中二年（848 年），张议潮领导的起义则获得了成功，赶走了吐蕃统治者。《沙州百姓上回鹘天可汗书》载："太保见南藩离乱，乘势共沙州百姓同心同意，穴白趁却节儿，却着汉家衣冠，永抛藩丑。"《敦煌寿昌等诗四首》中题作敦煌的诗："万顷平田四畔沙，汉朝城垒属藩家。歌谣再复归唐国，道舞春风杨柳花。仕女上禄天宝髻，水流依旧种桑麻。雄军往往旋战鼓，斗将徒劳獯狁夸。"抒发了从叶蕃奴隶制枷锁中摆脱出来的河西各族百姓重归大唐的欢喜心情。吐蕃占领敦煌时期，唐王朝实力大减，无力西顾，迁入河西走廊的各族基本上不再内迁，而以河西为中心，长期杂处，造成民族关系紧张。

北宋景祐三年，西夏攻灭曹氏归义军政权。驻牧在该地带的回鹘部族趁党项人立足未稳之际，控制了沙州局势，建立了长达 30 余年的沙州回鹘政权。这一政权的统治者为可汗，其下有王子（特勤）、将军、都督、刺史、柱国、达干、于迦、内侍、大使、啜、伊难奇、伯克等。保存在敦煌藏经洞的早期回鹘文献内容丰富，其中有信札、牒状、帐单、诗歌、谚语、格言、词汇表、发愿文、颂词、礼佛文、观音赞、佛经、摩尼教文献等，全面地展示了沙州回鹘政权时期的历史与文化。

透过丰富的敦煌民族史料，我们可以看到，唐朝后期延及五代宋初，以河西为中心的西北各族长期杂处，使得各民族在政治上互相影响和渗透、经济上互相交流和补充、文化上互相学习和吸收。经过漫长的历史时期，形成了互不可分的多元一体的民族关系。

三、敦煌民族社会史料在教学研究中的应用

1. 族源的考证——以吐蕃为例

吐蕃族源的问题一直众说纷纭，但是由于杜佑在《通典》中提出的吐蕃源自鲜卑秃发式的观点已被现今史学界广泛采纳，这一说法在敦煌民族史料中可以找到旁证。《沙州都督府图经》所录载初元年（689 年）四月风俗所采用的形式是民间歌谣，“圣母皇皇，抚临四方，东西南北，无思不服；秃发狂瞽，侵我西土，黄赫斯怒，爰整其旅，荒徼之外，各安其所”。载初为武则天年号，是从唐高宗晚年到武则天称帝以后的一段时间，在这段时期内正是吐蕃势力强盛，屡与唐廷争夺安西四镇，四镇因此曾数易其主。公元 687 年，吐蕃大论钦陵率军进攻安西，“侵我西土”正是指吐蕃进攻安西。“秃发”应是吐蕃的另一称谓，为当时人们所深深记忆。

2. 族属、迁徙及分布情况的考证——以龙家族为例

龙家族是唐五代时期河西地区的重要民族之一，正史对其很少记载，敦煌文献里却有丰富的史料。关于龙家的族属，一种观点认为其属于回鹘。但在敦煌民族史料中却可以否定这一说法。

首先，早在回鹘迁人河西以前，龙家就已出现在河西，是走廊中的主要成员之一。直到回鹘后来雄强，欲占甘州时，甘州城主及城内主要居民还仍然是龙家。据《肃州防戌都状》记载，其时，龙王迫于城中乏粮，难以坚持，决定派人与城外回鹘谈判。其次，在几件于阗文使臣奏稿中都明确记载龙家与回鹘并非一族。《使臣奏稿》载：“我们回鹘和龙族分属两类，我们彼此之间不相往来。”最后，敦煌资料还证明，龙家属于胡人，而回鹘则是突厥的一支。《慧超往五天竺国传》写到焉耆国时就曾指出：“有王，百姓是胡。”《宴设司呈报帐目》中也有“胡儿龙家身故”的记载。在唐代，突厥与胡是两个不同概念，如《慧超往五天竺国传》记到骨咄国，“王是突厥种族，当土百姓半胡半突厥”，即是证明。

综上所述，把龙家族属归入回鹘的观点不能成立。其实，对于河西龙家的由来，《沙州伊州地志》载：“龙部落本焉耆人。”即龙家原不是河西民族，而是西域胡人。唐，国力强大，威名远播，丝路畅通，不少西域胡族逐利于丝绸之路，有的则内迁归化，龙家即是。

关于龙家族的分布情况，一是分布在甘、肃、伊诸州。《沙州伊州地志》

载："龙部落本焉耆人，今甘、肃、伊州各有首领，其人轻锐，健斗战，皆禀皇化。"二是分布在瓜州地区。《归义军节度使宴设司牒》中有多处记有宴设司供给瓜州一带龙家物资的账目，如丁未年五月二十八日"设瓜州来龙家二人逐日午时中饮料；又二人下饮料"，仅举一例便可明了。常乐、雍归为地名，五代时分置两镇，皆在瓜州境内。根据《归义军节度使宴设司牒》和《常乐副使田员宗启》两件文书便说明，在瓜州特别是在常乐地境居住着较多的龙家人。

3. 归义军时期敦煌的人口和土地问题

《达多等状（?）》残卷是唐大中二年（848 年）张义潮率众光复敦煌后，唐王朝为褒奖张义潮而以宣宗名义颁发的一件正式的皇帝诏敕，内载："达多等沙州郡敦煌，平时三万余口是吾。"这里明确说明了敦煌的人口为三万多。

归义军初期的土地分配，并没有触动旧的土地占有关系。《沙州僧张月光兄弟分书》载："生居乱世，长植危时，亡父丧母，眷属分离"，所以兄弟分家，其中有关张月光分得土地的记载有："口分田取牛家道西叁畦共贰拾亩，又取厝坑地壹畦拾亩，又取舍南地贰亩，又取东涧舍坑已东地叁畦共柒亩，孟授地陆畦共拾伍亩内各取壹半，又东涧头生荒地各取壹半。"而《唐大中六年僧张月光博地契》中记载，张月光与吕智通所对换的土地中，正好有"南枝下界地一段叁畦共贰拾亩"。可见这段土地仍然归他所有。进而说明，归义军初期的土地调整分配并没有触动旧的土地占有关系。同时，归义军政权将一些荒地与空闲地分给那些无地、少地的百姓，以便使百姓在新政权下能够安居乐业，进行日常生产生活，为新政权的延续缴纳和承担赋役。《沙州僧张月光兄弟分书》有"东涧头生荒地""东至叁家空地""其余地""前空地"的记载。《年代未详（828 年?）沙州善护、遂恩兄弟分家书》有"舍外空地"的记载。对于无主荒地的授予工作，可能是先由民户提出申请，即写出请地辞，然后再由归义军政权复查是否属实，最后授予。《唐大中六年四月沙州都营田李安定牒》中"今责检状过者，谨依就检"，就可证明这段无主荒地的检查复核工作是依据归义军政权的指令进行的。在大中六年十月、十一月分配土地的同时，归义军政权还根据人口、土地调查中的信息，即有些民户的住宅与耕地较远、有些民户的耕地过于分散，不利于农业生产，便决定民户可以自由对换土地。《唐大中六年僧张月光博地契》记载："大中年壬申十月廿七日，官有处分，许廻博田地，各取稳便。"归义军政权从正式建立前的大中四年十月的人口调查开始，到大中六年三四月的土地调查登记，再到大中六年十月、十一月的土地分配、授予及允许土地的对换，便完成了政权初建时期的基本工作，即人口、土地的调查、登记与分配，从而为政权的进一步巩固和发展奠定了基础。

四、敦煌民族社会史料与唐五代时期西北诸族民族社会关系

（一）大量西北少数民族内迁归化

河西走廊是中西交通的甬道，曾有许多部族通过这里内迁外徙。秦汉时期，塞种、乌孙、月氏、匈奴就先后从这里西徙。其后，大批内地汉人不断移居于此。到了唐代，这里的民族迁徙活动仍然十分突出，只是迁徙的方向发生了逆转：不是由东向西，而是由西而东。吐蕃、吐谷浑、粟特、沙陀、思结、龙家等，莫不如此。

西域地区的粟特民族（即昭武九姓胡）是以经商货利著称于丝绸之路的民族。汉唐之际，他们活跃于中国内地，足迹遍布敦煌、武威、长安、洛阳等处。其中有的慕义归化，在内地娶妻生子，成为唐朝编民，如凉州安修仁、长安康昆仑等。敦煌文书中有关这方面的材料亦往往可见。《沙州伊州地志》“石城镇”条载：“贞观中康国大首领康艳典东来居此城，胡人随之，因成聚落。《沙州都督府图经》“蒲昌海五色”条中报道了这个胡人聚落直到武周时期仍然活动在石城镇一带的消息。“一所兴胡泊”条载：“其水咸苦，唯泉堪食，商胡从玉门关道往还居止，因以为号。”

《天宝十载差科簿》中，则保留了一个称作“贰百伍拾柒（人）从化乡”的许多九姓胡人的姓名。从化者，从化内附之谓；从化乡为敦煌十三乡之一，说明这批胡人已经编入国家户籍，成为唐朝百姓。通过以上几件文书，我们考察到中亚胡人在丝路上居止、迁徙以至归附唐朝的历史轨迹。

与粟特民族情况相似，龙家也应是从西域东迁的部族。虽然对龙家东迁的时间史无明载，但从《沙州伊州地志》所载，其人“皆禀皇化”观之，定当是唐朝较为开明的民族政策感召所致。

唐朝前期，铁勒诸部因不堪突厥役使，纷纷东归投唐，前后有契苾、思结、浑等部。《思结首领远来请粮事》载：“思结领久首，沐薰风，比至河西，屡申忠赤，顷弛漠北，频被破伤，妻孥悉无，羊马俱尽，尚能慕义，不远归投，既乏粮储，略宜支给。”

唐王朝所产生的巨大向心力使得西北地区许多少数部族不断内徙，其中有的则通过河西而东迁内地，经过一定的历史演进过程，最终融入汉民族之中。

（二）河西地区多民族族杂居共处

唐代后期，王朝式微，无力经营西北，迁入河西走廊各族，基本上不再迁徙，而是以河西为中心，长期错居杂处，互为依存。对此，敦煌民族史料有多处反映。《张氏勋德记》载："河西口复，犹杂蕃浑，言音不同，羌，龙，口末，雷威慑伏。"《申报河西政情状》载："河西诸州，藩、浑、口末、羌、龙狡杂，极难调伏。"敦煌歌辞《望江南》载："敦煌郡，四面六蕃围。"这里所举诸族并非全部，还应包括仲云以及鞑靼、回鹘、突厥等北方部族。开成五年（840 年），由于天灾，加上黠戛斯的攻击，回鹘汗国崩溃，其部众纷纷离散，其中一支迁入河西，在甘州一带活动。仅于阗文书《使河西记》提到的部族就有十多个。

综上所述，敦煌遗书中的民族社会史料是河西各族人民长期错居杂处的历史背景下的产物，这些史料再现了河西地区西北诸族的社会状况，真实记录了唐五代至宋初河西民族和、战相继的历史，反映了河西一些部族的族属及其发展，是研究西北民族历史的珍贵资料，在民族社会史的教学科研中应予以高度重视。

参考文献

[1] 法国国家图书馆．法国国家图书馆藏敦煌西域文献［M］．上海：古籍出版社，1995.

[2] 中国敦煌吐鲁番学会敦煌古文献编辑委员会，等．英藏敦煌文献（汉文佛经以外部分）［M］．成都：四川大学出版社，1990.

[3] 荀济．论佛教表［A］//汉书·西域传．广弘明集．嘉兴方册藏本．

[4] 王尧，陈践．敦煌吐蕃文献选［M］．成都：四川民族出版社，1983.

（作者系贵州师范学院副教授，贵州教育发展研究中心研究员）

在地方史教学中激发学生科研兴趣的相关问题探析

——以《贵州地方史》为例

万国崔

在地方史教学中激发学生科研兴趣，是指通过对地方史教学独特性的运用引起学生对于地方史专题的研究兴趣和灵感。如何在地方史教学中运用其学科独特性，激发学生科研兴趣，这是值得探讨的主题。兹从阐述激发学生科研兴趣的必要性入手，以《贵州地方史》的教学为例，探究在地方史教学中激发学生科研兴趣的方法，以期为此域之研究聊尽绵薄之力。

一、激发学生科研兴趣的必要性

激发学生科研兴趣对于高校教学是十分必要的。这可以培养学生对于历史的研究思维，对研究方法的掌握；对于学生学士毕业论文选题、研究、撰写是大有裨益的；能够培养学生人文素养，更好地学习地方史课程。

激发学生科研兴趣能够培养学生对于历史的研究思维，对研究方法的掌握。研究思维的训练是本科学生必经的教育、教学环节，它是培养学生创新能力的一种途径。在义务教育阶段，学生以教科书为原本，以标准答案为旨归，勤恳于一元、单维度思维的知识性学习，很难有对于任何问题提出质疑的多元、多维度思维习惯。大学期间的专业学习，除了更为丰富、系统、宏大的知识性学习之外，学生主要应该具有对于学科以及社会、生活问题进行多维度思考的能力和习惯。这种多元、多维度思维能力的培养，对于学生步入职场处理社会工作及生活问题，或者继续其研究生阶段的学习都大有裨益。

激发学生科研兴趣能够帮助学生完成学士毕业论文选题、研究、撰写。学士毕业论文的撰写是大学本科阶段最为重要的、也是最后的教学环节，也是本科学习阶段最核心的专业实习内容，它是考察学生分析和解决专业问题的重要途径。在学士毕业论文中，反映出来的不仅是学生所了解和掌握的专业知识结构的完整性，更为重要的是运用专业研究方法、专业知识进行专业领域的独立科学研究的能力。

激发学生科研兴趣能够培养学生人文素养，更好地学习地方史课程。人文素养，是指以人的感性和情感为主旨，追求现世人生美好的一种人格、气质、修养或者是内在品格，其核心是人文精神，即对于人生存意义和价值的切实关怀及以人为中心的精神和价值观。人文素质是大学生成为国民、成为国家适用人才的必备素质，也是高等教育的主要目的之一。跨进高等学府的学生应具备一定的专业知识和素质，这只是高等教育的目的之一。人文素质的具备，使学生能够独立、健康、和谐地处理与自己心灵、与他人、与社会、与国家的关系，解决对于自然、心灵、社会、国家的信仰问题。欠缺人文素质，则使学生只能成为“工具人”或“单面人”。提高当代大学生人文素质教育，就是促进大学生综合素质的整体提升。作为一种基础性素质，人文素质的具备和提高，对其他各方面素质的形成与发展都无疑具有一定的影响力和渗透力，这有利于提高大学生的专业素质、个人心理素质、社会道德素质等，使其树立正确的价值观，以及培育国民意识和民族精神。因此，提高大学生人文素质意义重大。

二、激发对地方史研究兴趣的方法

在地方史教学中，可以运用以下方法激发学生对于地方史研究的兴趣：结合学生家乡特色，提高学生的关注度；运用历史和现实问题导引，激发学生探究问题的热情；让学生参与教师的课题研究；运用灵活多样的教学方法。

1. 结合学生家乡特色，提高关注度

在中国史、世界史教学中，我们很难把这些宏观叙事的知识、问题与学生的家乡、现实生活拉得很近，让其产生共鸣，从而提高关注度。那么，其研究历史问题的兴趣无从生发。“人们感兴趣的往往是切合人们实际的，对之略有所知却又完全不了解的东西。”结合学生家乡特色进行地方史教学，让其由然而生亲近感，浓厚的家乡情结使其迸发出强烈的求知欲。如在《贵州地方史》教学中，可以将贵州地方史上至今声名远播的人物，如道真、普贵、宋景阳、宋永高、宋光、宋隆济、宋钦、宋诚、宋斌、田佑恭、杨文贵、杨选、杨轼、杨粲、杨价、杨邦宪、杨汉英、冉从周、何成禄、霭翠、奢香夫

人、田秋、王阳明、李渭、孙应鳌、蒋杰、邱禾嘉、何腾蛟、田景猷、吴中蕃、安胜祖、陈法、李世杰、包利、红银、石柳邓、王道行、莫与俦、莫友芝、杨芳、花杰等及其生平事迹与学生家乡结合起来，把学生仅有的模糊、抽象的知识具体化、理性化。

在地方史教学中，让学生针对自己籍贯所在市、县准备讲述和问题，提出熟知的知识和家乡长辈们困惑的问题，这既丰富了其当地社会背景知识，增强家乡文化归属感，为以后入职工作作准备。又萌发其对问题的研究兴趣，为大三年级学士毕业论文选题打下基础。如在《贵州地方史》教学中，针对来自铜仁地区思南县、印江县等地的田姓学生，以及遵义市的杨姓学生等，可要求他们根据族谱上溯至明代，在确定为土司后裔之后，通过族人传物或者口耳相传的故事，挖掘出自己祖先的光辉历史。

2. 以历史和现实问题导引，激发探究热情

让学生参与到对于历史和现实问题的思考中，引导其用科学的方法思考、研究，从而在不断深入探讨的过程中，激发其探究热情。

首先，通过喜闻乐见的地方历史传说、故事吸引学生的注意力，在故事中设置几个问题，让学生以常理解答，并且针对学生的想象性答案继续发问，引导其萌发课后查找史料证据以深入论证的冲动，并转化为地方史科研的理性诉求。例如在《贵州地方史》教学中，针对在贵州省六个地级市中，为何遵义市的经济、文化、教育等的发展位居除贵阳市以外第一位这一现实社会状况，我们就应该从贵州地方史中找出答案。

其次，让学生参与课题研究。在以上问题引导的基础上，可以让学生参与相关课题的研究，让学生学会有针对性地查找史料、田野考察，并阅读、理解原始史料对于课题论证的作用。在查找史料过程中，要求学生注意史料与课程讲义内容的对比，两相吻合，则中心喜悦，感受到历史的真实、厚重以及历史研究的科学性、严谨性。两相龃龉不合，则是问题所在，寻求其理，则可体验历史研究的新奇与乐趣。

最后，运用灵活多样的教学方法。灵活多样的教学方法是激发学生对于课程学习兴趣的主要方法之一，地方史教学亦然。教学方法的灵活多样能够激发学生对于地方史的研究兴趣。灵活多样的地方史教学方法包括：感性生动的教学方式、师生互动的参与式教学以及现场感受的考察式教学等。

感性生动的教学方式是指在教学中，教师通过实物演示、多媒体展示，以及现场遗址参观等方式，感性生动地刺激学生感官，调动其主观能动性，使其有效地形成新的感性认识。师生互动的参与式教学是指在教学中，教师与学生互动，发挥学生主体性地位，让其在课堂教学中不仅仅担任听、观众的角色，而是参与其中，完成一定的教学任务，如提出主题、互相讨论等。现场感受的考察式教学是指在教学中，教师带领学生进行田野考察，利用田野研究方法进行采风，感受民风、民俗。例如，在《贵州地方史》教学中，可带领学生参观安顺屯堡人家，感受那里独特的文化气息，自然疑窦丛生，萌发一探究竟的冲动。

参考文献

［1］南京师范大学．心理学［M］．南京：河海大学出版，1991.

［2］郭铮．地方史教学会议：《苏州地方史讲义》前言［J］．苏州教育学院学报，1990（12）．

［3］綦中明，等．地方史教学改革探微［J］．高教论坛，2009（12）．

［4］唐凌．地方史教学与学生科研能力的培养［J］．广西高教研究，1997（4）．

（作者系贵州师范学院副教授，贵州教育发展研究中心研究员）

项目来源：2013 年贵州省人文社科基地项目（项目编号：JD2013143）。